W0468039

Comment s'épanouir en couple

... au quotidien et sous la couette

Patrick Fichaux

Comment s'épanouir en couple

... au quotidien et sous la couette

Flammarion

Ouvrage publié sous la direction de Jean-Michel Cohen

© Flammarion, 2009
ISBN : 978-2-0812-2269-4

À Nathalie, l'amour qui me nourrit
et sans lequel je ne serais rien,

Aux deux plus belles créations de ma vie, Émeline et Robin,

À Carol, ma petite sœur de cœur qui chaque jour me soutient,

À Anne, Christina, Sandrine...
amies relectrices et critiques de ce bouquin,

À Florence qui m'a éclairé sur l'amour
et les sentiments humains,

À Fabrice sans lequel mes efforts
pour me faire éditer seraient restés vains,

À mes parents, mes enfants, mes proches qui m'ont écouté parler
avec passion d'amour pendant des heures et qui doivent se dire
qu'ils ne sont pas devenus sourds pour rien.

À toi mon amour avec qui j'ai construit jour après jour
toute une vie de bonheur,
Qui as partagé mes angoisses, mes joies, mes colères,
mes coups de cœur,
Mes élans passionnels, mes délires romantiques
et parfois même mes pleurs.

Introduction

Il était une fois un adolescent joyeux croquant la vie à pleines dents qui s'était épris d'une jeune fille de son âge. Il était son chevalier servant. Elle était sa princesse. Bizarrement, il ne l'avait jamais embrassée, même s'il lui avait maintes fois dit qu'elle était l'étincelle embrasant son cœur. Ils étaient inséparables, follement épris l'un de l'autre, portés par la plénitude de leur innocence. Ils auraient pu vivre heureux et avoir beaucoup d'enfants, malheureusement la réalité de la vie déchira la trame du conte de fées. Un été, elle mourut d'un accident de montagne. À l'âge de quatorze ans... Dire que ce drame lui brisa le cœur serait un euphémisme. Il fut broyé par la douleur et réduit à néant. Mais au fond de lui survécut quand même une flamme d'amour et d'espoir. Chaque soir, il faisait à Dieu la même silencieuse prière : lui permettre de connaître une fois encore un grand amour que, cette fois, il ne laisserait pas s'envoler. Les années passèrent et, un soir d'été semblable à celui qui s'était achevé par la dramatique nouvelle de l'accident, un ami commun lui présenta une jeune femme de dix-neuf ans. On ne peut pas dire qu'ils éprouvèrent respectivement un coup de foudre, mais, au-delà de leur différence d'éducation (lui scientifique, elle artistique), ils se trouvèrent nombre d'affinités et se dire qu'ils avaient peut-être quelque chose à faire à deux.

Et vingt-quatre ans plus tard, nous sommes toujours ensemble ! Vous l'aurez deviné, cet adolescent traumatisé n'est autre que l'auteur du livre que vous tenez en main. Quelle meilleure motivation pour trouver les moyens de prolonger un amour à jamais que celui d'avoir subi la disparition de celle qui a fait initialement éclore ce merveilleux sentiment ? Ne croyez pas que ce que je sais aujourd'hui de la mécanique des couples, je l'ai appris sur les bancs de la fac. Non, c'est un savoir que j'ai édifié et emmagasiné année après année, motivé par la crainte que le destin m'ôte à nouveau l'amour de ma vie. Pendant vingt ans, j'ai appris, mis en pratique, surmonté les crises, relevé les défis, recherché dans des ouvrages le savoir utile, imaginé les alternatives possibles, échangé avec des dizaines de personnes sur ce sujet majeur qu'est le couple afin d'être capable d'utiliser à plein la puissance de l'amour qui permet, à ma femme comme à moi, de nous épanouir mutuellement. Dans la vie, rien n'étant jamais acquis, il faut savoir profiter du bonheur lorsqu'il se présente, tant on ne sait jamais si son tour reviendra.

Pourquoi écrire un tel ouvrage ? Pour le plaisir d'avoir son nom sur la tranche d'un livre bien rangé dans les rayons de la Bibliothèque nationale ? Évidemment pas. Ma principale motivation fut de rassembler en un guide pratique ce que je sais du couple et ce qui m'a permis de vivre sereinement le mien jour après jour. Mais ce genre de texte existe déjà, pourriez-vous penser ? Si la littérature sur la vie à deux a été, en effet, prolifique, je n'ai jamais trouvé au fil de mes lectures personnelles de livre traitant du couple dans tous ses aspects : vie en commun, sexualité, enfants, organisation du foyer, relations avec les autres, objectifs personnels, projets communs, départ à la retraite, lutte contre le vieillissement et l'ennui, etc. Savoir comprendre les différents aspects de cette chose aussi magique et difficile qu'est l'existence à deux pour la gérer au mieux s'avère, pour deux personnes qui s'aiment et envisagent un avenir commun, aussi utile que d'apprendre à nager à un enfant demeurant en bord de mer. Alors disons, pour filer la métaphore nautique, que j'ai essayé de rassembler en un seul ouvrage à la fois le manuel du parfait petit plaisancier et celui du sauvetage en mer.

En fait, je n'étais pas vraiment parti pour écrire un livre. Tout au plus me permettais-je de noter de temps à autre, sur le carnet qui ne quitte jamais ma poche, les solutions que ma femme et moi avions trouvées pour surmonter les aléas de la vie. Je rassemblais ainsi peu à peu les petites astuces, techniques et recettes que nous avions adoptées pour être bien ensemble. Or si l'on a beaucoup étudié la vie de couple sous l'angle de la gestion des conflits et des causes conduisant au divorce, peu de spécialistes ont cherché à savoir ce qui permet vraiment à un couple de vivre heureux dans la durée et la fidélité. Faire un constat d'échec est aisé, déterminer ce qui pousse deux personnes à partager toute une vie s'avère beaucoup plus subtil. Certes, d'aucuns penseront que l'amour doit se vivre naturellement et qu'organiser la vie du couple revient à casser un peu de la magie des sentiments. Détrompez-vous ! Si la rencontre se fait généralement sans calcul, pour partager une existence à long terme, mieux vaut éviter certains comportements et en adopter d'autres. Encore convient-il de les connaître pour se les rappeler chaque jour !

J'ai appris durant les années passées avec ma femme que l'on peut s'aimer pour toujours sans forcément s'apprécier tous les jours. Et que le couple ne doit pas être le tombeau des amitiés, des activités, des désirs, des rêves de chacun des conjoints. Au contraire, il est le rocher sur lequel les nageurs peuvent se reposer, se ressourcer et s'aimer dans l'océan de la vie. Il sera aussi le point de départ des nouvelles vies qui écloront de cet amour. Pour que l'union de deux êtres devienne bien plus que la somme de leur individualité, chacun doit pouvoir trouver en l'autre les moyens de s'épanouir et le regard curieux qui fera qu'il/elle ne se lassera jamais de nous. La solution ? Découvrir jour après jour de nouvelles facettes de notre personnalité, des endroits cachés de notre corps, des recoins secrets de notre âme. Car si les conjoints doivent entretenir une forte complicité et être capables de faire front devant les aléas de la vie, se trouver en chacun un jardin secret qu'il faut apprendre à cultiver, fleurir de rêves, arroser d'espoir et dont on fera visiter certaines allées à la personne qui le mérite a aussi son importance.

J'ai découvert au fil de mes lectures, et des témoignages recueillis – pour enrichir et corroborer cet ouvrage –, que vivre heureux en couple exige un véritable investissement, que certaines choses fonctionnent et d'autres pas. Ce sont donc quelques « recettes personnelles de bonheur conjugal » que je vous propose de découvrir dans les pages suivantes. Elles ne s'appliqueront certainement pas parfaitement à vous, tant chacun est unique, mais elles constituent une base pour inscrire la vie à deux dans la durée. Bien sûr, il ne s'agit pas des conditions suffisantes à la réussite de votre couple, mais elles sont, sans aucun doute, nécessaires pour y parvenir.

Je suis évidemment conscient, après être devenu la « coqueluche » des quelques amies qui m'ont aidé, par leur relecture et leurs remarques avisées, à aller au bout de ce travail, que ce sont les lectrices qui s'intéresseront le plus au contenu de ce livre. Toutefois, je suis persuadé que bien des maris liront avec intérêt cet ouvrage à tiroirs rapporté par leur femme, guide qui parle aussi bien de l'influence des hormones sur nos comportements, de la sexualité et des solutions à apporter aux problèmes qui y sont liés, que des attentions au quotidien, des gestes romantiques qui plaisent, de la meilleure manière de rallumer la flamme de la passion ou de gérer sa belle-famille. Un « tout en un » aux multiples entrées, qui a pour but de parler à leur esprit pratique.

Bonne lecture !

Quelques questions en guise de préambule

Avant d'entrer dans le récit des actions concrètes permettant de s'épanouir à deux et de réussir sa vie de couple, il m'a semblé important de revenir sur ce que l'on entend par amour et d'expliciter diverses notions s'y rapportant. Quand on aborde un sujet avec quelqu'un, il vaut toujours mieux être sûr que l'on parle de la même chose. Rassurez-vous, ce sera le seul paragraphe un peu théorique de ce guide essentiellement pratique. C'est parti !

C'est quoi l'amour ?

Si cette question a fait la part belle aux poètes pendant des siècles, il a fallu attendre 1986 pour qu'un psychologue américain, Robert Sternberg, publie une « théorie de l'amour » dans laquelle il présente un modèle pertinent pour analyser un sentiment que tout le monde a l'impression de connaître, mais que personne ne parvient à identifier de façon certaine. Selon Sternberg, l'amour est le fruit d'un équilibre parfait entre trois éléments : la passion, l'intimité et l'engagement. Que l'un de ces éléments vienne à manquer et le vrai sentiment amoureux disparaît.

Les trois composantes de l'amour selon Sternberg :

– **La passion** se caractérise par un attrait conscient pour une autre personne. Elle s'appuie sur une attirance physique irrésistible qui peut aller jusqu'à l'amour charnel. La passion tend à être intense au début d'une relation et progresse rapidement jusqu'à se stabiliser du fait de l'habitude. Passion et intimité sont souvent liées, bien qu'il arrive aussi qu'elles s'opposent, la promiscuité pouvant devenir la source d'une baisse du désir. À la suite d'une rupture amoureuse, la capacité d'un individu à connaître la passion disparaît totalement pendant une période plus ou moins longue jusqu'à ce qu'il puisse faire complètement le deuil de la relation passée.

– **L'intimité** est un besoin de rapprochement, une volonté de proximité avec une autre personne. Dans une relation, l'intimité suit la passion et précède l'engagement. Elle évolue lentement, atteint un plafond avant de décroître progressivement jusqu'à un niveau relativement bas. Toutefois, des changements de circonstances dans le couple, comme l'arrivée d'un enfant, peuvent dynamiser le niveau d'intimité et même lui permettre de dépasser le maximum précédemment atteint. On notera que le même événement peut aussi créer une baisse d'intimité entre un homme et sa femme devenue mère, qui peut choisir de se rapprocher de son enfant au détriment de son conjoint. Une séparation temporaire permet de se rendre compte combien l'intimité est importante avec l'être aimé.

– **L'engagement** est la reconnaissance des sentiments sincères et de l'attachement d'une personne pour une autre. Comme si elle passait un pacte avec elle-même, elle prend la décision de tout faire pour cultiver ce sentiment envers l'autre. Le niveau d'engagement dans un couple croît assez lentement au début de la relation, puis se stabilise progressivement pour ne plus retomber. Dans le cas d'un couple qui se sépare, soit le niveau d'engagement n'a pas eu le temps de se stabiliser, soit des facteurs extérieurs (rencontre avec une autre personne) ou psychologiques (rejet de la routine) sont venus contrarier cette stabilité. C'est dans les moments de creux que connaît toute relation amoureuse que l'engagement prend tout son sens et permet au couple de se relancer.

Voici donc, selon Sternberg, comment peuvent s'associer ces trois éléments et le sentiment qu'induit leur combinaison :
- Passion seule = Désir ;
- Intimité seule = Amitié ;
- Engagement seul = Partenariat ;
- Passion + Intimité = Romantisme ;
- Intimité + Engagement = Complicité ;
- Passion + Engagement = Admiration ;
- Passion + Intimité + Engagement = Relation amoureuse.

Qu'est-ce qu'une union réussie peut vous apporter ?

On peut toujours se dire que l'on est mieux à deux que tout seul, mais quand on sait que 47 % des mariages, en France, se termineront par un divorce (55 % à Paris [1]), voilà qui ne donne pas vraiment envie de s'engager. Pour rester objectif, une liste objective des choses qu'une vie de couple heureuse peut vous apporter s'impose :

– **Une meilleure santé :** être malheureux(se) en couple ou vivre seul(e) augmente de 35 % les risques de maladie. Les chercheurs de l'équipe de John Gottman [2] ont en effet

1. Institut national d'études démographiques, 2006.
2. Voir « Ce qui mène les couples au divorce ».

remarqué que chez les couples heureux, ces affections étaient moins fréquentes parce que chaque conjoint prend davantage soin de la santé de l'autre et surveille sa prise de médicaments. Les conjoints heureux se préoccupent aussi plus de leur alimentation et de leur condition physique, histoire de continuer à séduire la personne qui partage leur vie.

– **Une vie plus longue :** si vous voulez gagner dix ans d'espérance de vie, faîtes l'amour au moins trois fois par semaine, affirme le Dr David Weeks du Royal Hospital d'Édimbourg[1]. Le psychologue québécois Yvon Dallaire va plus loin en affirmant : « *Malgré les difficultés de la vie à deux, le couple constitue toujours le meilleur style de vie et la meilleure garantie de bonheur à long terme. Les gens mariés et heureux ont une espérance de vie augmentée de quatre ans*[2]. » En général, l'espérance de vie des gens heureux en couple est de quatre ans plus longue que celle du reste de la population. De plus, le risque de suicide se révèle plus faible chez les personnes mariées que chez les célibataires, les divorcés, les séparés ou les veufs.

– **Une communication plus sensible :** selon certaines études, les mariés qui vivent heureux depuis longtemps ont en général une intelligence émotionnelle plus développée que la moyenne. Pourquoi ? Parce que l'ocytocine, appelée aussi hormone de l'attachement, favorise la compréhension des sentiments d'autrui et donc l'empathie.

---

1. *Secrets of the Superyoung : the scientific reasons some people look ten years younger than they really are and how you can, too*, de David Joseph et Jamie James.
2. Article « Le couple proche de la faillite » (http://www.courrierinternational.com/article.asp?obj_id=87183).

– **Un(e) vrai(e) ami(e) :** le conjoint est idéal pour partager vos loisirs, vos passions, vos rêves, ou tout au moins s'y intéresser. D'ailleurs, des sondages l'attestent, pour une femme, la satisfaction sexuelle au sein du couple dépend à 70 % de la qualité de l'amitié qu'elle entretient avec son partenaire.

– **Une complicité avec une personne prête à vous soutenir :** la baisse, voire le manque de complicité dans le couple, serait citée par 80 % des divorcés comme une des causes de leur séparation.

– **Des enfants plus épanouis :** en plus des bienfaits pour les parents, les enfants des couples heureux s'avèrent moins exposés à la dépression ou à l'absentéisme scolaire, sont plus facilement acceptés par leurs pairs et souffrent moins de problèmes de comportement (agressivité, hyperactivité) et d'échec scolaire. Les statistiques l'attestent : on rencontre beaucoup plus de délinquants parmi les enfants de couples malheureux.

Quel est votre style de couple ?

Jean Kellerhals, professeur de sociologie à l'université de Genève, a identifié au cours d'une vaste enquête cinq styles de couple. Sauriez-vous retrouver auquel d'entre eux le vôtre se rattache ?

– **Le couple bastion :**

• Style de vie : c'est le couple comme le concevaient et l'ont sûrement connu nos grands-parents. Chacun respecte un rôle bien défini : travail et autorité pour l'homme ; éducation des enfants et douceur, pour ne pas dire obéissance, pour la femme. Bref, l'acception la plus traditionnelle, pour ne pas dire conservatrice, d'une union.

• Avantages : le puissant attachement à la famille et la solidarité de tous les instants procurent aux conjoints un fort sentiment de sécurité. Tous deux sont fort semblables dans leurs goûts comme dans la manière d'aborder la vie en général. Il y a entre eux très peu de disputes et la longévité est généralement au rendez-vous.

• Inconvénients : revers de la médaille, le manque d'ouverture vers l'extérieur. D'où un gros risque d'installation dans une sorte de routine ronronnante. La dépendance mutuelle des deux conjoints – avec pour chacun un rôle très marqué – qui se complètent pour faire fonctionner le couple risque d'entraîner un évident manque de piment.

– **Le couple cocon :**

• Style de vie : si les « bastion » se préservaient des agressions extérieures, les « cocon » développent une sorte de confinement au sein du foyer. Tout est organisé autour du puissant lien qui unit les conjoints.

• Avantages : l'accent est mis sur la tendresse, le confort, la quiétude.

• Inconvénients : les enfants ont souvent des difficultés à se faire une place entre deux parents ultra-fusionnels. Les rôles sont peu marqués ; on fait tout ensemble et on ne se quitte jamais ; chacun recherche en l'autre ce qui lui a manqué pour s'affirmer lui-même. Il s'agit de couples qui fonctionnent très bien tant que... tout fonctionne bien. *« En cas de problème, les "cocon" ont assez peu de ressources. En refusant les liens avec l'extérieur, ils se privent de pouvoir y trouver des solutions. Trop collés, il leur manque à la fois des capacités d'adaptation et un regard distancié sur ce qui leur arrive »* avertit ainsi Jean Kellerhals.

– **Le couple associatif :**

• Style de vie : chacun sait se gérer lui-même et a la capacité de jouer indifféremment un rôle ou un autre dans le couple. La distance est à la base même de la façon de vivre ensemble ou non. Plutôt que vivre pour l'autre ou aux côtés de l'autre, d'une certaine manière on vit un peu chacun sa vie.

• Avantages : beaucoup d'autonomie, de dynamisme, d'échanges et de négociations. On préfère la souplesse d'adaptation à l'affrontement. On est très admiratif de l'autre, chez lequel on vient chercher ce qui peut nous enrichir. Comme il y a peu de vrais conflits, la chance de durer est grande.

• Inconvénients : en revanche, ce trop d'autonomie peut faire souffrir la passion. En outre, pour ne pas être confrontés aux problèmes, on cherche absolument à les éviter. Et si, malheureusement, le couple subit un changement brutal dans ses conditions d'existence (nouveau travail d'un des conjoints, déménagement forcé...), tout peut brutalement exploser.

– **Le couple parallèle :**

• Style de vie : chacun vit sa vie indépendamment de l'autre. L'union n'est utile que pour assurer la survie matérielle des conjoints.

• Avantages : une grande autonomie de fait. Rien n'est laissé au hasard et cela renforce le sentiment de sécurité face à un monde en continuel changement.

• Inconvénients : *« On vit côte à côte sans attendre grand-chose de son conjoint, si ce n'est une certaine sécurité. Bref, on cohabite dans l'indifférence »* décrit Jean Kellerhals. C'est souvent le modèle adopté par les conjoints lors d'unions « arrangées », pour ne pas dire « forcées ».

– **Le couple compagnon :**

• Style de vie : on cherche à équilibrer fusion et esprit d'ouverture. Chaque conjoint a la volonté de se bâtir un destin lié à l'autre en cultivant des centres d'intérêts communs. Le monde extérieur est vu, non comme une menace, mais comme une source d'enrichissements. De nombreux « compagnon » font partie d'associations, de clubs sportifs... Contrairement au couple « cocon », refermé sur lui.

- Avantages : Le « nous » prend le dessus sur le « je ». Les conjoints développent une forte complicité et sont capables d'affronter ensemble les difficultés du quotidien. Le conflit n'est pas fui, mais analysé et digéré. Ayant compris qu'une crise peut aider le couple à se remettre en question et progresser, les « compagnons » s'inscrivent dans la durée.
- Inconvénients : les intérêts personnels s'effacent devant ceux du foyer. On pourrait les croire installés dans un « petit bonheur » du fait de leur longévité, mais ils savent parfaitement rallumer le feu de la passion pour rebondir.

La formule du couple idéal est-elle parmi ses cinq styles ? Il semble bien que non, même si on peut noter que certains paraissent pouvoir apporter plus de satisfactions que d'autres. En tête, le style compagnon est le plus stable et assure une belle longévité. C'est dans ces couples que l'on se sent le mieux aimé, respecté, soutenu et que la connivence s'épanouit autour de projets communs. Les couples « bastion » et « cocon » sont plutôt satisfaits, même si surviennent parfois quelques anicroches. Les « associatif » – qui ont la cote actuellement – se partagent échecs et réussites : *« D'un côté, c'est la formule qui respecte le mieux la singularité et les projets de chacun,* précise le sociologue, *mais de l'autre, parce que chacun tente de faire valoir ses intérêts, on négocie sans arrêt, on se dispute beaucoup et on se sépare souvent. »* Quant aux « parallèle », ils s'emportent aisément, s'accusent mutuellement de tous les maux, ou s'ignorent carrément.

Comment inscrire votre couple dans la durée ?

« De 5 % en 1890, le taux de divorce est passé à 18 % en 1920 et à 30 % en 1950, dévoile Yvon Dallaire. *Pour les couples mariés durant les années 1970, ce taux s'élève à 50 %. Si la tendance se maintient, seuls trois couples sur dix mariés depuis 1990 le resteront à vie*[1]. » Pour correspondre à cette tendance, fin 2007 en Bavière, Gabriele Pauli, élue du parti au pouvoir, a proposé le mariage à durée déterminée, reconductible au bout de sept ans. Ce qui a suscité un tollé. On le voit, la vie de couple ne constitue vraiment pas un long fleuve tranquille... Pour espérer vivre longtemps à deux, il est donc utile de garder trois mots à l'esprit :

– **Écoute :** si c'est un lieu commun de dire que les femmes sont plus à l'écoute des autres que les hommes, dans la réalité... rien n'est plus vrai. Il ne s'agit pas d'une tare masculine, mais plutôt d'un modèle de fonctionnement différent. Quand une femme a un souci, elle aime en parler à ses amies afin que le fardeau puisse être porté par plusieurs personnes. Un homme préférera, pour sa part, se focaliser sur la résolution du problème, pensant qu'il pourra plus facilement en libérer la personne. Écouter, c'est en vérité chercher à comprendre tout en gardant la distance que son partenaire désire. De fait, les silences aussi s'écoutent et se révèlent riches d'enseignement. Mesdames, un homme qui ne parle pas ne se désintéresse pas obligatoirement de sa femme. Dans l'action plus que dans la compassion, il aura souvent tendance à lui montrer son affection plutôt par des gestes que des paroles.

Écouter n'est pas seulement écouter les autres, c'est encore se mettre à l'écoute de soi. Et comprendre que notre

---

1. « Le couple proche de la faillite » (http://www.courrierinternational.com/article.asp?obj_id=87183).

corps et notre esprit nous envoient des messages à prendre en compte. Se mettre au diapason de ceux qui nous aiment, pouvoir réfléchir sur son passé, reconnaître ses erreurs, se remettre en question, savoir évoluer positivement sont dès lors essentiels, pour soi comme pour son couple.

– **Dialogue :** il n'y a pas de dialogue sans écoute préalable, mais l'écoute n'est rien sans dialogue. Vous n'êtes pas dans un confessionnal à écouter avant d'accorder votre pardon ou votre bénédiction. C'est par le dialogue que se résoudra la quasi-totalité des épreuves que votre couple traversera. Je conseille même aux jeunes couples de planifier à intervalles réguliers une discussion aidant à faire le point sur ce qui convient ou déplaît dans leur relation naissante. Attention toutefois à un écueil de taille : il ne faut pas profiter de ce genre de discussion pour juger l'autre, mais au contraire expliquer calmement ce que l'on ressent afin d'aider son conjoint à mieux nous comprendre. Et ce en nous montrant tout autant à son écoute et attentif à son bien-être. C'est aussi l'occasion de mettre l'accent sur ce qu'il convient de faire évoluer. Les couples qui se disputent mais savent revenir sereinement sur les causes de leur colère, une fois calmés, font assurément partie de ceux susceptibles de durer.

– **Attention :** faire attention à ne jamais blesser ou humilier son/sa partenaire par manque de respect ou précipitation ; prêter attention à ses envies pour prévoir ce qu'il/elle attend de nous ; être attentionné et savoir faire plaisir par pur altruisme ; faire attention à ce qu'il/elle fait, dit, vit auprès de vous, voici des gestes et « attentions » du quotidien qui construisent l'affection entre deux partenaires. L'attention est la flamme qui éclaire et guide un couple sur le chemin du bonheur. Que l'attention vacille et la lassitude s'installera avec son lot de désillusions. Le seul péché que l'on puisse commettre en amour, c'est le regret. Alors ne vous mettez pas en position de regretter un jour d'être passé à côté des occasions où vous auriez pu donner amour et attentions à votre conjoint.

Comme le souligne Esther Perel, auteur de *L'Intelligence érotique*, ces trois piliers, associés au respect mutuel, représentent les bases sur lesquelles peut se construire une vie à deux épanouie, aussi bien au quotidien que sous la couette : *« Si le couple évolue dans une atmosphère attentionnée et enrichissante, s'il y a une bonne communication et un respect mutuel entre les partenaires, des rapports équitables, de la confiance, de l'honnêteté, on peut sérieusement supposer qu'il y a une vie érotique intense. »*

On peut bien évidemment associer à ces vertus l'empathie, la tendresse, l'estime, la connivence, la passion, l'imagination et aussi... l'humour ! Ces valeurs étant celles sur lesquelles j'ai tenté de bâtir ma vie de couple, je vous propose de découvrir ci-après quelques « recettes personnelles de bonheur conjugal ». Pour en faciliter la compréhension, je les ai rattachées aux différents univers de vie, tout en prenant soin d'illustrer mon propos d'exemples et témoignages. J'ai commencé par la partie « vie en commun » car une atmosphère quotidienne sereine et apaisée sera le meilleur des terreaux à l'éclosion de l'amour. Ensuite, je montrerai comment développer vos sentiments et vous épanouir sous la couette, tant j'estime – et je ne suis sûrement pas le seul – qu'il n'y a pas d'amour véritable sans sexualité. Néanmoins, si le désir est souvent à la base d'une union, on sait tous qu'il s'émoussera avec l'âge et certains événements comme la naissance des enfants ou le départ à la retraite. Des mutations que j'aborderai en dernière partie. Enfin, vous constaterez que j'ai adopté un ton direct – certain(e)s pourront même le juger un peu directif –, convaincu que chacun de nous doit se sentir personnellement impliqué dans la réussite de son couple.

Des solutions existant pour harmoniser ses vies privée, sociale et sexuelle, et en tirer des bénéfices de sérénité, joie de vivre et confiance en soi, voyons-les ensemble !

PREMIÈRE PARTIE

Vivre l'amour au quotidien

Vous êtes accro aux siestes crapuleuses, votre passion est à son apogée, vous abordez un sourire béat chaque journée... Atterrissez un peu ! Toutes les nuits ne seront pas torrides et tous les matins souriants. Pour dépasser le stade passionnel, il va falloir apprendre à vivre ensemble au quotidien. À la question *« Pour favoriser votre épanouissement sexuel, que devrait améliorer votre conjoint*[1] *? »* posée par la Sofres en 2001, un tiers des Françaises ont répondu : *« Il devrait m'accorder plus d'attention dans la vie courante. »* Pourtant, comme vous allez le découvrir, il existe des moyens simples aidant à s'épanouir jour après jour, même dans un quotidien stressant ou gros consommateur de temps. Ils vous permettront de constater que votre amour peut se bonifier avec le temps et développer de nouvelles saveurs, tel un bon vin. Une ivresse amoureuse à consommer sans modération ! Et n'oubliez jamais que l'on peut s'aimer pour toujours, sans forcément s'aimer tous les jours.

1. Sondages Sofres, 2001.

1

Prendre le parti de continuer à lui plaire (les cinq S)

Sauvegarder l'amitié entre vous

Marie et Stéphane étaient des férus de musique. Mais, ne sachant pas jouer d'un instrument, ils avaient, sans se connaître, choisi de s'inscrire à la chorale de leur ville. C'est là où ils se sont rencontrés et où, au fil des répétitions, ils sont devenus amis. Les mois passant, Marie s'attacha à Stéphane, sans jamais que quoi que ce soit d'équivoque ne survienne entre eux. Tout juste, une fois, l'a-t-elle invité à partager un morceau du gâteau d'anniversaire qu'elle avait apporté à la chorale, afin de le déguster en fin de séance avec quelques personnes l'ayant touchée autant par leur voix que leur cœur. Peu à peu, Marie se mit toutefois à penser de plus en plus souvent à Stéphane, se remémorant les sourires échangés, les bons mots qui ne faisaient rire qu'eux. Un soir où elle arriva le sourire aux lèvres à la chorale, en découvrant son absence, elle eut un pincement au cœur. C'est à ce moment qu'elle comprit combien il lui était devenu cher. Prenant son courage à deux mains, elle l'invita plus tard à venir dîner chez elle, sous prétexte de lui faire découvrir les spécialités régionales que sa grand-mère lui avait appris à préparer. Au dessert, heureuse du moment passé ensemble et un peu désinhibée par le bon vin, elle décida de lui avouer son amour. Lui, désemparé et surpris, prétexta une grosse journée de travail le lendemain pour partir sans avoir réagi à cette déclaration. En fait, il n'avait pas vraiment compris sa demande et voulut continuer à la voir à la chorale, comme si de rien n'était. Mais elle ne vint pas la fois suivante, ni celle d'après. Stéphane repensa à la soirée et se rendit compte que Marie lui manquait vraiment. Peu à peu, il réalisa qu'au-delà de leur amitié était né un amour. Il vint donc un soir l'attendre à la porte de son immeuble. Quand elle arriva, il l'embrassa sans dire un mot puis l'emmena à la chorale. À la fin de laquelle ils ne partirent pas chacun de leur côté mais allèrent prendre un verre chez Stéphane. Quelques heures plus tard, Marie prétexta avoir trop bu pour rentrer seule chez elle et Stéphane ne se fit pas prier pour l'inviter à passer la nuit chez (avec ?) lui. Depuis, leur bonheur fait plaisir à voir.

Avant d'être amants et de vivre en couple, souvenez-vous que vous avez parfois commencé par être amis. Sachez donc rester « le/la meilleur(e) ami(e) » aux yeux de votre conjoint. Notez dans un coin de votre tête tout ce qui lui fait plaisir et sachez en jouer sans retenue. Vous n'avez pas de mémoire ? N'éprouvez aucune honte à écrire ce que vous avez appris de ses goûts sur un petit carnet mis à jour régulièrement. Puisque je n'ai jamais entendu quelqu'un dire à la personne qui partage sa vie : *« Je n'aime pas quand tu cherches à me faire plaisir »,* sachez dès lors être à la fois le/la confident(e) et l'ami(e) avant d'être l'amant(e).

Il est également important de savoir ce que votre partenaire attend de vous et de la vie en général. L'amour donne, au fil du temps, un sentiment de sécurité et de stabilité émotionnelles qui pousse souvent les personnes en couple depuis plusieurs années à ne plus s'intéresser réellement à leur partenaire. Elles préfèrent le voir conforme à l'image idéale qu'elles se sont faite et refusent qu'un changement vienne perturber cet amour bien huilé. Erreur ! Restez curieux de la personnalité de votre conjoint, laquelle n'est pas gravée dans le marbre et évoluera au fil du temps. Rappelez-vous du jeu télévisé *Les Z'amours* où l'on demandait à une personne de répondre à des questions sur son conjoint. L'idéal serait qu'avec le temps vous puissiez répondre à toutes celles concernant la personne avec qui vous partagez votre vie. Au cours des années, votre amour va changer, en intensité comme en perception, mais restera l'amitié indicible qui vous lie depuis le début. C'est cette dernière qui vous permettra souvent de revenir l'un vers l'autre après une dispute, une période de stress, de doute, ou un quelconque éloignement temporaire.

Séduire jour après jour

Je suis un amateur de photos et de beaux jardins. Un jour, je me promenais au milieu des splendeurs d'un parc réputé et mon regard fut attiré par un couple sur un banc. L'homme avait passé son bras gauche autour des épaules de sa compagne et posé sa main sur elle, avec une grande délicatesse. Elle avait appuyé sa tête sur lui et on sentait que le corps de son mari aurait été capable d'arrêter toutes les tempêtes pour la protéger. Ils étaient très élégants, lui en pantalon blanc et veste beige clair avec casquette assortie, elle en robe vert et bleu avec petit gilet marine. Je fus ému par l'aura de douceur qui les entourait. Un amour d'une force incroyable se dégageait de leur couple. Faisant le tour du jardin, je suis revenu vers le banc de l'autre côté. Et, à une dizaine de mètres d'eux, je me suis aperçu qu'ils avaient au moins 80 ans chacun. L'amour les transfigurait. Ils rayonnaient littéralement. Je me suis approché pour les prendre en photo, demandant si cela ne les gênait pas. J'ai cru que la femme rougissait de la pudeur de celle qui voit ses sentiments révélés. Son mari s'est, quant à lui, légèrement redressé comme si la jeunesse de son cœur gonflait son torse. Il a serré son épouse encore plus fort contre lui et tous deux m'ont souri et accordé leur approbation. Pour justifier mon audace, j'ai juste dit : *« L'amour rend beau et vous êtes magnifiques. »*

Continuer à séduire votre partenaire demande une attention quotidienne. Donnez-lui conscience qu'il/elle est l'unique objet de vos attentions. Amenez-le/la à penser à vous lorsque vous n'êtes pas ensemble et à se dire que vous êtes vraiment celui/celle qui lui convient le mieux. Mettez en valeur ses différents atouts. Il/elle est très beau/belle, soulignez sa beauté mais montrez-lui que vous êtes aussi séduit(e) par son intelligence et vice-versa. Cherchez toujours à mieux le/la comprendre afin d'être à même de combler ses attentes. Par la confiance que vous lui inspirez, lc rcspcct dont vous faîtes preuve et l'amour que vous exprimez, donnez-lui envie de s'abandonner dans vos bras, mais aussi, parfois, de pleurer sur votre épaule. Sachez l'aimer chaque jour sans remettre vos attentions au lendemain. Ainsi, n'avez-vous pas, de temps à autre, envie de lui dire ou de lui offrir quelque chose, puis vous le remettez à plus tard ? Imaginez qu'il lui arrive malheur, seriez-vous sans regret ? En amour, il faut savoir envisager le pire pour apprécier le meilleur, se faire un peu peur pour se donner à fond. Souvenez-vous que rien n'est jamais acquis et que votre partenaire vit avec vous parce qu'il/elle le souhaite, non pas parce qu'il/elle en a le devoir. Une paire d'alliances n'a rien de menottes qui entraveraient les deux conjoints. Anticipez, en somme.

Soigner son apparence

– Bonne nuit, Loulou,
– Tu éteins déjà, Chouchou ?
– Euh oui, ce soir... pas trop envie.
– Tu viens t'endormir au creux de mon épaule ?
– Non merci, je préfère m'endormir au plus vite. J'ai plein de boulot demain.

Une fois la lumière éteinte, aucun des deux n'y parvient parce que leurs pensées fusent, reflets de frustrations non exprimées.

Loulou : Lors de nos premières nuits ensemble, elle portait des dessous sexy. C'était vraiment *hot* ! Maintenant, sous

prétexte d'avoir chaud, elle s'affuble de ce grand T-shirt informe pour dormir !
Chouchou : C'est bien qu'il fasse du sport un soir par semaine. Il a l'air vraiment plus détendu, mais bonjour l'odeur ! Il aurait pu prendre une douche avant de se coucher.

Le week-end n'est pas une excuse en soi pour que Lui passe son temps dans un vieux jogging ou qu'Elle oublie de se coiffer. Gardez toujours en mémoire les préférences de votre conjoint. Elle aime que vous portiez une chemise, laissez donc tomber le T-shirt taille XXL informe. Il préfère vos cheveux relevés, attachez-les avec une jolie pince plutôt que de jouer les bergers briards. Il n'y a en effet rien de plus frustrant que de constater que son/sa partenaire est plus élégant(e) en semaine que le week-end. La chose s'aggrave généralement à partir du moment où l'on vit ensemble. Je connais des femmes super-craquantes dans la journée devenues, une fois le nez sous la couette, sous prétexte de ne pas prendre froid au lit, bien moins attirantes. Si vous êtes frileuses, mesdames, sachez qu'il existe de très beaux kimonos en soie à porter à même la peau pour dormir. Et vous, messieurs, souvenez-vous que l'odeur de mâle viril qui mettait en transe votre petite amie peut très bien incommoder celle devenue votre femme. Alors passez par la case salle de bains avant d'aller vous coucher. Et réciproquement. Puisqu'il est essentiel de faire son possible pour continuer à plaire à la personne qui vit à ses côtés, surveillez aussi votre ligne, faîtes un peu de sport, restez soigné(e), préservez votre vitalité et surtout... gardez le sourire !

Surprendre agréablement

« Je ne comprends pas trop ce qui lui a pris. J'étais pourtant sûre de lui faire plaisir. Quel rabat-joie ! Cette soirée costumée organisée par mon boulot était une occasion unique de le présenter à mes copines. Tout le monde devait se déguiser en personnage de séries américaines : *Starsky et Hutch*, James West et Artemus Gordon, *Super Jaimie* ou *L'Homme qui valait 3 milliards*... Moi j'avais choisi *Desperate Housewives*. J'incarnais la lascive Gabrielle et lui devait jouer le jardinier sexy. Mais comme il est moins bien foutu que l'acteur musclé de la série, je lui ai acheté des bottes en caoutchouc et un bleu de travail. Si tout le monde m'a trouvé radieuse, lui ne semblait pas particulièrement à l'aise. Il a même prétexté un mal de crâne pour s'éclipser au bout de dix minutes. Tant pis pour lui. » Delphine, 32 ans.

Cet exemple l'atteste : il vaut mieux éviter de faire des surprises vous faisant plus plaisir qu'à la personne à qui elles sont destinées. Cependant, rares sont ceux/celles qui n'apprécient pas que la personne qui les aime le plus ne le leur prouve pas régulièrement. Ne dit-on pas qu'il n'y a pas d'amour sans preuve d'amour ? Les (bonnes) surprises font indéniablement partie des atouts du romantique que toutes les femmes rêvent de rencontrer un jour. Voici donc quelques idées pour les hommes qui n'ont jamais réussi à enfiler la panoplie de prince charmant, mais aussi pour les femmes qui ne savent jamais quoi offrir à leur conjoint [1] :

Lui :

– Apportez-lui le soir un bouquet de fleurs ou faites-lui en livrer un à son travail. Imaginez la réputation que vous allez avoir auprès de ses collègues !

– Levez-vous d'un bond le dimanche matin, sans lui laisser le temps de vraiment se réveiller, pour revenir avec le petit-déjeuner sur un plateau ;

– Faites-vous passer pour un fournisseur et invitez-la à un faux déjeuner d'affaires où vous pourrez manger en tête à tête avant de repartir au travail. Ou de rentrer à la maison, le cœur battant !

– Venez la chercher à la sortie de son bureau le vendredi

---

1. Voir aussi « Rallumer la flamme de la passion ».

soir pour l'emmener *illico* en week-end au bord de la mer. Vous aurez bien sûr pris soin de préparer une petite valise avec quelques jolies robes, ses dessous préférés et son nécessaire de toilette fétiche.

Elle :

– Offrez-lui le CD de la chanson qu'il fredonne en voiture ;

– Glissez-lui un mot coquin dans la poche de sa veste avant qu'il parte au bureau, en lui annonçant ce qui l'attend au retour ;

– Faites dédicacer la dernière BD de son dessinateur préféré ;

– Prenez rendez-vous chez un concessionnaire pour aller essayer la voiture de ses rêves ;

– Préparez-lui son plat préféré. Vous pouvez aussi le lui servir dans la tenue avec laquelle il vous aime le plus ;

– Plus fort encore. Un soir, faites-lui une surprise sensuelle. Déshabillez-vous en laissant traîner sur le sol un chemin de vêtements, jusqu'à votre chambre, et attendez-le au lit. Quand il arrivera, les yeux écarquillés, un de ses fantasmes deviendra réalité.

Si vous n'arrivez pas à offrir un petit cadeau sans occasion particulière, notez au moins les dates importantes bonnes à fêter : la Saint-Valentin (14 février), la fête des Mères/Pères (mai-juin), Noël (25 décembre), votre anniversaire de rencontre/fiançailles/Pacs/mariage, son anniversaire et sa fête. Les plus romantiques peuvent y ajouter la Saint-Amour (9 août).

Soutenir en toutes circonstances

Être soutenu n'a pas forcément le même sens pour un homme et une femme. Les femmes expliquent avoir besoin qu'on les écoute, qu'on les comprenne, qu'on les réconforte, qu'on les protège. Un homme préfère en revanche ressentir de la part de sa compagne de la confiance, de l'admiration, voire de la fierté. En fait, soutenir une femme consiste avant tout à lui permettre de partager le poids de ses soucis. Soutenir un homme, c'est en revanche lui montrer que l'on a confiance dans ses capacités à résoudre son problème.

Il arrive qu'un homme parte bille en tête dans de grandes cogitations pour résoudre un problème dont sa partenaire lui parle. Il devient silencieux – il a mis ses capacités intellectuelles en mode « résolution de problèmes » –, alors qu'elle attendait plutôt de lui qu'il se montre attentif à ce qu'elle lui racontait. Elle voulait juste de l'écoute tandis que lui, une fois qu'il aura suffisamment d'informations nécessaires, préférera s'efforcer d'apporter au plus vite une solution.

On le voit, écoute et attention sont indissociables quand on veut soutenir son/sa partenaire. Ensuite, il convient de trouver ensemble la meilleure manière de faire disparaître les soucis accablant l'un des deux conjoints. Mais en premier lieu, il faut réconforter et protéger avant d'agir [1].

Parfois, le fait que des étrangers soient témoins du problème, de l'incident même, amène celui/celle qui aurait dû être réconfortant(e) à dévoiler un tout autre visage. Comme l'atteste l'exemple suivant :

> Grand, sportif et musclé, Didier est une force de la nature. Doté d'une énorme détermination, quand il se donne un défi à relever, rien ne lui résiste. Sa petite amie, Émilie, est en revanche un petit bout de femme qui essaie tant bien que mal de suivre son champion. Partis à la montagne cet été, ces deux amoureux de nature décident de s'inscrire à une randonnée. Bien chaussés, heureux de pratiquer un sport

1. Voir aussi « Savoir vraiment écouter votre conjoint ».

ensemble, nos deux tourtereaux abordent la montée avec le sourire et le cœur vaillant. Le chemin est escarpé, la pente sévère, mais Émilie, encouragée de la voix par Didier, ne renonce pas. Sans faiblir, elle parvient essoufflée au sommet, quelques mètres derrière l'élu de son cœur qui la félicite. Le guide qui les accompagne désigne du doigt les monts environnants. Ensuite, tout le monde déjeune dans la bonne humeur. Vient l'heure de la descente. Comme le temps commence à se gâter, il ne faut pas traîner. Chacun se presse sur le chemin piégeur, truffé de cailloux. Didier, comme à son habitude, est devant, Émilie s'accroche. Elle accélère le pas quand, soudain, elle pose le pied sur une pierre qui roule. C'est la chute. Elle s'effondre en poussant un cri. Didier fait demi-tour et se porte à son secours. *« Relève-toi, c'est rien »* lui crie-t-il. Émilie pleure. *« Mais comment t'as fait pour tomber ? »* murmure Didier, craignant sans doute que les autres l'entendent. Le guide se précipite lui aussi. Émilie est assise par terre, le visage entre les mains. Didier se tient debout à ses côtés. Le guide ouvre son bidon d'eau et en verse sur ses genoux plein de terre. L'un d'eux, un peu ouvert, saigne légèrement. Didier monte le bras en l'air et, alors qu'on aurait pu croire qu'il allait poser sa main sur son front en prenant un air catastrophé, il le redescend aussitôt et se retourne de dépit. Finalement, le guide panse le genou, transvase le contenu de son sac à dos dans le sien et lui tient le bras pour le reste du trajet. Didier, lui, descend quelques mètres derrière eux, le regard noir.

À la lecture de ce récit, on ne peut s'empêcher de voir en Didier un gros macho qui n'aime pas les femmes. En fait, notre aventurier au cœur de champion n'a pas su gérer la situation. Au lieu de porter attention à sa petite amie, il s'est d'abord préoccupé de ce que penseraient d'eux les autres randonneurs et en a éprouvé... de la honte. Honte que celle montée avec lui au sommet s'étale dans la poussière comme une enfant qui trébuche. Ce cas ressemble à certaines attitudes observées lors d'une dispute, quand l'un des deux conjoints préfère « fuir » (dans le cas de Didier, se montrer indifférent au malheur de celle qu'il aime) plutôt que de gérer des émotions qui le dépassent. Or soutenir quelqu'un qu'on aime n'est pas forcément lui parler. Didier aurait pu redonner courage à Émilie et soulager sa peine en la prenant juste dans ses bras.

En somme, en cas de difficultés, votre partenaire doit non seulement se sentir compris(e), soutenu(e), réconforté(e), mais surtout aimé(e). Il/elle doit aussi ressentir votre totale confiance en lui/elle. Votre conjoint doit à tout moment pouvoir se dire quc, quoi qu'il arrive, vous serez là et qu'avec vous à ses côtés rien n'est impossible. Un bébé ne renonce pas à marcher malgré des dizaines de chutes tant il sent que sa mère est fière de lui et ne doute à aucun moment de ses capacités. Une leçon à méditer.

2

Ne pas finir une journée sans lui en donner (les trois C)

Si certains hommes considèrent souvent qu'avoir une épouse souriante, amoureuse (sous-entendu prête à toutes les faveurs) et bonne cuisinière (pour ceux qui ont remplacé les plaisirs de la chair par la bonne chère), suffit à leur bonheur conjugal, il n'en est vraiment pas de même pour celles qui partagent leur vie. Ne dit-on pas que cent attentions quotidiennes ont plus de valeur dans le cœur d'une femme qu'un gros cadeau annuel ? Pourtant, quelques-uns semblent encore l'ignorer...

« Voilà plusieurs mois que la commercialisation du dernier PC est annoncée, et il sort juste une semaine avant l'anniversaire de Lucie. Quelle aubaine ! Comme elle aime bien finir un jeu vidéo avec moi sur mon PC, elle sera ravie que je lui offre son propre micro. Ainsi elle pourra s'entraîner de son côté et on participera ensemble à des tournois en réseau. Bon, c'est un peu plus cher que la somme d'argent réservée pour son cadeau, mais si je lui offre un bouquet l'année prochaine, elle ne dira rien car elle aura compris que le présent de cette année en valait bien deux. » Quentin, 28 ans, informaticien.

« Mais quelle idée de m'avoir offert un micro ! C'est un truc de mec, ça ! Il m'achète en fait ce dont il rêve, lui. En plus, au prétexte que je joue avec lui. Il n'a toujours pas compris que je le rejoins sur son PC uniquement pour que son jeu s'arrête plus vite et pour éviter qu'il en démarre un autre. Moi, question jeux, je les préfère sensuels et câlins... Quant au reste, il a eu faux sur toute la ligne : un gâteau acheté surgelé au supermarché du coin, un dîner à l'appart' plutôt qu'au restaurant... Le pompon : clamer sans le moindre tact que l'ordi lui a coûté super-cher et que je n'aurai pas à lui en vouloir l'année prochaine si je suis moins gâtée. Je sens que je vais aller m'acheter la petite robe que je lui ai montrée des dizaines de fois en vitrine du magasin situé au bout de la rue. » Lucie, 25 ans, coiffeuse.

Câlin

Ils embellissent votre quotidien, vous font retrouver le sourire et oublier vos soucis. Ce sont... Ce sont les... Mais oui, les câlins. Sans connotation sexuelle, un bon câlin permet de montrer à l'autre combien on apprécie sa présence. C'est aussi un excellent moyen de faire tomber la pression, en rentrant du travail par exemple. En plus, un câlin fait du bien à la santé ! Des recherches menées en 2003 par l'université de Caroline du Nord, aux États-Unis, ont montré que le fait de serrer contre soi, un instant et chaque jour, un être aimé améliorait l'humeur, réduisait la pression sanguine et, par là même, les risques de complications cardiaques. Lorsqu'on enlace un être cher, le corps libère de l'ocytocine[1] et la sécrétion de cortisol diminue, permettant la libération de sérotonine et de dopamine, hormones du bien-être et de l'envie.

Alors, chaque matin n'oubliez pas de vous étreindre avec votre conjoint, votre enfant, votre meilleur(e) ami(e), vos

1. Voir « Le cercle vertueux de l'ocytocine ».

parents ! La sensation de plaisir procurée durera toute la journée !

En termes de câlin, soyez en outre imaginatif. Vous pouvez le faire face à face, comme pour danser un slow, poser une main à l'épaule et l'autre à la hanche, etc.

Compliment

Voilà l'exemple même de l'attention efficace. En jouant d'un peu de poésie et de beaucoup de sentiments, monsieur cherchera à souligner la féminité de sa compagne, alors qu'elle-même exaltera la fierté de son partenaire. Pour faire mouche, le compliment doit toucher votre conjoint au cœur. Flattez-le/la sur un aspect de sa personnalité ou de son physique qu'il/elle aime et dont il/elle est fier(ère). Il ne sert à rien d'essayer de proférer un compliment sur quelque chose dont il/elle doute, vous ne feriez que le/la mettre dans l'embarras. Un compliment devant arriver de façon spontanée et naturelle, l'important est de garder un regard amoureux, une gestuelle rassurante (sourire, regard et corps tournés vers l'autre) et de ne jamais tricher. Il ne sert à rien de piquer des phrases toutes faites sur des sites web ou de recopier des bouts de poèmes, la supercherie serait vite découverte. Ouvrez votre cœur et exprimez-vous simplement avec la force de votre amour.

Caresse et baiser-étreinte

Le domaine des caresses ne commence pas à la porte de la chambre. En dehors du lit, pensez aussi à lutiner le corps de votre partenaire afin de lui montrer qu'il/elle continue à vous plaire malgré la fatigue ou le poids des années : une caresse sur sa joue, votre main posée sur son épaule, votre bras entourant sa taille, vos doigts passés dans ses cheveux... Chacun de ces petits gestes, parfois même grivois, constitue une marque d'affection pour la personne partageant votre vie.

Avez-vous remarqué que le nombre de baisers quotidiens décroît fortement avec la durée d'une union ? Et qu'ils perdent sacrément en sensualité ? Au début, on se « roule des pelles » à s'en gercer les lèvres, puis on passe au baiser sans la langue pour, après quelques années, se contenter du *smack* chaste claqué du bout des lèvres avant un *« Bonne journée chéri(e) !* » Bonjour tristesse ! Pour que votre partenaire réalise votre amour à travers un simple baiser, prenez-le/la dans vos bras, regardez-le/la quelques secondes dans les yeux, approchez doucement vos lèvres des siennes et laissez-le/la parcourir les quelques centimètres qui le/la séparent de ce moment de bonheur. Embrassez-vous, pas avec fougue mais avec ferveur, puis enchaînez avec un tendre câlin. Tant de sentiments passent à travers un baiser si sensuel qu'il vaut bien tous les *« Je t'aime »* du monde. Et si vous êtes pressé le matin, prenez le temps d'un baiser-étreinte en vous retrouvant le soir. Et puis, un simple bisou dans le cou se révèle lui aussi agréable.

Une exception pourtant : n'essayez pas de donner un baiser à votre aimé(e) si il/elle est occupé(e) par quelque chose réclamant son attention ou mettant ses nerfs à rude épreuve, vous risqueriez de vous faire renvoyer *illico* dans vos cordes. Essayez plutôt d'accrocher son regard en lui adressant un sourire ensoleillé teinté de compassion. Si votre partenaire veut de l'aide, il/elle saisira l'occasion pour vous solliciter, ou prendra le temps d'une pause pour souffler. Ce qui vous donnera l'opportunité de vous rapprocher pour essayer un câlin réconfortant comme les bras d'une maman et apaisant comme un massage.

Cadeaux, Courtoisie et autres Choses...

On pourrait ajouter à cette mini-liste de satisfactions journalières ces petits cadeaux surprises dont les femmes – les hommes aussi d'ailleurs – sont friandes [1], ainsi que, messieurs, de la Courtoisie et un esprit Chevaleresque. Une femme appréciera, en toutes circonstances, que son partenaire sache se conduire en parfait gentleman.

Quelle femme n'a pas rêvé d'être à la place de Julia Roberts en regardant *Pretty Woman* ? Non pour le côté *call-girl* de luxe mais pour tomber dans les bras du prince charmant. Bien sûr, vous n'êtes pas Richard Gere et vous n'avez pas des millions sur votre compte en banque, mais la galanterie peut se traduire par des attentions simples qui montrent combien on respecte sa compagne. Des gestes qui laisseront de bons souvenirs dans sa mémoire, de la gentillesse ritualisée. Voici quelques exemples :

– Lui tenir la porte ouverte d'un bras afin qu'elle passe avant vous (et non passer devant puis lui tenir la porte). En songeant à poser délicatement votre main dans son dos pour la guider ;

– Se coucher à sa place quelques instants en hiver pour lui réchauffer le lit tandis qu'elle se prépare dans la salle de bains ;

– S'enquérir de ce qu'elle désire quand vous êtes au restaurant puis passer la commande pour elle auprès du serveur ;

– Se lever pour demander l'addition et aller la régler (même si vous payez avec le compte commun) avant que le serveur ne l'apporte ;

– Descendre le premier de la voiture quand il pleut et aller ouvrir la porte du domicile afin de récupérer un parapluie que vous lui apporterez ouvert à la portière ;

---

1. Voir « Surprendre agréablement ».

– Faire le plein de la voiture, surtout si c'est elle qui conduit ;

– Poser votre manteau sur ses épaules si elle a froid ;

– Sécuriser son environnement en marchant sur le trottoir côté chaussée, en descendant en premier un escalier raide, en lui tenant la main une fois en bas, en marchant devant elle dans le noir, en tendant votre avant-bras pour qu'elle y prenne appui en cas de marches très hautes ou verglacées, en posant vos mains autour de sa taille si le sol est glissant, etc. ;

– À la plage, lui apporter sa serviette quand elle sort de l'eau ;

– Aller chercher seul la voiture garée à 200 m en sortant de chez des amis, tandis qu'elle leur dit au revoir ;

– L'inviter pour la première danse lors d'une soirée ;

– Porter ses paquets au sortir d'un magasin...

Sans oublier d'ajouter à ces attitudes courtoises un zeste de romantisme :

– Dessinez un cœur sur la vitre embuée de la douche avant qu'elle y entre ;

– Partez le soir au bord de la mer pour lui offrir un vrai coucher de soleil ;

– Cachez-lui des petits mots d'amour dans la maison... et seulement dans votre chambre si vous avez des enfants. Après, libre à vous de jouer à *« Ah, tu chauffes ! Là, tu refroidis ! »* ou dc laisser l'autre les trouver au fil des jours ;

– Lui faire couler un bain chaud un soir d'hiver, éteindre toutes les lumières et établir un chemin de bougies de la porte d'entrée à la salle de bains. Quant à la baignoire, elle aussi sera éclairée ;

– Préparez-lui un calendrier de l'avent dans lequel elle découvrira jour après jour chacune des vingt-cinq déclarations d'amour que vous lui aurez écrites ;

– Élaborez en secret l'album photos de vos vacances et offrez-le lui en rentrant ;

– Réservez des vacances de rêves et achetez un puzzle reproduisant une photo de l'endroit. Ensuite, remettez-lui quelques pièces chaque semaine. Bon, il vaut mieux éviter le puzzle de 1 000 éléments...

– Rédigez une déclaration d'amour, découpez la lettre en morceaux et mettez chaque pièce dans une enveloppe différente. Postez le tout et laisser le charme agir ;

– Faites une banderole composée d'une dizaine de feuilles A4 sur lesquelles vous aurez inscrit avec un marqueur les mots magiques *« Je t'aime ma* [le petit nom unique que vous lui donnez en privé] *!* » Puis placez ladite banderole quelque part sur son trajet de retour du travail. Audacieux, mais bluffant !

– Si vous laissez la voiture au parking de la gare le matin et qu'elle la récupère le soir, découpez un cœur dans un Post-it et collez-le sur le volant. Placez un CD de sa musique préférée dans l'autoradio, lequel démarrera automatiquement lorsqu'elle mettra le contact. Allez plus loin encore en coinçant une belle rose sous son essuie-glace...

3

S'offrir du temps en répartissant les obligations

– Allô ma chérie, je ne te dérange pas ?
– Tu as de la chance je suis en pause, mais dépêche-toi je vais bientôt partir en réunion.
– Oui, désolé de t'appeler pendant ton séminaire, mais j'ai rendez-vous demain avec un client important et je voulais mettre ma chemise grise. D'abord je l'ai cherchée dans tous mes tiroirs... Et puis...
– Fais-moi la version courte, s'il te plaît.
– Oui, pardonne-moi... Je l'ai finalement trouvée dans le bac de linge sale. Et là, je suis devant la machine à laver...
– Eh bien quoi, tu ne sais pas faire une lessive ? (Ton narquois.) C'est pourtant pas compliqué, je me sers du lave-linge tous les week-ends depuis dix ans. (Ton légèrement excédé.)
– Euh, ben... C'est-à-dire que... (Ton pour le moins embarrassé.)
– Que quoi ?
– Que je n'ai pas vraiment de notice d'utilisation. Je ne t'ai jamais raconté que, enfant, quand ma mère était absente, elle laissait des instructions à mon père ?
– Quel genre ?
– Du genre que l'on punaise sur le mur à côté de la machine à laver pour expliquer le tri du linge, la dose de lessive à

mettre, le programme à utiliser... Tu vois, ce genre de trucs basiques. D'ailleurs, je me disais que tu pourrais peut-être, en rentrant demain soir, rédiger une note que je pourrais accrocher...

– Tut ! Tut ! Tut !

Les tâches ménagères

Voici l'exemple typique des obligations quotidiennes qui introduisent dans le couple nombre de ressentiments. Un seul chiffre pour se rendre compte de l'ampleur du désastre : une heure vingt-cinq ! C'est la durée qui sépare les trois heures vingt-six quotidiennes [1] que les femmes consacrent aux tâches domestiques des deux heures une des hommes. Voilà une nouvelle preuve que, dans la majorité des ménages, c'est à la femme qu'incombent ces tâches peu valorisantes, mais ô combien utiles. Imaginez, monsieur, que votre compagne doive être hospitalisée quelques semaines. Après avoir utilisé pour la première fois toutes les pièces du service de quatre-vingt-seize couverts offert à votre mariage, vidé vos placards à la recherche de la dernière chemise propre, mis au micro-onde la dernière barquette de plat cuisiné dénichée dans le congélateur, rempli les deux bacs de l'évier avec la vaisselle sale... vous serez bien obligé de vous y mettre !

Au sein de bien des couples, l'homme prend encore à sa charge les travaux qui nécessitent de la force physique (tondre la pelouse, sortir la poubelle sur le trottoir, bricoler, monter les meubles) ou ont un rapport avec l'univers masculin (laver la voiture, faire le plein d'essence, mettre la voiture en révision). Sans s'apercevoir que ce qui coûte le plus à sa femme n'est pas l'effort à fournir, mais la banalité

1. Statistiques de l'INSEE publiées en 2006 pour les années 1999-2004.

de tâches quotidiennes dont la répétition engendre un sentiment d'injustice et de frustration. Pourquoi devrait-elle sacrifier une part de son temps à ces tâches ingrates ? Pour obtenir le titre glorieux de « meilleure femme au foyer » ?

En définitive, l'essentiel est moins de chercher à répartir les tâches ménagères équitablement que d'être capable d'accomplir parfaitement toutes ces tâches, de donner à l'autre la satisfaction de voir que vous y participez à hauteur de ses espérances. Mieux, de vous en charger de bonne grâce et à votre initiative.

Si, par exemple, vous débarrassez la table et mettez la vaisselle sale au lave-vaisselle plutôt que de tout balancer en vrac dans l'évier, vous pouvez être certain que votre geste sera identifié comme une marque de respect. Soyez aussi attentif à la tenue de votre maison que vous l'êtes à celle de votre femme et n'attendez pas de félicitations pour l'accomplissement de tâches qu'elle effectue tous les jours sans que vous vous en rendiez compte. En outre, respectez votre parole si vous vous êtes engagé à l'aider. Les minutes que vous lui ferez gagner et la fatigue que vous lui épargnerez seront du temps et de l'énergie qu'elle pourra utiliser pour elle-même... ou, pourquoi pas, vous consacrer. Les femmes apprécient beaucoup la bonne volonté manifestée par des hommes qui se chargent volontiers des tâches ménagères et leur montrent qu'ils prêtent ainsi attention à leur bien-être.

Les papiers administratifs

Mesdames, voici un registre de corvées dont un conjoint peut se charger, sans que son image de mâle viril, et parfois même un peu macho, en soit écornée. De plus, savoir gérer des tâches aussi abstraites mettra en valeur ses capacités intellectuelles et flattera son ego. Surtout à une époque où ce sont souvent les femmes qui se chargent de ce travail ! Cependant, deux obligations lui incombent s'il s'en charge :

1/ Ne pas oublier de payer les factures dont vous deviez vous charger ;

2/ Traiter une tâche administrative de À à Z pour être certain de ne rien oublier.

Afin de ne laisser en plan aucun papier important, je conseille d'abord de bien s'organiser. On peut, par exemple, ouvrir le courrier dès son arrivée et le répartir entre différentes bannettes, avec un ordre de priorité des prises en charge : « À payer » pour les factures, « À traiter » pour le courrier nécessitant une réponse ou pour les chèques à déposer à la banque, « À ranger » pour le reste. Ainsi, vous saurez toujours où vous en êtes des urgences et serez reconnu comme une personne organisée et donc responsable.

Rien ne vous empêche non plus de prendre un après-midi de RTT pour passer à la Sécurité sociale, au Trésor public, aux impôts, etc., et de montrer à votre femme que vous savez assumer vos responsabilités. Vous pouvez aussi réserver les colonies de vacances pour vos enfants ou la location des vacances, faire la déclaration d'impôt, tâches que l'on finit invariablement par faire à la dernière minute, trop souvent en s'énervant, ou que l'on « délègue » lâchement à sa moitié alors qu'elle a déjà mille choses à faire.

Détends-toi, je m'occupe de tout...

Si vous avez la possibilité d'être le/la premier(ère) à votre domicile alors que vous savez combien votre partenaire a eu une journée difficile, préparez-lui une soirée détente. N'est-ce pas gratifiant de se sentir aimé ? À son arrivée, embrassez-le/la tendrement et dites-lui : *« Détends-toi, je m'occupe de tout. »* Tout d'abord, mettez une musique d'ambiance, genre *lounge* comme dans les bars d'hôtels chic. Monsieur aura pris soin de préparer à sa compagne un bain chaud agrémenté de quelques gouttes d'huile essentielle de lavande. Madame pourra lui servir une boisson après lui avoir proposé de s'installer confortablement sur la banquette ou dans un gros fauteuil. Laissez votre partenaire parler de ses soucis s'il le souhaite, sans le/la solliciter. Après, si l'humeur se révèle coquine, on peut imaginer un massage d'épaules ou un savonnage sensuel. Il va sans dire, madame comme monsieur, que vous aurez pris soin de lui préparer son plat préféré et d'avoir dressé une table avec bougies et verres à pied. Trop classe !

Le *« je m'occupe de tout »* peut aussi se décliner en d'autres circonstances, comme lors des départs en vacances. Messieurs, sachez que faire une pile de vos affaires à emporter, consulter votre trajet sur une carte routière ou Internet, réserver l'hôtel pour l'éventuelle étape, préparer un sac des indispensables à ne pas oublier (eau, biscuits, livre de contes, petits jouets, couverture pour les enfants...) sont des petites choses dont votre partenaire sera reconnaissante.

4

Comprendre les différences de perception à travers les cinq sens

Il existe, paraît-il, une origine commune des langues. Je ne suis pas un expert en ce domaine, mais je peux affirmer qu'il existe certaines phrases prononcées par les femmes qui traduisent la même chose dans toutes les langues :
– « C'est juste devant ton nez, tu ne le vois donc pas ? »
– « Ne pars pas les mains vides. »
– « Je peux bien me mettre pieds nus. Les miens ne sentent pas. »
– « Tu ne peux pas faire deux choses à la fois. Pourtant moi j'arrive à te parler tout en m'occupant des enfants. »

Si on place un cerveau humain dans les mains d'un chercheur, peut-il affirmer qu'il s'agit de celui d'un homme ou d'une femme ? *De visu*, pas vraiment. Mais alors, si nous disposons organiquement du même cerveau, pourquoi homme et femme ne perçoivent-ils pas les choses identiquement ? C'est que le développement du cerveau est lié aux hormones sexuelles circulant dans le sang qui créent des différences entre les sexes, d'un point de vue morphologique et comportemental. Serge

Ginger[1], psychologue et psychothérapeute, a ainsi établi l'identité sexuelle cachée de notre corps. En voici les grandes lignes.

La vue

La femme identifie mieux les couleurs et possède une meilleure mémoire visuelle que l'homme. En revanche, son angle de vision est plus restreint. On doit cette différence à nos lointains ancêtres, quand l'homme devait chasser et donc repérer le gibier de loin et sur territoire étendu, alors que la femme était assignée à élever ses enfants, faire de la cueillette ou confectionner des vêtements. Sur ce dernier point, on voit que l'évolution humaine a été plutôt lente, puisque ce sont toujours majoritairement les femmes qui, de nos jours, achètent encore les vêtements, cousent, repassent, lavent le linge... Cette différence d'angle de vision explique aussi qu'un homme puisse ne pas remarquer quelque chose se trouvant « sous son nez ». La vue est en outre le sens privilégié par l'homme lorsqu'il désire déclencher son excitation, d'où son intérêt pour ce qui a trait à l'érotisme visuel (sous-vêtements, maquillage, bijoux, photos, exhibition, voyeurisme, etc.).

L'ouïe

L'ouïe de la femme est très développée. En moyenne, elle entend à peu près deux fois mieux qu'un homme. Elle l'entend donc « crier » et peut le croire abusivement agressif ou en colère. On comprend pourquoi les mots doux et le timbre de la voix du conjoint sont essentiels à une

1. Conférence de Serge Ginger sur les différences entre les hommes et les femmes et le fonctionnement du cerveau (http://www.psycho-ressources.com/bibli/femmes-et-hommes.html).

femme. L'éventail des sons perçus par les femmes se révèle aussi beaucoup plus large et elles chantent plus souvent juste que les hommes. Les femmes possèdent encore une meilleure reconnaissance des sons, ce qui leur permet de mieux entendre un bébé et d'identifier plus aisément ses demandes.

Selon les spécialistes, aux premiers temps de l'humanité, l'organisation du camp, l'alimentation du « foyer » et l'éducation des jeunes auraient favorisé le développement du langage chez la femme. Là encore, on ne constate guère d'évolution de la gent masculine puisqu'une femme parle beaucoup plus qu'un homme et ce, dès le plus jeune âge. *« Dès l'école maternelle, sur 50 minutes de classe, les filles parlent 15 minutes et les garçons, 4 minutes, soit 4 fois moins. Tandis que les garçons sont 10 fois plus turbulents (5 minutes au lieu de 30 secondes). À l'âge adulte, les femmes téléphonent en moyenne 20 minutes par appel contre 6 minutes pour les hommes »* révèle ainsi Serge Ginger.

Le toucher

Les femmes possèdent jusqu'à dix fois plus de capteurs cutanés. L'ocytocine, hormone liée à l'attachement, multiplie leur besoin de toucher et d'être touchées. L'homme, pour sa part, témoigne d'un niveau de dopamine plus élevé que celui de la femme.

Dans l'évolution humaine, le chef du clan a souvent eu des niveaux conséquents de dopamine et de testostérone, taux lui permettant de repousser les autres prétendants au pouvoir (et aux femmes) et d'avoir une libido optimale chargée d'assurer la pérennité de la tribu. Sa méfiance vis-à-vis du toucher, de l'approche d'une personne étrangère lui a permis d'assurer sa survie face aux ennemis éventuels.

Aussi surprenant que cela puisse paraître, l'être humain répond encore à de tels schémas

Un exemple frappant de la différence de relation au monde qu'ont les hommes et les femmes l'atteste : si l'on met un ballon au sol sur le trajet d'une personne, on constatera des réactions contrastées selon le sexe. Dans la majorité des cas, une femme le ramassera pour le prendre dans ses bras (attachement), alors qu'un homme tapera dedans pour le faire avancer (action).

L'odorat et le goût

L'odorat d'une femme est plus fin, et ce jusqu'à cent fois plus à certaines périodes de son cycle. Son organe voméronasal, situé sous la surface intérieure du nez, est directement relié au bulbe rachidien, partie la plus ancestrale du cerveau contrôlant les fonctions autonomes du corps. Cette source probable de son intuition – d'après certains chercheurs –, perçoit les phéromones qui traduisent plusieurs formes d'émotions : désir, colère, peur, tristesse... On comprend mieux, dès lors, pourquoi une femme recherche en priorité un contact de près tant elle est sensible aux odeurs et autres phéromones, alors que l'homme privilégie un contact visuel.

Le cerveau, grand coordinateur

L'homme est plus sensible que la femme au sens émotionnel. Cela va en étonner beaucoup, mais généralement une femme se révèle moins émotive mais s'exprime davantage, alors qu'un homme s'avère plus émotif, mais n'exprime pas ses émotions. L'homme aurait-il moins de capacités cérébrales pour traiter les émotions ? Il semblerait que... oui ! Le cerveau masculin présente un amoindrissement du corps calleux reliant ses deux hémisphères. La communication neuronale est donc mieux assurée entre hémisphère droit et gauche dans le cerveau féminin. La communication verbale aussi ! Les femmes parlent et écoutent avec leurs deux hémisphères, tandis que les hommes écoutent essentiellement avec l'hémisphère gauche, verbal, logique et sont donc plus axés sur l'analyse et la critique. Les femmes mobilisant en même temps leurs deux hémisphères, le discours entendu se voit donc coloré d'émotions et perçu subjectivement à travers leurs désirs, leurs craintes, leurs valeurs éthiques et sociales. Elles entendent ce qui est dit, mais surtout comment cela est dit (inflexions et timbre de voix, rythme de respiration, etc.). Elles ont aussi, globalement, une élocution plus aisée et maîtrisent mieux la grammaire et l'orthographe.

A contrario, davantage d'hommes souffrent de problèmes liés à la lecture et au langage, tels que la dyslexie et le bégaiement. Cependant, ils surclassent souvent les femmes dans les domaines du raisonnement logique, mathématique et des compétences spatiales (imaginer la rotation d'un volume dans l'espace ou la trajectoire d'un objet qui se déplace). Les hommes sont, logiquement, plus victimes de troubles de perception émotionnelle. Ainsi, on compte quatre hommes autistes pour une femme. On peut aussi noter dix fois plus de tentatives de suicide chez les femmes (émotions exprimées), contre un taux élevé de « réussite » chez les hommes (mise en application).

En fait, les femmes semblent avoir, au gré de l'évolution de l'espèce humaine, mieux contribué que les hommes au développement des zones cérébrales impliquées dans la parole et la pensée. Tout ce qui sépare l'homme de l'animal en somme, et, semble-t-il, la femme de l'homme.

5

Analyser nos réactions et apprendre à les contrôler

– Bon, voyons ce que votre épouse vous reproche... Colérique, égoïste, violent... Ça fait beaucoup !
– Ah non, pas violent ! Je ne l'ai jamais tapée monsieur le juge !
– La violence verbale existe aussi, cher monsieur. Il y a des mots qui font plus mal que des coups. Tout de même, vous vous mettez souvent en colère, non ?
– Ça dure jamais bien longtemps...
– Enfin suffisamment pour vous laisser le temps de proférer des injures ?
– Oh, des mots comme ça, j'en utilise autant dans les embouteillages. C'est pas vraiment contre elle.
– Juste une façon de vous défouler en quelque sorte ?
– C'est ça, monsieur le juge, une manière de faire redescendre la pression, quoi !
– Et vous n'avez pas le sentiment d'agir comme un tyran domestique ?
– Je me fais respecter à la maison, c'est tout ! C'est important le respect !
– À qui le dites-vous... Et d'où vient ce, disons, sentiment de colère ?
– Parfois, je rentre stressé du boulot, mais pas vraiment en colère. Je suis en train de me faire une place à ma boîte.

C'est dur, mais je veux que ma femme ne manque de rien, alors je bosse et je monte les échelons.
– En marchant sur la tête des autres, je suppose...
– Enfin quoi ? Avec tout ce que je fais pour assurer son bonheur, elle pourrait se montrer un peu plus reconnaissante. Et puis, si je lui ai demandé de rester à la maison, c'est que je peux pas tout faire non plus.
– Eh bien, je crois que je ne vais pas pouvoir faire, moi, grand-chose pour vous. La demande de divorce de votre femme est tout à fait légitime et recevable... Affaire suivante !

Nos comportements innés ne sont plus adaptés au monde actuel

Bien que nous éprouvions souvent l'impression – fausse – de détenir la libre-pensée, notre cerveau est avant tout le fruit d'une sélection naturelle. Si certaines de nos capacités cognitives se sont forgées dans le crâne de lointains ancêtres, elles conditionnent encore nos comportements.

– **Le goût du risque :** autrefois utile aux chasseurs de la préhistoire, il peut pousser les hommes modernes, et dans une moindre mesure certaines femmes, à rechercher toujours plus d'émotions fortes (challenge professionnel, sport à risque, loisirs extrêmes, jeux d'argent, aventures extraconjugales, jeux de domination...).
– **La peur de manquer :** depuis toujours, cette faculté pousse l'être humain à agir pour éviter la perte des ressources nécessaires à notre survie (nourriture, eau, lieu de chasse, partenaire sexuel...). Aujourd'hui, elle peut nous amener à réagir au plus pressé et à retenir seulement ce qui nous sera profitable à court terme.
– **La réactivité :** de tout temps utile afin d'exalter nos capacités physiques et de nous permettre de réagir face à

un danger imminent, elle débouche parfois sur des actes de violence gratuite dirigés contre des étrangers à notre cercle de relations (famille, amis, collègues), mais aussi contre ceux qui nous paraîtraient possiblement hostiles, même au sein du foyer. Elle est très souvent à l'origine de la détérioration d'un conflit conjugal a priori banal, tant réagir trop vite revient à ne pas se donner le temps de se demander : *« Pourquoi l'autre agit-il, pense-t-il ainsi ? »*

– **L'altruisme :** aider pour être aidé en retour est plus bénéfique qu'une attitude individualiste. Aujourd'hui, cette qualité, promue dans la morale religieuse, nous conduit parfois à penser que nous ne sommes pas reconnus à notre juste valeur ou à ne donner quelque chose de soi que si l'on a la certitude de recevoir en retour, notamment dans les relations amoureuses.

– **L'aptitude à l'empathie :** au départ simple distinction entre ce qui peut nous être profitable (le bien) ou désagréable (le mal), elle s'est, au fil de l'évolution, muée en aversion pour la souffrance d'autrui. Malheureusement, cette prédisposition innée à l'empathie peut être contrecarrée par une faible sensibilité émotionnelle. C'est le cas chez certains hommes qui souffrent d'un déficit dans la perception et le ressenti des émotions dites sociales : compassion, honte, culpabilité...

– **Le besoin d'équité :** c'est la fameuse « Égalité » de notre devise nationale. Présente également chez certains animaux, cette faculté à refuser tout partage qui nous est – ou nous semble – défavorable, peut aussi nous conduire à vouloir punir ceux qui, à nos yeux, ne feraient pas preuve de coopération.

À savoir : l'homme et le singe n'ont que 1,6 % de différence génétique... Contre environ 5 % entre homme et femme [1]. Un homme est donc physiologiquement plus proche d'un singe mâle que de... son épouse ! Bien évidemment, les guenons sont aussi plus proches des femmes. Ça rigole moins là...

On notera que ces prédispositions naturelles, présentes en chacun de nous, ont un côté positif et négatif. Les différents composants de cette « pré-morale innée », que l'on arrive à déceler même dans le comportement des bébés, ont été sélectionnés au gré de l'évolution de l'espèce tant ils nous permettaient d'apporter une réponse adéquate aux situations relatives à notre survie. Aujourd'hui, bien que loin des problèmes de survie quotidienne (tout du moins dans les pays développés) de nos ancêtres, on déplorera que des petits problèmes conjugaux puissent déclencher chez certains des comportements agressifs, voire violents, peu propices à la survie... du couple. D'après la théorie de la frustration-agression de Dollard et Berkowitz, l'agression présupposerait toujours la présence de frustration, et la frustration provoquerait toujours l'agression. La personne qui n'éprouve pas, au quotidien, la satisfaction qu'elle espère, généralement sentimentale, ressent rapidement une impression de frustration, prémices d'une poussée de rébellion contre la source présumée de sa frustration. Ce qui se traduit invariablement en agression envers l'entourage. C'est, par exemple, ce que l'on note chez les jeunes ne trouvant pas de travail, et sans perspective de vie, lesquels se vengent en cassant des abribus, symbole d'une société qu'ils espéraient à leur écoute mais qui, impassible devant leur détresse, semble leur « manquer de respect ».

1. Conférence de Serge Ginger sur les différences entre les hommes et les femmes *op.cit.*

Face à une situation de stress, et plus encore lors d'une mise en cause, notre métabolisme s'affole (accélération cardiaque, suée, production d'adrénaline). Au point de nous ôter cette capacité créative qui permettrait de résoudre le problème. C'est dès lors notre corps qui choisit entre les deux solutions qui lui restent : combattre ou fuir. Avant d'en arriver là, il est donc utile d'anticiper les conflits et d'apprendre à les résoudre.

> **À savoir** : selon une enquête publiée en 2008 par l'Observatoire national de la délinquance, près de la moitié des agressions subies par les Français surviennent au sein du ménage. 9 % des personnes violentées à domicile ont porté plainte pour agression physique et 5,5 % pour agression sexuelle[1]. Pour mémoire, le viol est reconnu entre mari et femme depuis 1992.

Identifier à quel type de problème vous êtes confronté

On peut répartir les problèmes en trois catégories principales : les ponctuels, les récurrents et les permanents. Pour comprendre la différence entre chacun, partons de l'exemple d'un couple qui se chamaille car la femme reproche à son mari ses retards :

1/ Le problème ponctuel :
Il est en retard ***chaque fois*** *qu'il doit aller chercher vos enfants à l'école,* ***alors que d'habitude****, c'est vous qui vous en chargez.*

On voit ici que le problème naît d'une situation inhabituelle. En fait, le conjoint ne parvient pas à organiser sa journée pour être à l'heure à la sortie de l'école ou n'y

1. Observatoire national de la délinquance, 2008.

accorde pas l'importance voulue. Il est donc nécessaire de lui montrer combien vous attachez une attention particulière à ce sujet et à quel point c'est très important à vos yeux. S'il est capable de comprendre votre angoisse d'ignorer ce que vont faire vos enfants en l'attendant, il trouvera les moyens de mettre au point une solution susceptible de vous apaiser.

2/ Le problème récurrent :

*Il est **systématiquement** en retard **quand** vous allez ensemble chez des amis.*

Là, d'un souci peut-être occasionnel, on passe à un aléa systématique. Soit il calcule mal le temps de transport, soit il pense que vos amis seront conciliants, soit il n'est pas pressé d'arriver à destination. Dans tous les cas, il ne tient pas compte du fait que cela vous met en colère. Pis, il est probable que ce désagrément se reproduira à la prochaine invitation. Première étape : comprendre ce qui le pousse volontairement, mais pas forcément consciemment, à agir ainsi. Seconde étape : lui ouvrir les yeux et lui expliquer que la situation ne vous convient pas (sans donner plus de précision) et que la façon dont il se conduit vous affecte. S'il vous aime vraiment, il cherchera *primo* à savoir ce qui ne vous convient pas, *secundo* à vous éviter ce désagrément, *tertio* à vous prouver combien il est attentif à votre bien-être dans le but de regagner votre confiance.

3/ Le problème permanent :

*Il est **toujours** en retard **parce qu'il a décidé** de vivre à son rythme, sans porter de montre.*

Voici la catégorie de problème la plus dure à résoudre. Pour la simple et bonne raison que ces ennuis-là sont... insolubles ! Car ils prennent racine dans la personnalité même du conjoint et de ses choix de vie. Il n'y a pas alors cent façons de s'en sortir :

– Soit vous décidez de modifier les habitudes de votre conjoint. Mais bon courage, car rien n'est gagné ! D'autant qu'il s'agit généralement de la pire façon de faire puisque ce cas de figure crée un gagnant et un perdant ;

– Soit vous renoncez à le changer, sans pour autant accepter de subir un problème dont votre conjoint n'a pas conscience. Dans ce cas, modifiez la situation initiale afin que le problème disparaisse de lui-même (exemple : soustrayez trente minutes à l'heure du rendez-vous annoncé) ;

– Soit vous sentez que ce problème révèle des habitudes remontant à l'enfance, est né d'un traumatisme émotionnel jamais vraiment « digéré », d'un désir inassouvi de votre partenaire, peut-être même d'un rêve caché. Dans ce cas, il convient de faire passer le message que vous comprenez qu'il puisse réagir ainsi, mais que vous aimeriez connaître ses motivations profondes. Dites-lui que le savoir ne remettra pas en cause votre amour mais que sa conduite actuelle vous perturbe. Quand vous saurez pourquoi il agit ainsi, vous pourrez réfléchir tous deux à la meilleure façon d'agir pour que le désagrément ne se reproduise plus ou pour qu'il parvienne à atteindre ses objectifs d'une manière moins handicapante pour vous [1]. Au besoin, faites appel à un psychothérapeute.

Identifier le problème, en reconnaître l'existence, en comprendre l'origine constituent des étapes indispensables à franchir avant d'envisager une résolution définitive ;

– Soit vous prenez le problème définitivement à votre compte (exemple : poussez-le au bon moment en voiture que vous conduirez à bon port et à l'heure) ;

– Soit vous laissez tomber, considérant qu'il s'agit d'une part de sa personnalité faisant son charme et que vous ne détestez pas complètement. Que ne ferait-on, parfois, par amour ?

1. Voir « Quand le rêve d'un des conjoints est source de conflit ».

Savoir vraiment écouter votre conjoint quand il/elle en a besoin

Elle vient de rentrer du travail. Tard. Son mari, qui a déjà mangé, est assis à table, tourné vers la télé. Normal, c'est soirée foot. Un match immanquable, PSG-Marseille.
– Il y a un truc qui me tracasse...
– Hein, quoi... Que disais-tu ?
– Ma nouvelle collègue me pose problème...
– Tu vas t'habituer. Chaque fois qu'il y a des embauches dans ton service, tu dis la même chose. Et puis, les petites nouvelles, il faut les mater.
– Peut-être, mais la nuit dernière je n'ai pas bien dormi à cause...
– BUT ! T'as vu cette magnifique reprise de volée !
– J'en peux plus. Je suis vidée...
– Écoute : si tu es fatiguée, qu'est-ce que tu fais à traîner là ? Va te coucher ! Dès la fin du match, je te rejoins.
Elle monte lentement l'escalier menant à sa chambre, la tête vide, les jambes lourdes et le cœur... pas vraiment léger. Décidément, il n'entend rien de ce qu'elle lui dit.

La critique est facile, mais l'art (de l'écoute) délicat ! Avant de réagir à ce que vous dit votre conjoint ou d'ignorer ses questions, interrogez-vous sur les raisons l'ayant conduit à vous en faire part :
– Veut-il partager avec vous une expérience qui l'a réjoui, surpris, peiné... ?
– Est-il confronté à un problème ? Et souhaite-t-il que vous l'aidiez à le résoudre ou attend-il juste que vous le soulagiez d'un poids en l'écoutant ?
– Tient-il à vous faire passer un message ? Vous reproche-t-il, même de manière détournée, quelque chose ?
– Essaie-t-il, simplement, de renouer le contact, d'amorcer une tentative de rapprochement, de façon que vous fassiez plus attention à lui ?

Quelle qu'en soit la cause, un partenaire attend de son conjoint des choses précises :

1/ **Écoutez-le avec toute l'attention possible :** interrompez ce que vous faisiez, regardez-le dans les yeux quand il vous parle, rapprochez-vous, ne laissez pas votre esprit vagabonder, rassurez-le, encouragez-le à poursuivre s'il s'interrompt ;

2/ **Montrez-lui que vous le comprenez :** hochez la tête afin d'exprimer votre assentiment, reprenez ses propos, demandez des précisions si des points vous paraissent obscurs, mais ne posez pas des questions susceptibles de le remettre en cause ;

3/ **Adhérez à son point de vue :** soyez solidaire, même si dans un premier temps, cela vous apparaît irraisonné. Dans ces cas-là, l'amour doit passer avant la raison. Votre conjoint attend du soutien, non la mise en exergue de sa faute. Rangez-vous de son côté et faites front commun contre l'adversité ;

4/ **Exprimez de la compassion :** si votre conjoint a subi un accident de voiture, dites-lui : *« L'imbécile qui t'est rentré dedans ne savait vraiment pas conduire »* plutôt que de sortir une phase du genre : *« Tu es sûr que tu as respecté le code de la route ? »* Faites-lui comprendre que ses sentiments sont justifiés et, qu'à sa place, vous auriez ressenti les mêmes émotions. Montrez-lui que ce désagrément n'affecte en rien vos sentiments. Prenez-le dans vos bras et dites-lui que vous l'aimez.

6

Se donner les moyens de résoudre tous les conflits de couple

Comprendre ce qui mène les couples au divorce

Pendant longtemps, on a philosophé sur l'amour, discouru sur le couple sans vraiment se poser les bonnes questions, ou du moins sans se donner les moyens de répondre à la plus importante de toute : pourquoi certaines personnes sont-elles heureuses à deux et d'autres non ? Les sexothérapeutes et conseillers conjugaux ont, pendant des années, fondé leur intervention sur leur formation, leur expérience professionnelle et familiale, leur intuition, leur capacité d'écoute et d'analyse, sans que des théories scientifiquement démontrables en sortent. Jusqu'à ce qu'un homme pose, non la question du bonheur du couple d'un point de vue philosophique, mais les bases d'une véritable étude scientifique de l'amour. C'est le docteur John M. Gottman, coauteur de *Les Couples heureux ont leur secret*, livre dans lequel il décrit les comportements des nombreux conjoints qu'il a vus défiler, sous ses yeux et sous le regard des caméras de son *Love Lab*, durant plus de vingt ans.

Voici, en résumé, *« comment* [il] *prédit le divorce »* d'après les erreurs que commettent les couples dans leur gestion des conflits conjugaux :

1/ Le démarrage brutal : plus le ton monte vite, plus les critiques pleuvent, plus les propos sont chargés d'émotions négatives dans les premières minutes, moins le conflit a de chance de se résoudre à l'amiable ;

2/ Les quatre cavaliers de l'Apocalypse :

– **La critique :** que vous ayez parfois des choses à reprocher à votre conjoint est normal. On ne vit pas avec un ange et on n'est pas soi-même un(e) saint(e). Quand une situation ne vous convient pas, essayez d'être le plus objectif possible. Rappelez-vous qu'un grief pointe un désaccord sur une action, alors qu'une critique est dirigée contre la personne qui fait l'action. Exemple : *« Tu n'as pas sorti la poubelle alors que tu devais le faire »* est un grief. *« Tu es trop fainéant pour sortir la poubelle ? »* relève de la critique ;

– **Le mépris :** vous levez les yeux au ciel ; vous raillez sans même le regarder ; vous ricanez quand l'autre vous parle ; vous vous conduisez comme si votre conjoint n'existait plus... En ne tenant aucun compte de ce que votre partenaire dit ou fait, vous êtes en plein mépris. Mépriser quelqu'un peut aussi être perçu comme une forme d'agression et un début de violence latente ;

– **La défensive :** si vous réagissez à une critique par une tentative de justification ou un reproche, vous adoptez une attitude défensive qui risque de renforcer l'agressivité de son auteur. Pourquoi ? Parce que votre partenaire en colère ne s'excusera jamais et aura éventuellement envie, au contraire, d'enfoncer le clou ;

– **La dérobade :** quand les sarcasmes se succèdent, la personne critiquée a parfois envie de laisser croire à son indifférence. Elle s'efforce alors d'éviter les disputes la mettant mal à l'aise. Or il s'agit d'une grave erreur : cela signe en effet l'arrêt de mort de tout dialogue. Fait à noter : dans 85 % des couples, c'est l'homme qui se dérobe ;

3/ La noyade : quand la critique se révèle très sévère, la montée d'agressivité subite, il arrive que la personne touchée soit comme en état de choc, incapable de réagir aux reproches formulés. Elle se mure dans un mutisme protecteur qui l'éloigne peu à peu de son conjoint. Dès lors, il vaut mieux annoncer que l'on n'est plus en état de poursuivre la conversation et demander à en rediscuter plus tard, plutôt que de se taire et se laisser emporter par une déferlante de récriminations ;

4/ Le stress physique : les scientifiques l'ont prouvé, notre cerveau n'est plus capable de réfléchir quand notre corps est mis en situation de stress intense. Il lui est alors nécessaire de retrouver de la sérénité pour être à même de rechercher une solution à ce qui l'accable. Vingt minutes sont nécessaires à une femme pour renouer avec le calme à la suite d'une violente dispute, alors qu'un homme ne retrouvera généralement le sien que si on lui donne la possibilité de riposter. Sa peur d'être en position d'infériorité peut le conduire à des violences verbales, parfois même physiques ;

5/ L'échec du rapprochement : après le passage des quatre cavaliers précités, la seule chose susceptible de repousser l'arrivée du sentiment de noyade demeure l'effort entrepris par chacun des conjoints pour mettre un terme à la dispute de manière positive. Malheureusement, si ces tentatives de rapprochement arrivent trop tard, elles courent le risque de ne plus être reconnues comme telles. Il vaut donc parfois mieux accepter que son partenaire s'approche pour un câlin et faire ainsi retomber la pression, plutôt que de le/la repousser en cherchant à poursuivre à tout prix ;

6/ La rancune : quand une impression négative s'installe au sein d'un couple, les ressentiments éprouvés conduisent souvent les conjoints à réécrire le passé. Si on leur demande de raconter les moments les plus importants de leur vie commune, les mauvais souvenirs domineront. Et ils s'accuseront réciproquement d'en être à l'origine, la rancune remplaçant alors l'estime. À l'opposé, les couples heureux se souviendront des meilleurs moments et chercheront à enjoliver, voire ironiseront sur les périodes difficiles.

Selon John M. Gottman, la mort d'une relation est annoncée dès que l'on :

1/ Considère que ses problèmes sont graves et sans issue ;

2/ Juge qu'il n'est plus utile de discuter et que mieux vaut agir seul ;

3/ Se met à penser que *« l'herbe est sans doute plus verte ailleurs »* et que l'on mène des existences parallèles ;

4/ Se sent seul alors que l'on vit à deux.

Toutefois, gardez à l'esprit que tant que le divorce n'est pas prononcé ou le logement commun revendu, rien n'est perdu. Souvenez-vous que la meilleure façon de ne pas subir les dégâts de disputes désastreuses réside non dans la manière de mieux les gérer, mais dans l'art de les contourner. À *contrario*, il ne servirait à rien de les éviter systématiquement, vivre sans conflit revenant à refuser les remises en question et, par là même, la possibilité d'évoluer positivement. En conclusion, apprenez d'abord à bien vivre ensemble hors conflits, afin que ceux-ci n'aient aucune raison d'apparaître.

Apprendre à bien gérer les disputes

D'après Douglas Stone, Bruce Patton et Sheila Heen, coaches de l'université de Harvard auteurs de *Comment mener les discussions difficiles*, ce qui rend une conversation tendue tient moins à ce qui a été dit qu'à ce qui ne l'a pas été. Quel que soit le sujet de la controverse, en vérité on ne mène pas une conversation mais trois discussions simultanées. Chacun énonce, sous-entend et espère en effet des choses dont l'autre n'a généralement pas conscience.

Prenons l'exemple d'une dispute dans un couple :

David, 40 ans, a toujours été passionné par le corps humain. Sans doute aurait-il pu faire un bon médecin, mais la vie en a décidé autrement. Néanmoins, il a beaucoup lu sur le sujet et suit avec assiduité les progrès de la science. Il avale quotidiennement de nombreuses vitamines et oligo-éléments cherchant à renforcer son organisme et, d'une certaine façon, à extraire de ses pensées la maladie et la vieillesse. Sa femme Christine, la quarantaine également, se plaignant de temps en temps de ne pas bien dormir et de se sentir fatiguée, son mari a tenu à lui prouver qu'il prenait soin d'elle en préparant un matin un « cocktail » posé sur la table. Ce que note immédiatement son épouse :

– Tu laisses encore traîner tes pilules sur la table !

– C'est pas pour moi, mais pour toi !

– Comment ça pour moi ?

– Oui, tu as besoin de fortifiants, alors j'en ai préparé. Merci qui ?

– Quand je serai malade, j'irai voir le médecin.

– Mais tu as sûrement un déficit en vitamines. Prends ça !

– Je prends ce que je veux et parle-moi sur un autre ton, s'il te plaît.

– Avec toi, c'est toujours pareil. Si ce n'est pas madame qui décide, ce n'est pas bien. Fais-moi confiance et avale ces pilules, ça ira mieux.

– Je vais bien et je n'ai pas besoin de toi pour aller mieux ! Si cela t'est indispensable, c'est ton problème.

– Oh ! et puis débrouille-toi. Mais ne viens pas te plaindre après !

En décortiquant ce conflit, nous allons découvrir que chacun des conjoints fait tout pour :

1/Imposer sa version des faits

Chacun des protagonistes est en fait intimement persuadé de détenir LA vérité. Si l'autre s'oppose à celle-ci, son conjoint est convaincu qu'elle/il le fait sciemment, pour l'embêter même, puisque les faits exposés sont indiscutables. Ce ne sont plus deux personnes qui s'opposent, mais deux visions de l'existence. Comme aucun ne veut écouter les arguments de l'autre, la conversation tourne immanquablement à l'affrontement. Mais, au lieu de vouloir à tout prix avoir raison, ne serait-il pas plus opportun de se demander si l'on détient vraiment la vérité ?

David est persuadé que les vitamines constituent la meilleure solution pour venir à bout des problèmes de sa femme. Les pilules qu'il prend chaque matin lui donnant la pêche – du moins le ressent-il ainsi –, il les pense salvatrices pour compenser la fatigue chronique de sa compagne. Mais, à aucun moment, il n'envisage de chercher ce qui empêche Christine de trouver le sommeil. David se préoccupe des conséquences sans se soucier des causes. La discussion ne porte pas dès lors sur la véracité des faits, mais sur la perception que l'on en a. En fait, la vérité absolue relève du leurre. Ce qui paraît bien et perçu comme positif par l'un ne l'est pas obligatoirement pour l'autre. Ainsi, Christine ne se demande à aucun moment si les vitamines seraient susceptibles d'améliorer son état. En somme, l'une a décidé qu'elle n'avait aucun besoin d'une aide médicale puisqu'elle ne souffrait pas de problème physiologique, tandis que l'autre se positionne en sauveur apportant la seule solution jugée adéquate, qui plus est persuadé que sa femme sera fière de lui.

La solution : le but n'est pas d'imposer sa vérité, ni de désigner un coupable, mais de se comprendre pour aboutir à un consensus. Deux adversaires ne sont pas face à face, mais deux partenaires devant faire cause commune afin de résoudre leur problème. Ne partez donc pas du principe que vous connaissez forcément les intentions de l'autre alors qu'en vérité vous ne cherchez en rien à savoir ce qui les compose, les a fait naître et encore moins les motive. Prenez donc le temps de vous interroger sur ces points plutôt que de les déduire de son comportement. Ainsi, peut-être Christine a-t-elle eu des parents qui lui ont administré des médicaments à tout bout de champ afin d'ignorer ses vrais maux et, dès lors, cherche-t-elle, en parlant de ses insomnies à son mari, à l'inciter à se préoccuper de son bien-être émotionnel ? Peut-être David a-t-il rencontré dans le passé des périodes de méforme qui lui ont coûté cher (perte d'amis dont il ne pouvait satisfaire les sollicitations, mauvaise appréciation de son responsable au travail convaincu qu'il ne donnait pas le meilleur de lui-même...). En conséquence de quoi, pour se rattraper peut-être, cherche-t-il à venir en aide à sa femme, même sans son assentiment ? Un geste d'amour que son épouse interprète en revanche comme un désir de gérer sa santé à sa place ! Tout est toujours si compliqué.

2/Faire valoir ou dissimuler ses sentiments

Une dispute s'accompagne d'émotions intenses : colère, peur, tristesse, révolte, indignation, frustration, désarroi... Qui peuvent être dissimulées ou exprimées avec démesure. Dans le conflit opposant David et Christine, on note des expressions trahissant des sentiments : *« Tu laisses encore traîner tes pilules sur la table »* sous-entend que Christine n'apprécie guère de voir son conjoint avaler ses vitamines devant elle, croyant qu'il tente ainsi de lui imposer ses habitudes. Le *« encore »* affiche un certain agacement de sa part. *« Merci qui ? »* prouve combien David a besoin de reconnaissance et estime qu'en aidant sa femme, elle lui sera reconnaissante. *« Prends ça ! »* et *« Fais-moi confiance »* constituent deux phrases destinées à faire adhérer Christine à ses convictions. La première d'une manière brutale, la seconde selon une approche plus douce. En vérité, s'il vaut mieux éviter l'emportement, ignorer ou refouler les émotions éprouvées, les ressentiments qui nous traversent, serait tout aussi funeste. On ressent dans ce dialogue combien David dissimule son angoisse d'être impuissant à aider sa femme, tandis que Christine n'arrive pas à exprimer son vrai problème en ayant peur de se montrer vulnérable. Elle devrait lui préciser l'origine de ses insomnies et donc de sa fatigue, tandis que son mari pourrait l'amener à se confier plutôt que de lui proposer une solution clef en main.

La solution : apprendre à verbaliser sans juger, utiliser le *« je »* plutôt que le *« tu »*, préférer le subjonctif : *« J'aimerais que tu fasses... »* à l'impératif : « *Fais...* », constituent de bonnes recettes. David n'aurait pas dû dire *« Prends ça ! »*, mais suggérer à sa femme : *« Tu devrais essayer ces vitamines. Elles m'ont plutôt bien réussi. »*

Pour donner un caractère positif au conseil, l'astuce est aussi de proposer des exemples réels, ou imaginaires, expliquant comment d'autres personnes ont vécu positivement des situations similaires... David aurait ainsi expliqué que les vitamines aident à remonter la pente plus rapidement, mais qu'ils vont trouver ensemble la meilleure manière d'aborder cette fameuse pente.

Laissez à l'autre le choix de répondre à votre recommandation sur-le-champ ou plus tard. Pour cela, au lieu que d'entamer votre remarque par *« Je souhaiterais que tu... »*, exprimez votre vrai désir en montrant la satisfaction que son acte vous apporte d'ordinaire : *« J'aime bien quand tu... »* Sachez aussi donner à votre partenaire des moyens d'apaiser sa colère en offrant des solutions de repli.

Christine aurait par exemple dû dire à son époux que son problème n'étant pas uniquement d'ordre physique, il ne servait à rien d'envisager la solution uniquement sous cet angle, ce que se borne à faire David. Ce dernier serait sûrement revenu vers elle pour solliciter des explications si elle s'était confiée. Comme quoi, parler se révèle toujours plus efficace que le silence.

Lorsque l'on est soumis à un fort stress, on y répond en règle générale selon trois schémas :

1/ L'acceptation, qui s'accompagne souvent d'un sentiment de frustration ;

2/ La fuite, reflet d'un manque de confiance en soi ;

3/ Le refus, qui s'exprime généralement avec colère et indignation.

Il existe pourtant une quatrième façon de faire lorsqu'on a pu prévoir le conflit : se préparer à **négocier** suivant le principe qu'il vaut mieux prévenir que guérir. Mais la dispute gonfle souvent si vite que cette phase d'entente préalable n'intervient généralement qu'ensuite, au moment de la réconciliation, avec pour but de sortir du conflit par consensus mutuel.

Pour en revenir aux trois premières réactions, si l'acceptation sans condition et la colère ne sont en rien souhaitables – puisqu'elles démontrent toutes deux que l'un des conjoints a pris, ou tente de prendre, l'ascendant par la force –, la fuite ne se révèle pas forcément une mauvaise chose. À condition de l'organiser. Il ne s'agit plus de se dérober, mais de s'aménager des pauses, de s'offrir des moments de réflexion, de prendre du recul sur les problèmes et, par là même, de donner au couple la possibilité de comprendre les sentiments de chacun, d'apaiser ses propres émotions, pour revenir à une analyse plus pragmatique.

3/Défendre son identité

Chacun des conjoints se persuade qu'il a les compétences nécessaires pour mener à bien ses objectifs et, qu'en conséquence, l'autre doit prêter attention à ce qu'il dit, lui accorder sa confiance, lui être reconnaissant de ce qu'il déclare ou fait pour lui. En vérité, chacun fait en sorte que l'autre le trouve digne d'être aimé et le lui prouve en adhérant à son point de vue sans objection. Ce qui conditionne notre comportement durant la discussion. Nous sentons-nous à l'aise ou plutôt agressé, rejeté, angoissé ? À un moment, l'un ou l'autre des protagonistes risque de s'interroger, souvent inconsciemment, sur la façon dont il mène le débat : ai-je été trop gentil ? Est-ce que je fais preuve de méchanceté ? Ne suis-je pas en train de passer pour un(e) gamin(e) ? Dois-je lui servir le même type de vacherie que ce qu'il/elle m'envoie ? C'est le « syndrome du tout ou rien » :

– Soit, pour ne pas perdre la face, nous rejetons totalement le jugement de l'autre et sombrons dans la mauvaise foi ;

– Soit, par manque de confiance en nous, nous y adhérons sans nuance et tombons dans l'autodépréciation.

Chacun leur tour, David et Christine nient le rôle que l'autre s'est auto-attribué. David n'est pas docteur et *« Quand je serai malade, j'irai voir le médecin »* sous-entend que Christine ne veut pas qu'il essaie de la soigner. Christine n'est pas conciliante, ce que lui fait remarquer son mari en lui sortant : *« Si ce n'est pas madame qui le décide, ce n'est pas bien. »*

La discussion identitaire dissimule des réflexions introspectives : pourquoi ce qu'il dit me touche-t-il autant ? Quelles répercussions cette discussion aura-t-elle sur mon avenir ?

La solution : chacun doit apprendre à se remettre en cause et à reconnaître ses défauts, sans risquer de perdre la face.

Les deux partenaires peuvent se dire ce qu'ils auraient aimé entendre ou voir faire par leur conjoint. Si, toutefois, en cas de querelle, vous n'arrivez pas à vous parler sans vous laisser emporter par une émotion, tentez de faire une pause, mettez par écrit ce que vous voulez exprimer, puis asseyez-vous l'un et l'autre dos à dos pour lire chacun votre tour ce que vous pensez, sans accorder le droit d'interrompre. Une fois que vous aurez fini de vous exprimer, votre conjoint pourra réagir et vous lui répondrez avec sincérité. Et réciproquement. Au final, vous parviendrez à un compromis. Si cette méthode vous semble trop dure à mettre en place, tentez de reprendre le dialogue par des *mails* ou des SMS. D'autant que converser par écrit permet d'avoir du recul, de mieux choisir ses mots et de gommer le langage corporel trop « expressif ». Partez du principe que ce qui pose problème n'est pas l'un de vous deux, mais le relationnel et les circonstances qui vous affectent. Ainsi, quand une femme repousse les avances de son amant, cela ne signifie pas qu'elle ne l'aime plus, mais qu'il ne s'y est pas pris de la bonne façon ou que ce n'était pas le moment le plus opportun pour formuler sa demande.

En conclusion, avant de s'engager dans un conflit dont on ne connaît jamais ni la durée ni l'issue, essayer de tourner sept fois la langue dans sa bouche se révèle de bon conseil :

1/ Quelle est ma version du problème ? Quelle est la sienne ?

2/ Quelles sont mes intentions ? Quel impact peuvent-elles avoir sur lui ?

3/ Quelles sont ses intentions ? Les a-t-il totalement formulées ?

4/ En quoi ai-je contribué au problème ? En quoi y a-t-il contribué ?

5/ Quels sentiments me dominent ? L'autre en est-il responsable ?

6/ Quelle part de vérité trouve-t-on dans les reproches que l'on m'adresse ?

7/ Quelles solutions équitables pouvons-nous envisager ?

Voici donc ce qu'aurait pu donner notre conversation initiale si les protagonistes avaient fait preuve d'écoute, de compréhension et de calme :

– Tu as l'air d'avoir oublié de prendre tes pilules (aucun reproche ici, mais une forme d'interrogation).

– J'ai l'impression que tu ne vas pas très bien en ce moment. Tu sembles très fatiguée. (David montre à sa femme qu'il lui prête attention.) J'ai pensé que ce qui contribue à ma forme pourrait t'aider. Voici quelques vitamines susceptibles de te donner un petit coup de fouet. (Plutôt que de chercher à s'imposer, David propose).

– C'est gentil de penser à mon bien-être (Christine reconnaît l'attention de son mari), mais je ne crois pas que ça puisse marcher sur moi. Si je dormais mieux, je serai plus en forme. (Elle explicite la cause principale de méforme.)

– Il y a quelque chose qui t'empêche de dormir ? Tu veux qu'on en parle ? (David ouvre la porte à la discussion.)

– Je veux bien ! En ce moment, j'ai plus besoin de réconfort que de vitamines.

– Dis-moi ce qui se passe... (Il lui propose de se confier.) J'aimerais tant pouvoir t'aider à résoudre tes problèmes d'insomnie. (Il compatit.) Quand tu auras retrouvé la forme, ça me ferait plaisir qu'on puisse repenser à nous. (Il exprime à sa femme son vrai désir.)

Adopter la communication non violente (CNV)

Pour se souvenir des quatre phases clés de la CNV, il faut « **O**ser **S**e **B**orner à la **D**emande », soit :

– **O** pour observation de ce qui pose problème en s'interrogeant avec objectivité sur ce qui a pu amener l'autre à agir ainsi ou à tenir des propos qui vous ont déplu. Ne portez aucun jugement sur la personne. Contentez-vous des faits, sans essayer de les corréler à des traits de caractère de votre conjoint. Par exemple, si votre homme ne range pas ses pantalons dans l'armoire, cela ne signifie pas qu'il est « bordélique », juste qu'il n'attache pas à l'ordre la même valeur que vous et peut-être, plus simplement, veut garder ses affaires à portée de vue sur un portant.

– **S** pour reconnaître les sentiments que l'on ressent à l'analyse de la situation, sans se laisser envahir par la frustration, le dégoût, le regret, la colère... Tous ces sentiments négatifs enveniment la situation en faisant rentrer l'émotionnel à un niveau où le rationnel doit garder sa place. Essayez d'identifier ce que vous éprouvez sans vous laisser perturber par ce que vous imaginez que l'autre pense de vous.

– **B** pour exprimer ses besoins, sans qu'il s'agisse pour autant d'exprimer une demande égoïste ou un comportement narcissique. Vous prendrez soin de faire commencer vos phrases par *« Je préférerais que... »* et non *« Il faut que... »* Concentrer son énergie à réfléchir sur ce qui pose problème, sur ce qui manque pour être satisfait(e), tout en prenant en compte les besoins de son conjoint, voilà l'idée. Vous ferez écho au message qu'un partenaire essaie de vous faire passer uniquement si vous comprenez vos besoins réels dans cette relation et ce qu'elle vous apporte réellement.

– **D** pour formuler sa demande de façon simple, sans a priori sur la manière dont l'autre la percevra, ni jugement sur la personne qui la prendra en compte. Vous devez formuler des actions concrètes sans utiliser, dans la mesure du possible, d'expression négative. Préférez : *« J'aime bien quand tu t'habilles classe, ça me fait plaisir »* à : *« Je déteste te voir négligé. Pourquoi ne le comprends-tu pas ? »*

L'ultime phase consiste à vérifier que votre conjoint a enregistré votre demande. Je ne parle pas ici de sa prise en compte, mais de sa compréhension. Pour le savoir, le plus simple consiste à utiliser la reformulation. Demandez à votre partenaire d'expliquer ce qu'il a retenu de vos propos. Et ce, courtoisement, avec un maximum d'empathie sous peine de le voir juger votre démarche agaçante, voire infantilisante. Cette reformulation doit constituer, pour vous deux, la preuve qu'un véritable dialogue s'est établi, que chacun a écouté et compris l'autre et que vous tendez vers un consensus commun.

7

Identifier les personnalités néfastes à la vie à deux

Le sociologue Jean Kellerhals a mené une enquête au cours de laquelle il a identifié cinq styles de couple[1]. Et durant ce travail, il a noté que l'on rencontre deux fois plus de crises conjugales dans les couples dont l'un des deux conjoints a connu une enfance affectivement difficile ou qui a subi un traumatisme émotionnel d'ampleur. Dès lors, si on voit souvent qu'un conflit entre partenaires révèle la détérioration du lien les unissant, force est d'admettre que d'autres données entrent en jeu. Trois liens différents s'entrecroisent et tissent la trame sur laquelle s'inscrit l'amour d'un couple : le lien que chacun entretient avec son passé (son expérience), celui qu'il se forge mentalement avec son avenir (ses rêves) et celui noué avec la personne avec laquelle il vit. On pourrait aussi y ajouter les types de liens que chacun adopte avec les personnes de son entourage (famille, ami(e)s, collègues, voisins...). Beaucoup plus pernicieux que les conflits directs, certains modes de pensées, relevant souvent de problèmes anciens non résolus, peuvent en outre entamer une relation de couple et l'amener, à la

1. Voir « Quel est votre style de couple ? ».

longue, doucement mais sûrement, à sa perte. Apprenez donc à les identifier et à ne pas les laisser s'installer dans votre vie.

Immaturité émotionnelle et manque de confiance en soi

Une femme apprécie que son compagnon ait suffisamment confiance en lui pour gérer les situations, aime qu'il se sente bien dans sa peau afin qu'elle puisse se reposer sur lui, se sentir protéger et le laisser la guider sur les chemins de la vie... Très peu d'entre elles s'avouent prêtes à vivre avec un immature, ayant déjà à s'occuper de leur(s) enfant(s) sans en vouloir un autre à la maison. Or on connaît tous un spécimen de ces « grands enfants » qui ne pensent qu'à s'amuser, refusent la moindre responsabilité, vivent au jour le jour, fuient devant toute forme d'engagement, manquent de subtilité dans leurs actes et de finesse dans leur relationnel. En somme, des personnes – essentiellement des hommes – « bruts de fonderie », qui manquent d'expérience ou n'ont pas su tirer profit de celles de la vie.

L'immaturité émotionnelle est différente. Elle se caractérise par une difficulté à percevoir et interpréter correctement les sentiments d'autrui, à gérer ses propres émotions dans des situations inhabituelles ou de stress (cadeau surprise, première invitation chez quelqu'un, repas avec beaucoup de convives, rencontre d'inconnus...) et, par voie de conséquence, un besoin omniprésent de tout contrôler, une incapacité à se « laisser aller », une faible tolérance à la frustration... sans oublier un fort besoin de sécurité, un sentiment de rejet corrélé à une mauvaise opinion supposée des autres vis-à-vis de soi, une forte irritabilité, un égocentrisme répondant à la peur d'être mal jugé ou ignoré, une dépendance affective marquée, un besoin vital d'être aimé pour lutter contre un sentiment d'abandon... Tout ceci est l'écho d'un manque certain de confiance en soi. Malheureusement, cela se traduit souvent par de la colère dirigée contre celui/celle que la personne émotionnellement immature aime. Pourquoi ? Parce que n'ayant jamais eu les clés pour comprendre l'amour qu'on lui porte, l'immature émotionnel a le sentiment qu'il ne mérite pas cette affection. Alors, il rejette l'autre – parfois violemment –, fait tout pour le pousser à bout et l'obliger à réagir. Soit pour que le conjoint revienne vers lui et le réconforte comme un parent, soit pour qu'il/elle le rejette une bonne fois pour toutes et le conforte dans l'idée qu'il n'est pas digne d'être aimé. Face à ce type de personne, il ne faut surtout pas rentrer dans une relation parent-enfant, mais l'amener à lâcher prise sur son passé. Se projeter dans l'avenir revient à se voir grandir. C'est apprendre à gérer les émotions liées à ses frustrations, leur acceptation sans dévalorisation de son image qui permet de devenir adulte.

Souvent, cette immaturité a pour origine un traumatisme d'enfance ayant conduit sa victime à stopper son développement émotionnel dans l'espoir – inconscient – de reprendre le cours de sa vie au moment où le traumatisme l'a brisé. Pour d'autres, c'est une mère surprotectrice qui a coupé la personne du monde extérieur et l'a enfermée dans un statut d'enfant éternel. Enfin, chez certains enfants surdoués, une capacité d'analyse nettement supérieure à celle de son âge amène à côtoyer prématurément des personnes plus âgées, à se tenir à l'écart de son environnement, notamment en ce qui concerne les comportements qu'il ne maîtrise pas (sexualité, violence, etc.), à garder à jamais un mode d'interprétation et d'expression des sentiments infantile qui protège d'une entrée trop hâtive dans un monde d'adultes où il n'a pas encore physiquement sa place.

Compassion et contagion émotionnelle

Il est content, elle rayonne de joie. Elle souffre, il est aussi mal qu'elle. Il est triste, elle pleure sur son sort... Et quand elle déprime, il sombre ? N'en jetez plus, si vous réagissez de cette manière en couple, vous n'êtes plus fusionnel mais en pleine contagion émotionnelle. Vous agissez comme une éponge à émotions. S'il est normal d'être affecté lorsque l'être aimé se trouve en souffrance, cela ne doit pas vous conduire à prendre à votre compte ses tourments. Sinon, comment serez-vous capable de soulager sa peine et de l'aider à s'en sortir ?

Toute la différence entre empathie et compassion est là. Dans le premier cas, vous ressentez ce que ressent l'autre en vous identifiant à lui. Dans le second, vous cherchez inconsciemment à partager ses maux, à le plaindre, à vous apitoyer sur son sort.

Imaginez dès lors que votre partenaire aille toujours dans votre sens. Non seulement, il/elle aura tendance à vous enfoncer un peu plus au premier coup de déprime, mais vous aurez du mal à vous épanouir l'un l'autre. Car à trop ressentir les mêmes émotions, à trop se ressembler, à trop vivre les mêmes choses, on finit par s'éteindre mutuellement. C'est un peu comme les personnes qui travailleraient ensemble et ne trouveraient plus rien à se dire une fois rentrées chez elles le soir. Comme dans une société multiraciale, l'enrichissement des êtres naît de leurs différences, non de leurs similitudes. C'est dans la complémentarité culturelle, mais aussi émotionnelle, que se construit et s'épanouit un couple. Les conjoints qui surmontent le mieux les moments difficiles, les aléas de la vie, sont ceux qui arrivent à prendre sur eux, à mettre leurs propres problèmes de côté, le temps d'aider l'autre. Ainsi, les conjoints équilibrés ne se trouvent jamais au fond du trou en même temps et chacun sait qu'il peut compter sur la force de l'autre, sans craindre que ce dernier s'effondre sous la pression.

Jalousie et possessivité

Dès qu'elle s'absente quelques heures, il l'imagine dans les bras d'un amant. Chaque promenade ensemble donne lieu aux mêmes reproches : *« Pourquoi il te regarde comme ça, celui-là ? Tu les provoques ou quoi ? Tu n'avais rien de plus sexy à te mettre ? »* Dès qu'il raccroche le téléphone déferle l'éternelle litanie : *« C'était qui ? Elle n'a pas attendu que je sois partie pour t'appeler celle-là ! »* Aussitôt qu'il prend une douche, elle en profite pour faire ses poches...

Vous aurez identifié sans difficulté la personne jalouse. La jalousie consiste donc à imaginer des comportements répréhensibles que son conjoint est susceptible d'avoir avec d'autres personnes. Elle revient à la projection d'un problème de celui/celle qui accuse et à un reflet de ses désirs inconscients d'infidélité. Tout ce qu'il reproche à l'autre, ou plutôt lui attribue sans preuve, est en fait les actes qu'il/elle s'interdit mais dont l'envie le/la taraude. Le plus souvent, il/elle niera avec force, tant il/elle ne peut admettre que ce soient ses propres désirs qu'il/elle lui reproche.

En fait, tout est question de mesure. Se montrer un peu jaloux est normal, car cela marque son attachement à l'être cher. Si votre conjoint manifestait soudain de l'indifférence à ce que vous faites en dehors du couple, vous vous demanderiez sûrement s'il vous aime encore vraiment.

Le mari/la femme jaloux(se) exprime cependant par son comportement autoritaire une angoisse qu'il faut savoir entendre par-delà les mots exprimés. C'est en l'aidant à prendre conscience que c'est lui/elle seul(e) que l'on aime que sa crainte d'être abandonné(e), rejeté(e) sera apaisée.

De la jalousie découle le désir de contrôler la vie du partenaire, de le mettre sous cloche, de le posséder tel un objet. L'être possessif doit comprendre que, bien que son conjoint puisse accueillir diverses personnes dans son cœur (ses parents, ses enfants, ses amis...), il reste, quoi qu'il advienne, en tête de liste de ses préférés. Le premier, mais pas le seul !

Excès d'attentions et surprotection

Si, par le passé, beaucoup de femmes se sont plaintes de vivre avec des machos peu attentionnés, nous constatons actuellement un certain retournement de tendance qui voit émerger des hommes jugés trop « gentils » par leurs comportements. Ne pas être attentionné constitue une marque d'indifférence et même d'irrespect, tant les attentions du quotidien constituent le ciment du couple[1]. Mais, au-delà de la phase fusionnelle qui marque le début d'une relation, se montrer trop attentionné, trop câlin, trop... tout, devient pour certains... étouffant. Une question alors : comment ce qui, à l'origine, relevait d'un louable élan de bienveillance et d'amour peut-il finir par briser une relation ?

Pour ceux/celles – les femmes ne sont pas épargnées – qui souffrent de cet excès, prendre conscience que l'on fait mauvaise route s'avère parfois difficile, tant ils/elles imaginent que montrer à leur partenaire leur amour de manière envahissante traduit une preuve d'affection totale. Or il convient de ne pas confondre « avoir le désir de faire plaisir à l'autre » et « prendre son plaisir ». Une personne qui demande constamment « si tout se passe bien », finit invariablement par instiller dans l'esprit un doute. Du genre : « Si mon conjoint se renseigne ainsi, est-ce pour être attentif à mon bien-être ou parce qu'il s'imagine que j'ai un problème ? » De même, une femme qui passerait son temps à être attentive au bien-être de son compagnon au point de précéder ses envies, ne ferait que l'infantiliser. En ne lui

1. Voir « Prendre le parti de continuer à lui plaire ».

permettant pas de « formuler » ses propres désirs, la personne « trop gentille » traite l'élu(e) de son cœur en enfant. Éprouver le besoin de prouver à son conjoint qu'il compte énormément, qu'on l'aime plus que sa vie..., traduit un doute de soi, un besoin irrationnel d'être rassuré et parfois une peur de l'abandon.

Il y a aussi une énorme différence entre être attentionné et en attente d'attentions de l'autre. Cette attente, les reproches sous-jacents qu'elle dissimule (*« Tu ne m'aimes pas autant que je t'aime », « Tu ne fais rien pour moi »*), provoquent une pression infernale dans le couple, qui aboutit à sa dislocation. Pourquoi les bouddhistes ont-ils depuis longtemps choisi la voie du milieu comme précepte d'épanouissement personnel ? Parce qu'en toutes choses, il est judicieux de faire preuve de mesure et d'éviter les excès.

Plutôt des hommes : obsession sexuelle et accro à la pornographie

Une étude scientifique [1] a montré que si on prenait deux groupes à qui l'on fait visionner, au premier, des vidéos X une heure par semaine, et au second des sitcoms, les résultats obtenus avaient de quoi surprendre. Car les hommes et femmes ayant vu des films pornos apparaissaient à la fin de l'expérience beaucoup moins satisfaits de leur propre sexualité que les autres. Pourquoi ? Non à cause d'un manque de confiance dans ses propres performances sexuelles, mais en raison d'un jugement négatif porté sur leur partenaire ! Du genre, « vraiment, lui/elle n'est pas à la hauteur ! » En somme, si les images érotiques, ou les films X à petites doses, apportent du piment et de l'inventivité à la sexualité d'un couple, à haute dose la

1. « Shifting Preferences in Pornography Consumption » de Dolf Zillmann et Jenning Bryan, *Communication Research*, 13.

pornographie conduit à considérer son conjoint comme un objet sexuel. Si il/elle est capable de faire aussi bien que dans le film X, c'est un « bon coup », sinon, mieux vaudrait aller voir ailleurs.

Or les hommes – ce sont majoritairement eux qui s'intéressent à la pornographie – prenant l'habitude de regarder fréquemment des films *hard*, voient leur excitation diminuer au gré des visionnages. Et, afin de retrouver l'excitation initiale, ils doivent regarder des images à leurs yeux plus stimulantes, donc encore plus extrêmes et agressives. En somme, même s'il ne devient pas obligatoirement violent et ne cherche pas à mettre en pratique ce qu'il visionne, l'amateur de X rencontre de plus en plus de difficultés à se satisfaire d'une sexualité classique. Les pratiques ordinaires ne l'excitant plus, la pornographie se métamorphose en drogue, avec apparition de phénomènes d'accoutumance et de marginalisation. L'homme entre dans une sorte de fantasme permanent et se voit incapable de s'épanouir dans une relation d'amour vrai.

Il n'a plus, dès lors, la capacité d'évaluer de façon correcte les sentiments, ni les attentions de la femme qui partage sa vie. Sa vision de la sexualité sera calquée sur celle des acteurs porno. Or, dans un film X tout est hors norme : excitation de la femme, taille du sexe de l'homme, quantité de sperme éjaculé, pratiques et positions adoptées... n'ont rien de banal. Quant à l'image donnée de la femme, elle est non seulement dégradante mais surtout totalement erronée : une femme n'est pas constamment surexcitée au point de vouloir faire l'amour n'importe où et avec n'importe qui ; elle n'aime pas particulièrement qu'on lui jouisse sur le visage, ni qu'on la traite de « salope » ; elle n'aime pas pratiquer une fellation à la demande, être sodomisée sans ménagement, rabaissée au rang d'objet sexuel. Quand elle refuse une pratique, cela ne signifie pas – comme le laissent croire ces films – *« Force-moi et je vais aimer »*.

Enfin, elle ne ressent pas forcément du plaisir et n'est pas obligée de hurler quand elle « prend son pied »...

Tous ces clichés correspondent évidemment à des fantasmes masculins, où le sexe est dépouillé d'émotions et de sentiments. Enfin, les actrices X sont avant tout... des actrices. Qui simulent le plaisir et s'adonnent à certaines pratiques, non de bon gré, mais contre finance. La pornographie est une industrie. Si on la prend pour argent comptant, on obtient des hommes complexés qui ne comprennent pas grand-chose au plaisir féminin et, par peur d'être ridicules, adoptent un comportement machiste et méprisant à l'égard des femmes. Encore un faux ami du couple... quand on l'invite à trop forte dose !

Plutôt des femmes : troubles de personnalité limite

Un trouble de la personnalité désigne une altération de sa manière d'être au monde (perceptions, pensées, sentiments, relationnel). Le trouble de la personnalité limite (TPL) s'exprime par des humeurs changeantes, des relations humaines délicates, un manque de confiance en soi, et peut aller jusqu'à des tentatives de suicide et d'automutilation. Comme si le mécanisme de régulation des émotions se mettait d'un coup à se dérégler au point de ne plus permettre à la personne souffrant de TPL de gérer ses colères, ses angoisses, ses moments de déprime... La victime de ce mal est alors impuissante à empêcher ses émotions de l'envahir, celles-ci la submergeant au quotidien avec une telle intensité que, pour elle et ses proches, la vie vire au cauchemar. *« Ce dont ces personnes ont le plus peur,* explique Monique Bessette, psychologue et directrice de l'Institut Victoria, spécialisée dans le traitement des TPL, *c'est d'être rejetées, de se révéler, ou d'être traitées comme étant intrinsèquement inadéquates, voire repoussantes pour les autres.*

Elles adopteront des comportements pour se protéger qui, malheureusement, vont justement créer le rejet. »

Il s'agit d'une affection chronique dont les symptômes apparaissent généralement à l'adolescence et régressent à partir de 40 ans. À l'origine de ces troubles, on trouve fréquemment une carence affective, une maltraitance ou des abus sexuels. 75 % des patients souffrants de TPL sont des femmes « *qui ont grandi avec le sentiment de ne pas avoir reçu l'attention et l'appui qui leur reviennent.* [Elles] *en sont révoltées et cherchent des chemins pour compenser cela dans leurs relations.* [Elles] *ont des attentes élevées et, quand leurs besoins sont à nouveau abandonnés,* [elles] *y répondent avec de la colère et du désespoir*[1] » précise d'ailleurs John Gunderson, médecin américain.

Les hommes qu'elles détestent, les femmes qu'ils quittent.

Dès lors, une fois ces comportements néfastes évoqués, résumer les personnalités qui font fuir les femmes et les hommes s'impose.

Les femmes n'aiment pas les hommes :

– **Immatures**, qui s'amusent de tout, sont incapables d'écouter avec attention ou de prendre des responsabilités, n'arrivent pas à organiser leur vie quotidienne, à donner un signe d'engagement. En somme, des individus avec lesquels elles ne peuvent se projeter dans l'avenir ;

– **Irrespectueux**, qui ne font preuve d'aucune délicatesse, ne manifestent pas d'attention pour elles, ne les voient pas comme leur égal et leur réservent les tâches qu'ils

1. *Le TPL... en bref ! Introduction au trouble de la personnalité féminine*, de John G. Gunderson, novembre 2006 (http://neabpd.com/documents/Le%20TPL%5B1%5D...en%20bref!%20FINAL%20from%20LL%2017%20Nov%2006.pdf).

jugent exclusivement féminines (ménage, vaisselle, linge, course et même éducation des enfants), voire les insultent ou les maltraitent ;

– **Narcissiques**, qui ne pensent qu'à eux, s'admirent dans le miroir, ne mettent jamais leur compagne en valeur, ne sont avec une femme que pour s'entendre dire qu'ils sont les meilleurs et, finalement, couchent avec une autre pour se rassurer ;

– **Peureux**, qui n'ont aucune confiance en eux, doutent de leurs capacités, manquent d'assurance et de « solidité », ne sauraient les protéger en cas de besoin, ne pourraient assurer leur survie. Bref, des types sur lesquels elles ne peuvent ni compter ni s'appuyer.

Les hommes n'aiment pas les femmes :

– **Trop collantes**, qui ont un regard sur tout ce qu'ils font, se montrent trop dépendantes, veulent les accompagner partout, se veulent parfaites sur tous les plans, réclament constamment de l'affection sans leur laisser la place de fantasmer sur elles ;

– **Indécises**, incapables de savoir vraiment ce qu'elles veulent, réclamant tout et son contraire, affichant un niveau d'exigence démesuré, nostalgiques de leur passé quand ce n'est pas de leur ex ;

– **Enfants,** qui rêvent au prince charmant, doutent de leurs capacités, cherchent à s'amuser comme avec un copain, n'assument pas leur féminité, ne s'interrogent pas sur leurs désirs sexuels ni sur les façons de parvenir au plaisir ;

– **Inquiètes** de tout, speedées par le quotidien, inaptes à s'aménager des moments de liberté et de plaisir, qui s'interrogent constamment sur l'avenir de leur couple, doutent de la capacité de leur conjoint à les aider à s'épanouir, restent avec eux par sécurité plus que par amour.

Bien sûr, il s'agit là de généralités et on rencontre des personnes qui aiment ce genre de caractères. Type, les femmes craquant pour les machos narcissiques aventuriers qui se la racontent ou les hommes en quête de femmes enfants genre lolitas délurées.

Comment réagir face à ce type de personne ?

Très souvent, la passion des débuts aveugle et nous voyons de l'autre uniquement ce qui nous plaît. Mais après un certain temps, ses défauts et éventuels problèmes psychologiques finissent par ressortir. Il ne sert à rien de rêver du mouton à cinq pattes. Essayez plutôt de voir en l'autre un ovin ordinaire à quatre pattes capable, par amour pour vous, de s'en faire greffer une cinquième. Et si certains moutons ne marchent que sur trois pattes, à vous de faire comprendre au vôtre qu'il peut s'appuyer sur votre amour pour ne pas tomber. À condition, au préalable, pour avancer normalement, de réparer sa patte blessée.

Montrez-lui par exemple que d'autres personnes n'agissent pas comme lui/elle en couple et que ça se passe très bien. Ayez cependant conscience que vous ne pourrez l'aider contre son gré. C'est à lui/elle de prendre la décision d'aller consulter un psychothérapeute ou un conseiller conjugal susceptible de le/la libérer de ses problèmes et d'apaiser les tensions apparues entre vous. Votre partenaire ne doit pas le faire *pour vous*, mais *pour lui/elle*. Essayez donc de trouver le bon moyen de motiver votre conjoint à entreprendre cette démarche implicante. Prenez, par exemple, le cas d'un enfant qui rechigne à se laver les mains avant de passer à table. Imaginez que vous lui prépariez pour quatre heures son dessert préféré, une mousse au chocolat appétissante. Dites-lui que vous l'avez cuisinée spécialement pour lui. Mieux, qu'il est même autorisé à se lécher les doigts, à condition, bien sûr... de se laver les mains avant. Vous ne croyez pas qu'il va y aller dare-dare ?

Soyez donc patient(e) avec la personne qui vous est chère, montrez-lui que vous êtes là pour elle, que vous l'adorez mais qu'elle doit évoluer afin que votre amour perdure. Si cela vous pèse trop, consultez de votre côté pour prendre conseil. Mais sachez qu'aucune situation déplaisante ne doit indéfiniment perdurer. Fixez-vous seul(e) une date butoir afin de juger de son investissement personnel, de son implication réelle dans la prise en compte de ses problèmes. Si il/elle n'est pas capable de réagir, dites-lui que vous l'aimez mais que la situation ne vous convient plus et que vous préférez prendre un peu de distance. Partez une semaine seul(e) dans un club de vacances, votre famille ou chez des amis et attendez qu'il vous prouve avoir compris le message et accepte d'agir pour son bien et le vôtre. Si le déclic ne se produit jamais, vous n'aurez pas d'autre solution que de... rompre la relation.

Néanmoins, tant qu'on n'a pas mis le point sur le second *i* du mot « fini », rien n'est perdu. Vous ne devez pas tout accepter par amour, mais restez prêt(e) à aider votre conjoint à s'extirper de ses problèmes, si l'occasion se présente. C'est à lui, en échange, de les reconnaître et d'envisager – par amour pour vous – de les résoudre en vous laissant le guider sur cette voie.

8

Savoir composer avec l'infidélité et la prévenir

L'être humain a trois cerveaux : le primitif, régi par la recherche de l'agréable (plaisir) et la fuite du désagréable (faim, douleur...) ; l'émotif, vecteur des moments vécus avec intensité ; et le néo-cortex, siège de la conscience éthique. De tous les êtres vivants, il est le seul qui possède la capacité de choisir librement, par amour ou respect pour son partenaire sexuel, de ne pas répondre aux sollicitations amoureuses extérieures. Mais tous n'y arrivent pas.

À partir de quel moment est-on vraiment infidèle ?

Drôle de question dans cet intertitre, penserez-vous, mais que je me devais de poser. Si elle se lit en rapport avec la promesse faite lors du mariage devant monsieur le maire, on pourra dire que l'interrogation surgit dès que vous regardez avec un peu d'attention un beau spécimen du sexe opposé ! Si vous avez l'esprit un peu plus libéré, vous pouvez conclure que la question se pose dès le moment où, dans les bras d'une personne qui n'est pas votre conjoint, vous vous laissez aller à accepter un baiser sur la bouche, une main caressant votre corps. Et pour les plus audacieux, quand on a franchi le pas de l'étreinte furtive...

Soyons sérieux, ce n'est pas la façon dont vous avez consommé hors union qui importe vraiment, mais la manière dont vous avez abordé l'infidélité en question. Je m'explique...

Imaginez que deux de vos amis proches rapportent chacun une des situations suivantes.

Première situation :

Paul est reconnu par tous comme un gars sympa. Ni coureur de jupons, ni bagarreur, ni le genre à boire un peu trop. Un mec bien, sans défaut rédhibitoire, parfois presque un peu trop lisse. Il habite avec Laetitia depuis deux ans et tous deux adorent sortir ensemble. C'est avec joie qu'ils ont accepté d'aller au mariage du meilleur ami de Paul. Le jour J, Paul s'est mis sur son trente et un pour l'occasion. Comme il remarque que certaines jeunes femmes lui lancent des regards admiratifs, il se dit que Laetitia doit être fière de lui. À la nuit tombée, la fête bat son plein. L'ambiance s'échauffe et les verres se vident aussi vite qu'ils se remplissent. Pas vraiment de peur du gendarme à avoir, les mariés ont loué un gîte et leurs proches, dont Paul et sa copine, peuvent dormir sur place. Laetitia, tout comme lui, n'a pas vraiment l'habitude de boire. Minuit largement passé, elle sent sa tête tourner et, un peu nauséeuse, va s'asseoir sur une chaise. Paul l'a vue et s'approche d'elle pour lui demander « si ça va ». Elle répond qu'elle va aller se reposer dans la chambre. Il l'accompagne, l'aide à se déshabiller et, aussitôt couchée, elle s'endort d'un sommeil réparateur. Paul, pas fatigué, se sent plutôt bien, un peu guilleret même. Il décide de retourner seul à la soirée.
Il fait chaud dans la salle. Il mange un bout de gâteau, boit un autre verre de champagne et retourne danser. Une jeune femme, vêtue d'une robe courte, le suit en se déhanchant. Elle bouge de manière très suggestive, se rapproche imperceptiblement de lui à chaque pas. Alors qu'elle est à peine à quelques centimètres, un slow démarre et les lumières se

tamisent. Des bras s'enroulent autour du cou de Paul, un corps se love contre le sien. Pas le temps de réagir qu'il sent la jeune femme onduler contre lui au rythme de la musique. Il pose les mains sur ses hanches mais, au fur à mesure de la danse, ses bras se relâchent, ses mains descendent plus bas. Pas un mot n'est échangé.

Paul a la tête qui tourne. Alcool ou griserie de la danse ? Il se laisse faire quand la jeune femme presse ses lèvres contre les siennes et pousse de la langue pour les entrouvrir. Ils échangent un fougueux baiser. Les pensées de Paul sont confuses, mais son corps ne se pose aucune question. Sa libido s'active. Elle s'appuie contre lui pour lui faire sentir qu'elle répond favorablement à son invitation... physique. Puis elle le prend par la main, presse le pas et se dirige discrètement vers la porte de la salle. Paul avance comme un pantin. Dehors, il fait très sombre. Quelques mètres parcourus et les voilà tous deux à l'abri des regards sous les arbres. La suite, vous l'imaginez sans peine : étreinte, plaisir... Ensuite, Paul rejoint Laetitia dans leur chambre, il se déshabille à la hâte, le cœur palpitant, la sueur perlant sur son front. Tandis qu'elle dort à poings fermés, en s'allongeant à ses côtés il sait qu'il aura bien du mal, lui, à trouver le sommeil.

Seconde situation :

François travaille dans un bureau. Un job de gestionnaire guère passionnant qui ne l'occupe pas vraiment à plein-temps. Il passe d'ailleurs souvent par la machine à café, histoire de se changer les idées et, pourquoi pas, de retrouver des connaissances. Il croise parfois Chantal, une collègue célibataire qui bosse à l'étage au-dessus. Ils se sont trouvés, au cours de leurs conversations, pas mal de points communs et en sont venus à s'interroger pour savoir quand l'autre prendrait une pause. Il déjeune souvent avec elle, la flatte pour ses tenues et lui a même acheté pour sa fête un joli chemisier. Ils sont devenus progressivement très complices, au point que Chantal lui a confié son désir de briser sa solitude, de trouver un homme bien nanti des qualités qu'elle recherche... Du genre de celles qu'elle a découvertes chez François.

Un jour, il accepte de l'accompagner à une soirée organisée

par l'un des clients de Chantal. Un cocktail dînatoire dans un grand hôtel. Il a expliqué à sa femme qu'il fêtait la commercialisation d'un nouveau produit. Il ajoute qu'on lui a proposé de travailler aux achats et qu'il devra commander les fournitures auprès des partenaires français et européens, donc, de rares fois dans l'année, subir des déplacements à l'étranger.
Le premier voyage a lieu dans un pays que, heureux hasard, Chantal rêvait de visiter. Elle prend donc deux jours de congés pour l'accompagner. Ils font certes chambre à part, mais ils vont dîner au restaurant ensemble, le bras de Chantal enroulé sous celui de Paul. La fois suivante, ils réservent une chambre avec deux lits pour payer moins cher. Bien sûr, il n'a jamais couché avec elle par respect pour son épouse, mais jusqu'où sera-t-il tenté de pousser leur relation sentimentale sans commettre l'irréparable ?

D'après vous, lequel des deux a vraiment trompé sa femme ? Si on se fie aux actes, il n'y a pas de doute, c'est le premier. Mais si on juge selon le critère de la loyauté envers les engagements pris d'œuvrer pour le « bonheur de son conjoint », seul le second est réellement « coupable ». Ce qui rend l'infidélité si détestable, ce n'est pas le fait de coucher avec une autre personne lors d'une occasion exceptionnelle, mais de mentir consciencieusement à la personne avec laquelle on vit, de bafouer avec préméditation la promesse initiale qu'on lui a faite et d'organiser jour après jour la duperie.

34 % des hommes et 24 % des femmes seraient infidèles [1]. Les femmes, que l'on pensait plus investies émotionnellement dans la relation sexuelle, donc moins sujettes à une sexualité occasionnelle hors union, voient leur pourcentage d'infidèles progresser régulièrement. Et ce depuis les années 1970. De fait, elles sont devenues plus exposées aux tentations que par le passé. La pilule et le travail leur ont permis d'acquérir une indépendance financière, une vie

1. *Enquête sur la sexualité en France*, La Découverte, 2008.

sociale plus attractive, de nouvelles occasions de rencontres... tout en débarrassant leur esprit de la peur de se retrouver porteuses du « fruit du péché ».

Un sondage de 2006 paru sur le site web Femmesplus.fr [1] nous apprend en outre que les femmes trompent leur conjoint avec quelqu'un dont elles étaient déjà tombées amoureuses pour 29 %, avec un inconnu lors d'une rencontre sans lendemain pour 20 % et avec un collègue ou un ami pour 13 %. Notons que 62 % de ces infidèles ont trompé leur conjoint (31 % leur mari et 31 % leur compagnon) alors que les autres ont trompé un ex avec lequel elles ne vivent plus.

Faut-il avouer sa propre infidélité ?

Si le fait qu'un homme soit toujours prêt à copuler a servi dans un lointain passé à préserver la survie de l'espèce[2], l'infidélité n'est pas inscrite dans notre patrimoine génétique. Le sexologue et psychothérapeute Gérard Leleu explique, dans *La Fidélité et le Couple*, que l'adultère est la conséquence d'un manque dans le couple. On devient infidèle quand l'autre nous rend la vie impossible (41 %), quand l'on ressent un déficit d'attention et de tendresse (36 %) ou quand l'on constate une perte de désir dans le couple (23 %[3]).

L'infidélité répond en outre généralement à un besoin de bousculer l'ordre établi, de voir évoluer sa relation avec son conjoint, mais aussi parfois de reproduire un schéma familial. Elle est enfin fréquemment révélatrice de problèmes dont les conjoints n'avaient, jusque-là, pas eu

1. http://www.femmesplus.fr/mag-femme-une-enquete-femmesplus.13620.fr.html.
2. Voir « La nature nous a joué un mauvais tour ».
3. *La Fidélité et le Couple*, Gérard Leleu, Flammarion, 1999.

conscience. Pour le sexologue Yvon Dallaire : *« L'infidèle, au-delà du sexe, recherche ce qu'il ne trouve plus dans son couple : valorisation, marques d'attention, respect, intimité... Si l'infidèle est 100 % responsable de son passage à l'acte, il n'est que coresponsable du déséquilibre à la base du symptôme*[1] *! »*

Toutefois, il arrive souvent qu'à des étapes clés de sa vie, comme le fameux passage à la quarantaine et l'arrivée du démon de midi, un homme trompe son épouse uniquement pour se rassurer sur ses capacités à séduire et à donner du plaisir. En d'autres termes, pour conforter sa virilité et se prouver qu'il peut encore sexuellement « assurer ». De même, une jeune maman peut être attirée par l'idée de tromper son mari pour se persuader qu'elle reste une femme désirable, tout en étant devenue mère. D'autres situations conjoncturelles (perte d'emploi, maladie, naissance ou départ d'un enfant du foyer, décès d'un proche...) peuvent aussi favoriser l'infidélité.

Vous vous étiez promis fidélité *« jusqu'à ce que la mort nous sépare »* et puis... patatras ! Vous avez succombé aux yeux du prof de maths de votre fils, sauté sur la baby-sitter au retour d'une soirée un peu arrosée... Bon, vous avez fait une bêtise et vous vous demandez s'il vaut mieux en parler à votre conjoint. Un soir, la pression devient trop forte, vous avez envie de soulager votre conscience et de tout avouer à celui/celle qui est allongé(e) à vos côtés.

Est-il souhaitable le faire ? Si vous l'avez trompé une fois avec un(e) inconnu(e) que vous n'avez jamais revu(e), ne dites rien et conservez vos remords. Ils vous ôteront sûrement l'envie de recommencer. Vous avez commis une

1. « Infidélité : les femmes aussi » (http://www.thedifferentmagazine.com/Psy-and-Spi/Sexualite/).

énorme bêtise une fois, pas la peine d'en refaire une autre qui risquerait de détruire votre couple.

Si vous avez eu un amant/une maîtresse pendant un certain temps, mais que maintenant vous estimez être rentré(e) dans le droit chemin et que vous aimez sincèrement votre partenaire, alors là, la question mérite d'être posée. Sachez cependant que vous risquez de voir votre conjoint entrer dans une rage folle et vouloir votre mort. Si vous êtes prêt à assumer jusqu'au bout, soyez le plus honnête possible, dites-lui que vous regrettez amèrement et que vous comprendrez qu'il/elle puisse vous haïr. Prenez les devants et proposez de continuer à assumer ensemble les tâches et charges du foyer, si il/elle a besoin de vous pour l'aider ou s'occuper des enfants, mais tout en réservant une chambre à l'hôtel le plus proche dans laquelle vous dormirez les nuits suivantes. Si vous avez prouvé un vrai remords, alors peut-être aurez-vous la surprise, après le temps nécessaire à l'apaisement des cœurs, de le/la voir un soir toquer à la porte de votre chambre...

Surmonter l'infidélité de son conjoint

Vous avez découvert le pot aux roses et, depuis, vous broyez du noir. Au-delà de votre légitime colère et de l'intense sentiment de trahison ressenti, que faire ? Faut-il pardonner et tenter de poursuivre malgré tout, ou tout arrêter là ? Avant de vous poser ce genre de question, essayez de réfléchir seul(e) sur la raison pour laquelle votre conjoint vous a trompé. Je sais que c'est dur, mais c'est souhaitable :

– Avait-il/elle un manque que je ne pouvais combler ?

– Quel besoin a-t-il voulu vraiment assouvir en me trompant (se rassurer sur son potentiel de séduction, sortir de la routine, vivre un fantasme, me faire réagir...) ?

– Pourquoi a-t-il/elle préféré ne pas me dire ce qu'il/elle lui manquait ?

– La communication dans notre couple lui offrait-il/elle cette possibilité ?

– Était-ce juste une passade ou une relation suivie ?

– Vous a-t-il/elle avoué sa faute ? La reconnaît-il/elle ? Etc.

Néanmoins, certaines femmes préfèrent ne jamais se poser ce genre de question et fermer les yeux sur l'infidélité de leur compagnon, sous prétexte de ne pas avoir à remettre en cause leur choix de vie. Dans ce cas, l'infidélité n'est pas ressentie comme une trahison mais comme une sorte d'arrangement tacite permettant aux conjoints de sauvegarder ce qui leur semble essentiel (leur union, une famille pour leurs enfants) tout en s'offrant des espaces de pseudo-liberté.

L'essentiel, avant de décider quoi que ce soit, est de rétablir le dialogue, tellement primordial pour résoudre tous les problèmes de couple. Les deux partenaires doivent pouvoir s'exprimer sans contrainte : vous devez lui faire part de votre indignation, de votre humiliation même si la chose est devenue publique, de votre déception envers la confiance que vous lui aviez accordée, de votre frustration de ne pas avoir pu lui offrir vous-même ce que l'autre lui a donné, de votre colère devant cette trahison... L'infidèle, lui, doit expliquer ce qui est arrivé, ce qui lui a fait commettre l'irréparable, ce qu'il/elle cherchait dans les bras d'une tierce personne...

Pour vous permettre de prendre sereinement une décision, passons en revue quelques cas de figure :

– **L'infidèle reconnaît-il/elle sa faute ?** Il vaut mieux pour lui/elle qu'il/elle le fasse et ne refuse pas de répondre à vos interrogations. Si ce n'est pas le cas, laissez tomber. Il/elle ne vous mérite vraiment pas ! Ne lui laissez pas vous faire du mal une dernière fois, annoncez la rupture le/la premier(ière) et n'hésitez pas, si famille ou amis demandent les raisons de cette rupture, à lui tailler « un beau costard ou une robe de pouffe ».

– **La faute était-elle un cas isolé ?** Si vous êtes certain que c'est la seule et unique fois qu'il/elle vous a trompé(e), votre confiance en lui/elle – même si elle en a pris un sérieux coup sur la tête – n'est pas morte. Vous pourrez rebondir, à condition que le/la coupable éprouve de réels remords. Si la faute n'est pas préméditée, mais que ce n'est pas la première fois que votre partenaire profite de ce genre de situation providentielle, plus question de lui faire confiance une fois encore. Si vous tenez vraiment à lui/elle, vous pouvez tenter l'électrochoc en draguant tout ce qui bouge en sa présence, puis en lui signifiant que vous pouvez comme lui/elle jouer les « salauds/salopes ». Ça va lui donner du grain à moudre pour quelque temps et vous laisser reprendre les rênes de votre couple.

– **Le mensonge a-t-il été organisé** pour assurer une relation durable aux amants ? S'il s'agit d'une aventure de longue date, il est utile de faire un bilan des tenants et aboutissants de la situation. Pour cela, le mieux est d'aller consulter un spécialiste (psychothérapeute ou conseiller conjugal) qui vous aidera à établir un bilan de votre couple et à réfléchir objectivement à votre histoire et à son éventuel avenir. Le plus dur, dans ce cas, ne sera pas d'effacer la trahison, mais de reprendre confiance dans une personne qui vous a sciemment menti.

– **Avez-vous déjà rencontré la maîtresse/l'amant ?** Si la tierce personne vous est inconnue, vous pouvez demander à la voir en vrai ou en photo. Cela vous permettra de focaliser votre colère sur un autre individu que votre conjoint et d'envisager plus facilement de lui pardonner. Sachez toutefois que cette méthode comporte un gros risque : vous mettre en concurrence avec elle/lui et, finalement, vous dire qu'il/elle est mieux physiquement que vous... Ce serait ajouter de la déprime à la tristesse.

– **Fait-il/elle partie de votre entourage ?** La trahison ressentie l'est à l'égard de votre partenaire, mais aussi de celui/celle en qui vous aviez placé des sentiments amicaux ou familiaux. Ce genre de situation fait deux fois plus mal ! Si l'amant/la maîtresse faisait partie de votre cercle d'amis – pis, de votre famille –, exigez de votre conjoint de l'exclure purement et simplement de vos relations. Mais avant cela, rendez-lui une visite en couple pour lui signifier clairement qu'il/elle n'a plus rien à attendre de votre conjoint ni de vous, histoire de lui montrer que vous êtes tous deux solidaires.

Si vous lui pardonnez, est-il/elle prêt(e) à prendre certaines résolutions ? Attention, après avoir passé une zone de turbulences, vous risquez d'entrer dans une guerre de tranchées... Il ne sert à rien d'exiger d'un partenaire qu'il fasse des serments et rende régulièrement des comptes. En cherchant à prendre l'ascendant sur lui/elle, vous ne feriez que pourrir votre relation de couple. Soit vous arrivez à vous expliquer sincèrement et à évacuer rancœurs et remords pour rétablir une réelle confiance entre vous, soit mieux vaut laisser tomber ce conjoint qui n'y met pas suffisamment du sien.

Enfin, rappelez-vous que, même pardonnée, une infidélité ne s'oublie jamais. Elle restera comme une tache indélébile sur votre histoire d'amour, une tache que seul le temps pourra peu à peu estomper.

9

Gérer l'envie d'aller voir ailleurs

Quand l'envie de changer d'air vient tambouriner dans votre cœur, que le vent de la liberté siffle à vos oreilles et que vous avez l'impression que le gazon peut être meilleur ailleurs, l'infidélité n'est pas loin. Mais, avant de céder aux appels du libertinage ou de mettre une croix sur votre mariage, sachez qu'il existe d'autres voies aptes à vous satisfaire... même si elles empruntent des chemins parfois escarpés, pas loin du précipice dans lequel un cœur mal accroché pourrait facilement tomber.

Des rencontres virtuelles qui ne le sont pas vraiment

Séduire est devenu un passage obligé. À tout âge, et plus encore en avançant en âge, on se doit d'être/de rester jeune, sexy, musclé(e), habillé(e) mode... La séduction à perpétuité en quelque sorte. Autrefois, la période de séduction durait jusqu'au mariage puis chacun se calmait pour construire une famille. Maintenant, même les personnes en couple se doivent d'être à leur avantage, tout du moins pour que leur partenaire ne soit pas tenté de regarder ailleurs tant dans notre société la tentation est partout : publicité, mode, magazines de charme, émissions coquines... On nous diffuse à longueur de journées des images de gens quasi parfaits, sans préciser qu'ils n'existent pas : modèles dont les photos sont systématiquement retouchées, acteurs/actrices composites ayant qui des doublures pour les seins, les fesses, etc.

Dès lors, se montrer sous son meilleur jour quotidiennement relève de la mission impossible. Qui plus est à deux ! On peut toujours se préparer pour une soirée en boîte de nuit, mais difficile de s'y rendre accompagné de son conjoint ; trop ringard ! Alors pour permettre d'attirer l'attention sans se montrer ni se déplacer, les sites de rencontres ont été inventés, ces sites web où chacun se dit à la recherche de l'âme sœur tout en étant disponible quasi immédiatement pour une partie de jambes en l'air !

On savait depuis longtemps que les hommes préfèrent généralement consommer avant d'aimer, mais on s'aperçoit que les femmes ont tendance à répondre à leurs attentes en espérant qu'en se donnant sexuellement plus facilement, elles créeront une proximité propice au développement de la complicité, donc d'un amour durable. Or il ne faut pas confondre intimité et connivence. Ce n'est pas parce qu'on couche ensemble que l'on se confie ou que l'on se met à l'écoute de l'autre.

Sur Internet, la séduction est amputée de la phase de rencontre : la découverte de l'autre, l'attirance réciproque, l'échange des regards, le premier contact, l'amorce du dialogue... ces petits moments de grâce où les sentiments naissent progressivement n'existent plus. Sur le web, on trouve celui/celle que l'on espère à travers un formulaire de recherche, on établit un contact en deux secondes et on se déclare publiquement amis en un clic. Les photos sont exagérément flatteuses, parfois truquées, les descriptions gomment tous les défauts. Les internautes listent les qualités qu'ils recherchent tout en omettant de parler d'eux-mêmes. Mais à quoi bon essayer de se vendre quand on est à la fois le produit et l'acheteur de ce gigantesque supermarché de la rencontre ? La prise de contact est tellement simplifiée que naît l'impression trompeuse que l'on est un roi/une reine de la séduction. Si la personne contactée ne me répond pas, c'est probablement parce que submergée de demandes, elle n'a pas encore eu le temps de traiter la mienne. Alors, en attendant, j'essaie avec une autre...

De plus, l'anonymat du web – comme il y a quelques années celui du minitel – désinhibe. Sous son couvert, on parle crûment de sexualité et, pour ne pas passer pour un(e) coincé(e), on répond sur le même ton. Et puis, on ose formuler le plus risqué : se rencontrer juste pour voir, mais aussi pour savoir si on se plaît physiquement, ou plutôt si une ouverture est possible. Enfin, si on craque l'un pour l'autre et couche ensemble, qui le saura ? Quant à la fiche descriptive, il y est rarement indiqué si l'on est marié ou en concubinage. Pourquoi ? Parce que si on est là, c'est qu'on est forcément libre, tout du moins dans sa tête.

Hélas, la personne qui se crée des amitiés sur Internet ignore parfois qu'elle s'aventure en terrain miné.

Pour autant, faut-il fuir les sites de rencontres afin d'éviter la tentation ? Pas forcément, mais sachez que s'il est facile de se lier d'amitié sans s'être jamais vus, il est complexe de dialoguer longtemps en évitant toute rencontre. Alors si vous êtes sûr de l'amour que vous portez à votre partenaire, si vous avez une totale confiance l'un envers l'autre et que vous ne recherchez rien en particulier, à part un éventuel échange d'expériences, vous pouvez vous lancer dans l'aventure des amitiés virtuelles. Mais le jeu en vaut-il la chandelle ? Que pensera votre aimé(e), si il/elle découvre que vous entretenez une relation suivie dont vous avez « omis » de lui parler ?

Polyamour, polyfidélité et amours platoniques

Et si, finalement, la solution, au lieu de se résumer à l'infidélité et à la quête réelle ou virtuelle de l'aventure, n'était pas de vivre plutôt toutes les facettes de l'amour à travers plusieurs histoires sentimentales ? Et donc d'aimer plusieurs personnes en même temps ? Certains le pensent. Qu'en dire.

Le polyamour prône une relation sentimentale honnête, engageant ou pas la sexualité, vécue sans fards et pleinement assumée, avec plusieurs personnes simultanément. Il ne s'agit pas d'avoir de multiples partenaires n'importe comment, au gré de sa fantaisie, encore moins de se livrer à l'orgie, mais d'afficher clairement ses relations amoureuses multiples. À l'image de Jean-Paul Sartre et Simone de Beauvoir, polyamoureux célèbres. Les partenaires s'autorisent respectivement à initier, vivre et entretenir des relations amoureuses avec d'autres personnes. Certains polyamoureux insistent cependant sur la fidélité à l'égard de leur(s) partenaire(s), même multiples. Et les relations sentimentales, voire sexuelles, se voient restreintes à certains partenaires particuliers au sein d'un groupe. On parle alors de polyfidélité.

Contrairement à l'échangisme, le polyamour repose sur la reconnaissance de vrais sentiments amoureux entre les partenaires. Être polyamoureux, c'est rester ouvert à l'amour et accepter d'y répondre lorsqu'il se présente, s'interroger sur ses sentiments à l'égard de la jalousie comme de la possessivité, apprendre à ne pas y succomber, s'engager avec franchise dans les relations sentimentales choisies et les entretenir avec respect, communiquer de façon authentique et sans tromperie ni mensonge avec ses partenaires, être heureux de ce que l'on vit et donne sentimentalement plutôt que d'exiger quoi que ce soit. Mais c'est aussi accepter de se confronter à l'incompréhension, la désapprobation et au jugement d'autrui.

Est-il pour autant vraiment possible d'aimer plusieurs personnes en même temps ? En ce qui concerne le sentiment lui-même, c'est tout à fait envisageable, comme nous pouvons aimer nos parents, nos enfants, nos frères et sœurs simultanément. En revanche, si l'on prend en compte l'état amoureux, il est clair que l'on ne peut ressentir de l'émoi que pour une seule personne à un instant donné. Car être amoureux modifie notre manière d'aborder les choses (notre regard ne retient de la personne aimée que ce qui nous plaît, nous projetons nos souhaits et fantasmes sur cet être jugé idéal), mais aussi notre façon d'être (nos hormones se mettent en branle, notre corps se prépare à l'accouplement, nos pensées sont monopolisées par l'objet du désir, notre cerveau cherche à s'attacher le corps de l'autre par le biais de phéromones, de gestes affectueux, etc.). Une fois que l'on a dépassé cet état amoureux dit passionnel, après quelque temps en couple, il est en revanche envisageable de tomber amoureux d'une autre personne, tout en continuant à aimer son conjoint pour ce qu'il est, avec ses qualités comme ses défauts. Mais si l'on veut fonder une famille, comment répartir les obligations et responsabilités de chacun vis-à-vis des enfants, et surtout avec lequel/laquelle des partenaires les concevoir et les élever ?

L'un des arguments les plus couramment utilisés contre le polyamour est qu'un amour, partagé entre plusieurs personnes, serait appauvri. Les polyamoureux arguent que l'amour n'est pas diminué quand il est donné naturellement. Et d'évoquer, à titre d'exemple, le cas d'un enfant qui aime de façon identique ses deux parents, ou le cas d'un parent qui a plusieurs enfants et n'aime pas moins l'un que l'autre. Toutefois, il ne faut pas oublier que la relation amoureuse demande temps et énergie, ressources pas vraiment infinies. Ainsi, bien qu'il soit possible d'aimer deux personnes aussi bien qu'une seule, survient un stade au-delà duquel les relations en souffrent. De plus, il n'est pas évident de partager son désir entre plusieurs partenaires, lesquels doivent en outre ne pas être jaloux. Car si on s'offre la possibilité d'aimer plusieurs personnes, il va de soi que ces mêmes personnes ont également la possibilité d'en aimer plusieurs à leur tour.

On le voit, le polyamour, même s'il présente dans ses principes des avantages, reste une belle utopie. À moins qu'il ne vienne enrichir la vie d'un couple déjà formé et qui s'est promis fidélité. Mais dans ce cas, que dire de cette fidélité ? Qu'il s'agit avant tout d'une fidélité de corps, traduction de l'engagement de ne pas avoir des relations sexuelles avec une autre personne que son conjoint. Mais si l'amour entre les deux conjoints est pleinement assumé (sexualité, partage des tâches et obligations au sein du foyer, engagements réciproques de fidélité, fondation d'une famille, etc.), comment définir les relations sentimentales que l'on pourrait avoir avec les autres polyamoureux ? Des « amitiés amoureuses ». On s'aime pleinement, comme frère et sœur pourrait-on dire, on est attentif au bien-être de l'autre, on se soutient et on s'aide à s'épanouir, on partage des émotions mutuelles, on peut même dire que l'on s'adore, mais on n'a pas ensemble d'autres gestes amoureux que ceux que peuvent s'offrir deux membres d'une même famille (des embrassades, des accolades, des câlins parfois, mais pas de caresses d'ordre sexuel, ni de baiser sur la bouche et encore moins de pénétration). En somme, on s'aime de façon strictement platonique. Car la vraie différence entre amitié et amour ne tient-elle pas uniquement à l'absence de sexe entre amis, alors que l'amour vrai ne peut exister sans relations sexuelles ?

Aujourd'hui, nombreux sont ceux et celles qui se disent que les neurobiologistes ont peut-être raison. Qu'une passion amoureuse ne peut survivre aux trois premières années de la vie d'un couple, que la relation va s'épuiser dans la sexualité et qu'en supprimant cette obligation de « performance sexuelle » (elle doit jouir, il doit assurer au lit), elle durera éternellement. Autrefois, les amants acceptaient que la passion laisse peu à peu place à la tendresse. Mais de nos jours, dès que le désir diminue, on se sépare pour ne pas avoir à se remettre en question. Vivre un amour platonique, c'est se positionner au niveau de l'esprit en mettant de côté les corps qui, même s'ils nous plaisent et ajoutent au plaisir du cœur celui des yeux, vont vieillir et perdre peu à peu une partie de leurs attraits et de leurs capacités, évidemment sexuelles.

À savoir : en juin 2007, la Britannique Susie King a lancé le site web platonicpartners.com pour offrir un lieu d'expression et de rencontres aux amoureux platoniques. En France, 6,2 % des hommes qui ont entre 18 et 35 ans se déclarent abstinents [1].

Un(e) prince(sse) charmant(e) en kit

Génétiquement, hommes et femmes sont schématiquement attirés par deux types de personnes :

– celles qui vont leur permettre de perpétuer l'espèce dans les meilleures conditions. La future mère recherche un homme rassurant et solide (physiquement pour ses bons gènes, mais aussi financièrement pour ne manquer de rien). Le futur père est en quête d'une femme maternelle, bienveillante et organisée, capable d'assurer l'éducation de sa progéniture.

– celles qui vont leur offrir la possibilité de s'évader du quotidien, de rêver, d'éveiller leurs désirs, de fantasmer, etc.

---

1. *France Soir* (http://www.francesoir.fr/societe/2008/03/07/sexe-la-fin-des-idees-recues.html).

« Les hommes aiment les princesses et désirent les femmes de chambre. Les femmes aiment les princes et s'enflamment pour les voyous, les marins, les ouvriers[1] » souligne le psychanalyste Jean-Pierre Winter. En règle générale, on est attiré quand on est jeune par les représentant(e)s de la seconde catégorie (les bons coups), avant de se tourner vers la première (les bons partis) quand l'envie de fonder une famille nous prend. Et puis, lorsqu'on est en couple depuis plusieurs années, une fois les problèmes d'entente mutuelle surmontés et les caractériel(le)s éjecté(e)s, on se reprend à rêver à ceux/celles de la seconde catégorie qui pourraient nous sortir d'un quotidien où l'on commence à s'ennuyer.

En fait, durant toute sa vie, l'être humain espère secrètement tomber sur la perle rare qui réunira ces deux types de personnalités diamétralement opposées (le bon parti sérieux et le bon coup aventurier) au sein du même individu. Alors on laisse la porte des rêveries ouverte toutes les nuits en espérant qu'une fée sexy viendra exaucer nos fantasmes les plus fous ou que le grand (et musclé), mais pas méchant loup nous dévorera en commençant par les parties les plus charnues et juteuses de notre corps alangui. Et puis lassé(e) d'attendre, on se laisse un jour aller à profiter quelques instants du grand brun/de la belle blonde qui nous propose de nous faire vivre notre rêve le temps d'une étreinte aussi brève qu'intense. Qu'importe le (beau) flacon du moment qu'on a l'ivresse !

Malheureusement l'Être parfait n'existe pas... Alors que les qualités recherchées dans votre prince(sse) charmant(e) existent certainement chez les personnes qui vous entourent ou que vous pouvez rencontrer. Dès lors, pourquoi ne pas jouer un peu au Lego et construire votre prince(sse) charmant(e) en kit ? Celui-ci est fidèle, honnête amant et bon

1. « L'amour sans le faire » (http://www.elle.fr/elle/love-sexe/mon-mec-et-moi/articles/l-amour-sans-le-faire).

père, je le garde comme mari. Celle-là est romantique, a su garder un regard d'enfant et s'émerveille devant les surprises que je lui fais, je la prends comme amie. Celui-là est remuant et bien bâti, je le mets de côté comme partenaire de sport. Celle-ci à l'âme d'une aventurière, toujours prête à partir découvrir un lieu insolite sur un coup de tête, je me la note pour certaines sorties... Vous l'aurez compris, les ami(e)s du sexe opposés peuvent aussi servir à compenser les manques de notre conjoint. Il n'y a rien d'immoral là-dedans si l'on respecte scrupuleusement deux principes fondamentaux :

1/ La fidélité de corps envers son conjoint et la priorité donnée au temps passé avec lui/elle et vos éventuels enfants. Il ne s'agit pas non plus de fantasmer sur son ami(e) lorsqu'on fait l'amour à son conjoint ;

2/ Le respect de chacun et l'absence de mensonge. Vos ami(e)s doivent être au courant que vous êtes déjà en couple, que vous ne devez pas chercher à les séduire et qu'eux/elles n'ont pas à espérer vous faire renoncer à votre union.

Si on est sûr de soi et que l'on se décide de s'engager sur cette voie, la joie peut succéder à la surprise, et le bonheur être au bout du chemin :

« Je travaille comme standardiste dans une caserne de pompiers. C'est moi qui reçois les appels, communique avec les véhicules partis en mission d'urgence afin de leur indiquer l'adresse où ils doivent se rendre, la cause du départ en intervention, etc. Je suis mariée depuis douze ans, j'ai un mari charmant et deux beaux enfants. Heureuse en couple, je ne cherchais pas particulièrement à tisser un nouveau lien sentimental quand, un beau jour, je me suis fait reprendre par les pièges de l'amour. On ne peut pas parler d'un coup de foudre, plutôt d'un sentiment qui a grandi tout doucement, comme un enfant qui apprend à marcher et s'assure qu'il tient

bien sur ses jambes avant de choisir une direction où s'aventurer.
Christophe est pompier à la caserne depuis six mois. Quand il est arrivé, je l'ai trouvé plus sympa que beau. Mais de toute façon, tous les pompiers sont mignons ! Très vite, on s'est liés d'amitié. On se retrouvait le soir pour assurer la permanence et on parlait des heures de tout et de rien, mais aussi beaucoup de ce que l'on avait vécu chacun de notre côté, de nos meilleurs souvenirs, de nos joies, de nos doutes, de nos rêves.
Il ne s'est pour autant jamais rien passé entre nous, je veux dire sexuellement. D'ailleurs, je n'en éprouvais pas le besoin et lui ne m'a jamais sollicitée sur ce plan. Il y eut dès le début beaucoup de complicité.
Un jour, pour ma fête, il est venu à la caserne avec un bouquet de fleurs. C'était vraiment... adorable ! Le matin de mon anniversaire, il m'a envoyé un SMS touchant. Quand il est arrivé à la caserne le soir, je n'ai pas pu m'empêcher de courir à sa rencontre pour lui claquer un gros bisou sur la joue. On aurait cru deux lycéens qui vivent leur premier amour. Tard, le même soir, comme je me déshabillais dans la salle de bains pour ne pas réveiller mon mari, un collier fantaisie est tombé de la poche de mon gilet. Pas un truc très cher, mais un colifichet choisi avec goût. J'ai tout de suite compris que c'était une surprise de Christophe. Ce grand sensible n'avait pas pu vaincre sa timidité au point de me l'offrir directement. Le lendemain, j'ai arboré un beau décolleté pour mettre le collier en valeur. J'ai raconté à mon mari que je l'avais trouvé dans un magasin du quartier, sans lui avouer qu'au lieu d'une boutique, c'était dans ma poche que je l'avais découvert. Je n'avais jamais menti à mon mari et ça m'a fait bizarre d'inventer cette histoire, mais je me suis dit que ça ne prêtait pas à conséquence et que mon amour pour lui n'en pâtirait pas.
Peu à peu, je me suis aussi rendu compte qu'une petite angoisse me tenaillait à chaque fois que Christophe partait en mission. Et puis, ses jours de repos, mon humeur se révélait un peu morose. Il me manquait...
C'est alors que je me suis rendu compte que je l'aimais vraiment. Pas de la passion qui met le palpitant dans la zone rouge et les jambes en coton, non, une immense tendresse.

Je me suis alors demandé si je n'étais pas en train de commettre une grosse bêtise et j'ai fini par réaliser que, depuis que je connaissais Christophe, j'étais plus apaisée, détendue, épanouie. Et, au final, plus amoureuse de mon mari.

Tout compte fait, je me suis offert la possibilité de vivre une belle histoire, pleine de sentiments, et d'avoir un chevalier servant sympathique et plus romantique que mon conjoint. Tout cela sans renoncer à une vie de famille équilibrée, à un mari aimant et à de joyeux enfants contents d'avoir des parents unis. » Lucie, 37 ans.

Cette forme d'amour amical n'est pas, en soi, une nouveauté. Elle existe depuis bien longtemps. Au Moyen Âge, l'art d'être attentif aux désirs d'une femme, de chercher à la combler par des cadeaux, des mots ou poèmes, à la séduire par le jeu de la séduction sans chercher à conclure, portait le nom évocateur d'« amour courtois ». Contrairement à l'amour platonique, qui relève de l'esprit et dans lequel les relations se vivent comme dans une sorte de rêve, voire de fantasme, l'amour courtois désigne un attachement profond, authentique et parfois même exalté. Le chevalier devait être attentif aux désirs de sa dame, la protéger au péril de sa vie et demeurer inébranlable de fidélité. À partir du XIIe siècle, grâce à l'influence d'Aliénor d'Aquitaine, de Marie de France et de Chrétien de Troyes (auteur de la légende arthurienne), ces vertus devinrent des principes du code chevaleresque. L'amour courtois primait en outre sur le mariage. Ainsi une femme mariée pouvait laisser parler ses sentiments, si elle était courtisée selon les règles précises de l'amour courtois, et aimer pleinement son ami de cœur. Cette relation chaste et totalement désintéressée est le reflet d'une vision très altruiste de l'amour.

Deuxième partie

S'épanouir sous la couette

Ne vous êtes-vous jamais demandé si votre partenaire aurait pu être votre meilleur(e) ami(e) dans d'autres circonstances ? Peut-être l'était-il/elle d'ailleurs vraiment avant que votre relation évolue de l'amitié vers l'amour ? Dans tous les cas, interrogez-vous sincèrement sur ce qui fait la différence entre l'amour que l'on peut porter à son/sa meilleur(e) ami(e) et celui que l'on accorde à son conjoint. Pour que deux êtres s'aiment, il leur faut bénéficier d'une bonne entente dans quatre domaines : culturel, émotionnel, spirituel et... sexuel. Si deux supers amis de sexe opposé partagent trois des quatre valeurs fondamentales nécessaires à l'épanouissement du sentiment amoureux, il leur manque évidemment l'ultime, le sexuel. Car qu'est-ce qu'un amour sans sexualité, si ce n'est une belle amitié ? Or une sexualité de couple harmonieuse est non seulement indispensable à l'épanouissement de votre union afin d'en assurer la durée, mais un gage de son propre développement personnel et de son plein accomplissement individuel. Pour en savoir plus, voici une partie plus *hot* mais particulièrement utile à lire.

AVERTISSEMENT

Ce chapitre est destiné aux personnes en couple et, donc, a priori, majeures. Dès lors, la question de la transmission des MST ou des virus comme le sida n'est pas prise en compte dans cet ouvrage. Pour mémoire, le préservatif demeure la meilleure protection en cas de partenaires pas en couple. Par ailleurs, les termes utilisés et les pratiques présentées pourraient heurter la sensibilité d'un public jeune ou non averti.

10

S'affranchir des comportements sexuels innés

Un matin, dans les transports, je croise une ancienne collègue d'une trentaine d'années pas revue depuis un an. Après diverses questions, sachant qu'elle était célibataire à l'époque, je l'interroge sur sa vie sentimentale :

– Du nouveau côté cœur ?

– Ben, je dois t'avouer que... oui ! Un beau brun musclé, plein de charme et avec lequel je m'entends bien. En plus, au lit, c'est un amant doux mais doté d'un tempérament de guerrier. La dernière fois qu'on a passé la nuit ensemble, il m'a fait l'amour à cinq reprises !

– Eh bien, tu as l'air heureuse et on te sent fière de lui. C'est l'homme que tu attendais, je suppose. Vous envisagez de vous installer ensemble rapidement ?

– Euh... Pas tout de suite. Il y a un petit problème.

– Lequel ? Tu le trouves trop bien pour toi ?

– Non, une autre l'a déjà trouvé à son goût.

– Ah oui, c'est embêtant. D'autant que je sais que ce n'est pas ton genre de piquer le mec de quelqu'un... Mais si vous êtes heureux ensemble, il peut choisir de continuer avec toi plutôt qu'elle, non ?

– Pas vraiment ! Car ils sont mariés avec deux enfants. Il me l'a avoué voilà à peine quelques jours et dit ne plus savoir où il en est. Moi non plus du reste.

Arrivé à destination, je la laisse à ses interrogations qui, je le sens bien, vont rapidement tourner au cas de conscience. Deux mois plus tard, je la recroise à nouveau par hasard.

– Alors ton beau brun, il a choisi ?

– Non, j'ai laissé tomber... Je me suis rendu compte que je n'étais pas la première avec laquelle il trompait sa femme. Il m'a menti du début à la fin. En plus, ce salaud m'a avoué sans gêne aucune qu'il couchait toutes les nuits avec sa femme, soi-disant pour ne pas que leurs enfants s'interrogent. Après m'avoir assuré qu'il ne se passait rien de sexuel entre eux depuis la naissance de leur dernier enfant âgé de trois ans ! Qui peut imaginer un type couchant dans le même lit qu'une femme qui le considère pleinement comme son mari et ne se doute pas de ses agissements, sans rien faire ?

– Fort improbable, je l'admets. Mais comment l'as-tu su ?

– En l'interrogeant, j'ai découvert que c'était un pervers narcissique cherchant une autre femme uniquement pour l'admirer. Il a préféré voir ailleurs que de se demander pourquoi sa femme s'intéressait moins à lui. Malgré ses promesses, il ne lui a jamais parlé de notre relation. Bref, il m'aimait de façon intéressée, c'est tout. Depuis, j'ai appris qu'il avait repris une vie paisible avec sa femme, sans que quiconque découvre la vérité. J'ai en fait l'impression d'avoir seulement été un objet de fantasmes, un faire-valoir de son ego. En plus, je dois t'avouer un truc : ce chaud lapin ne m'a jamais fait jouir.

La nature nous a joué un mauvais tour

La survie de l'espèce étant au cœur de l'évolution humaine, mère nature semble avoir optimisé la conception d'un enfant lorsque la femme jouit vaginalement (les contractions dues à son orgasme alignent l'utérus avec le sexe de l'homme et facilitent le passage des spermatozoïdes de l'un à l'autre). Le problème, c'est que le cycle menstruel féminin ne la rend pas féconde chaque jour. Donc, lors de la sélection naturelle opérée au fil de l'évolution, le fait qu'une femme puisse obtenir un orgasme à chaque relation n'a pas constitué un critère dominant. Eh oui, il faut le savoir : d'un point de vue biologique, le corps d'une femme n'est pas apte à jouir à chaque rapport (d'ailleurs seulement 34,6 % des Françaises n'ont jamais eu de difficultés à atteindre l'orgasme dans les douze derniers mois [1]). Le paradoxe c'est que, dans le même temps, la nature a privilégié des hommes toujours prêts à libérer leur semence, au cas où une femme de leur entourage serait dans la bonne période de fécondation. Faut-il en conclure que l'homme aurait un besoin inné de disséminer son patrimoine génétique ? Une étude [2], menée en Suède au Karolinska Institut et portant sur les rapports entre un millier de jumeaux et leurs partenaires, atteste ainsi que les hommes porteurs du gène allèle 334 connaissent deux fois plus de problèmes de couple que leurs congénères, donc sont susceptibles de changer plus aisément de partenaires afin d'être satisfaits. Or, études à l'appui, il est apparu que ce gène serait présent chez quatre Suédois sur dix.

Aux origines de l'espèce, l'homme a dû défendre sa famille des agressions extérieures, utiliser sa force, faire ses preuves au sein du clan, etc. C'est donc inscrit dans ses gènes. Résultat, il en a déduit, au fil du temps, que l'amour passait par l'admiration, dans le genre *« plus on est fier de moi, plus on m'aime »*. Autre conséquence : dans l'intimité, il fera tout pour que, croit-il, sa compagne se montre fière de lui. Ce qui, dans son esprit un peu primitif, se traduit trop souvent par *« elle me désire sexuellement car elle m'admire en tant qu'amant »*. Il en conclut donc hâtivement qu'il sera mieux et plus aimé s'il est capable de faire jouir sa femme, celle-ci, en retour, éprouvant du désir à son égard. L'ennui pour lui – comme on l'a vu –, c'est que le corps féminin n'est pas ouvert au plaisir à chaque fois tant

1. « Contexte de la sexualité en France », INSERM, 2006.
2. Revue scientifique américaine *PNAS*, 2 septembre 2008.

sa libido fluctue selon le cycle menstruel. Plus précisément, elle connaît un pic de désir au moment de la période d'ovulation, soit quatorze jours après le début des règles. Dès lors, un homme qui désespère de procurer du plaisir à sa partenaire, s'interrogera sur le désir et l'amour de sa femme, en ignorant que l'un et l'autre ne sont pas directement liés. La pression psychologique risquant d'augmenter à chaque rapport qui n'aura pas abouti comme il l'entend, la femme préférera parfois lui faire croire qu'il a obtenu ce qu'il cherchait, donc simulera pour ne pas le décevoir. Elle cherchera aussi à espacer leurs rapports pour attendre un moment serein et propice à la montée de son désir. Lui se sentira inconsciemment rejeté et sera tenté de s'intéresser à une autre femme, ne serait-ce que pour vérifier s'il est ou non un « bon reproducteur » et réconforter sa virilité.

À savoir : avant la loi de 1975, l'infidélité féminine était un délit en toutes circonstances, alors que celle de l'homme ne l'était qu'au domicile conjugal. Si tous les hommes ne trompent pas leur épouse sous prétexte d'être insatisfaits de la qualité de leurs rapports sexuels, beaucoup le font à cause d'un manque de fantaisie, seule une femme sur huit acceptant volontiers de se livrer aux pratiques réclamées par leur conjoint. Hors problèmes d'humeur, c'est un souci d'insatisfaction qui pousse fréquemment l'homme à rechercher une autre partenaire : 18 % des hommes souhaiteraient avoir des rapports sexuels de meilleure qualité, 17 % des pratiques sexuelles plus variées et 15 % davantage de rapports sexuels [1] tout court. Mesdames, souvenez-vous-en !

1. http://psychologie.aujourdhui.com/rencontres-amour/homme-ideal/taille-penis.asp.

L'effet Coolidge ou l'attrait pour la nouveauté

Monsieur se souvient qu'au début de sa relation avec madame, cela se passait mieux... tout du moins à ses yeux. Il oublie qu'alors tous deux accordaient du temps aux caresses, à l'amour physique et se rendaient par là même plus disponibles afin d'en profiter pleinement. Donc, bêtement, cet archétype masculin va conclure que s'il entame une nouvelle aventure amoureuse, la libido repartira comme au début, donc qu'il fera l'admiration de sa future partenaire. Comme cette dernière ne l'a encore jamais repoussé, il pensera que le problème rencontré avec sa femme ne vient pas de lui. Même si, au départ, il aime peu sa nouvelle conquête ou seulement d'un point de vue physique (pour un homme excité, la femme nue à ses côtés est toujours la plus désirable), il pense que son amour pour elle s'épanouira à la découverte d'un nouveau corps et au plaisir qu'il lui donnera.

Un autre paramètre vient perturber son jugement, « l'effet Coolidge ». Ce fameux effet doit son nom à une anecdote concernant Calvin Coolidge, ex-président des États-Unis. Lors d'une visite dans une ferme modèle, un fermier aurait expliqué à la *First Lady* que le coq copulait toute la journée. Et celle-ci lui aurait répliqué : *« Racontez donc cela à mon époux. »* À quoi le président aurait rétorqué au fermier rapportant l'anecdote : *« Toujours avec les mêmes poules ? »* Et devant le démenti de l'agriculteur, Coolidge aurait assené en coup de grâce : *« Racontez donc cela à mon épouse. »* Cette histoire montre qu'un mâle qui vient de s'accoupler est prêt à se lancer immédiatement dans d'autres ébats si on lui propose une nouvelle femelle réceptive. Une excitation sexuelle à la nouveauté confirmée chez le chat, le taureau, le bélier, le porc... En règle générale, les animaux mâles et femelles multiplient les partenaires pour augmenter les chances de reproduction et la survie de leur espèce.

Toutefois, la fidélité n'est pas l'apanage de l'être humain : les loups s'accouplent pour la vie, tout comme les manchots empereurs. Mais, le champion de la fidélité semble être le castor, au point que, si le mâle est stérile, sa compagne se résignera à ne jamais procréer plutôt que de chercher un remplaçant.

Les femmes sont plus subtiles dans leur ressenti

Les hommes sont, pour la plupart, binaires dans leur approche de la sexualité. Pour eux, un rapport est satisfaisant ou pas selon que l'orgasme surgit ou non. C'est du 0 ou 1. Les femmes estiment en revanche qu'un rapport est réussi parce que les échanges de sentiments et caresses les ont satisfaites sans forcément atteindre le nirvana. Donc, c'est entre 0 et 1, mais ni 0 ni 1...

Ce qu'un homme peine à comprendre. Pour lui, faire l'amour c'est avoir un rapport sexuel (précédé de préliminaires pour les plus chanceuses) lui permettant de se nourrir de la jouissance de sa partenaire et de lui délivrer par la même occasion une preuve d'amour. Pour elle, c'est, en partant d'une situation de confiance et de sérénité, se donner à l'homme aimé et recevoir son amour.

On constate combien l'un et l'autre n'entendent pas la même chose par « faire l'amour », donc ne l'évaluent pas sur la même échelle. De plus, la libido des hommes est souvent plus importante que celle des femmes, ce qui les amène à vouloir « faire l'amour » plus souvent[1] et, malheureusement, à privilégier la fréquence au lieu de la qualité. Or dans ce « faire », il faudrait plutôt entendre « construire », c'est-à-dire réunir les conditions optimales aidant le couple à s'épanouir.

1. Voir « Les mystères de la libido ».

Pour un homme, la maîtresse idéale est une femme qui connaît les façons de jouir de son corps, s'exprime sur ses sentiments, sait s'abandonner aux plaisirs qu'il lui procure mais aussi prendre des initiatives. Pour une femme, l'amant idéal saura aller à la découverte de son corps avec respect, sensualité, patience, écoute et imagination, la rassurer par la confiance dont il sait faire preuve et l'amener au plaisir comme elle le souhaite. Quant à la douceur, indispensable dans la vie quotidienne, elle ne doit pas suppléer l'ardeur au lit.

Pour les deux partenaires, une nuit inoubliable sera donc marquée par une grande jouissance de la femme. Mais si l'on veut vivre longtemps avec son/sa partenaire, il convient de faire évoluer sa sexualité afin de prendre plaisir à faire l'amour avec une personne qui aura, au fils du temps, des potentialités, des envies et des ressentis différents. Être tendre et attentionné à chaque instant, éveiller le désir de son/sa partenaire, rester à l'écoute de ses attentes et de ses réactions, mais aussi user d'imagination et savoir, au besoin, prendre les choses en main sont les clés de l'harmonie sexuelle.

À savoir : d'après certaines études, une femme considère qu'elle a passé une nuit de folie avec un homme s'il entre dans la catégorie du multicoups (il jouit au moins trois fois de suite sans souci), du marathonien (capable de ne jouir qu'après deux heures d'amour), de l'expert en caresses (il n'y a pas que la pénétration dans la vie, les hommes ont beaucoup à apprendre de l'amour lesbien) ou de l'hypersensuel (celui qui, on ne sait trop pourquoi, vous fait décoller rien qu'en vous touchant). Bon, bien sûr, certains hommes combinent ses quatre caractéristiques et se voient communément appelés « prince charmant », mais ces derniers, bien qu'ardemment espérés, sont rarement au rendez-vous de la vie. Il faut en outre noter que les attentes sexuelles de la femme varient selon son âge. À 20 ans, elle est plus attirée par le genre multicoups, car en pleine possession de ses moyens physiques et les hormones au top ; elle attend donc que son partenaire se situe au même niveau qu'elle. À 30 ans, elle est plutôt dans la recherche d'un vrai plaisir : comme elle connaît son corps et les façons d'en jouir, elle espère un partenaire capable d'en jouer longtemps – genre marathonien possédant un minimum de dextérité –, mais apte à se montrer hypersensuel. À 40 ans, ayant atteint un niveau de maturité et d'expérience qui la pousse à rechercher de nouvelles sensations, à expérimenter d'autres pratiques, elle est plutôt en quête d'un amant imaginatif expert en caresses.

11

Admettre nos différences pour mieux nous comprendre

Imaginons que vous ayez l'idée d'entamer un match de tennis avec votre partenaire. Vous devriez vous poser trois questions avant de commencer. Est-ce que je connais bien les règles de ce jeu ? Mon adversaire a-t-il l'habitude de jouer ? Sommes-nous du même niveau ? Eh bien, pour la sexualité, c'est un peu la même chose. Afin de s'éclater au lit, il convient d'avoir un minimum de bases, lesquelles passent par une bonne connaissance de son propre corps. Il faut en effet oser se regarder en détail, découvrir avec un miroir ce que l'on ne voit pas, se toucher, se caresser, se masturber sans tabou. Il est également utile de se renseigner sur la sexualité grâce à des revues et des livres, sans s'arrêter à la seule fonction reproductive chère aux anciens cours d'éducation sexuelle. Car ne croyez jamais que vous savez tout de la sexualité, il y a toujours à apprendre, quels que soient son âge et son expérience. Vous pouvez aussi essayer d'aborder le sujet avec des ami(e)s intimes ou profiter de l'expérience d'autres couples.

Bâtir sa sexualité pas à pas

Une fois que les deux partenaires se sont trouvés, il s'agit de ne pas brûler les étapes pour assurer la pérennité du couple naissant. Premier rendez-vous, premier baiser, premier câlin, première caresse, première nuit ensemble... Tous ces jalons ont leur importance. Le temps est l'allié d'une union qui débute. Je ne parle pas des rencontres d'une nuit, mais des couples désireux de s'épanouir ensemble dans tous les domaines. Prenez votre temps pour découvrir le corps de l'autre ; apprenez les caresses qu'il/elle affectionne, le type de sexualité qui lui convient le mieux (longs préliminaires, chevauchées fantastiques, assauts ardents, voluptueux ébats, exhibition, jeux de domination...). Découvrez ses préférences en termes de fréquence, de nombre de rapports (une seule fois ou à plusieurs reprises), de durée, de circonstances (uniquement dans la chambre, dans toutes les pièces de la maison, en extérieur... ? Plutôt le soir pour l'apaiser avant de s'endormir, le matin au réveil une fois reposé, le week-end de préférence ou n'importe quand pour que la surprise décuple le désir ?), etc.

D'après un sondage du magazine *Biba* publié en novembre 2006, seules 20 % des femmes jouissent à chaque rapport, alors que, selon le nouveau rapport Hite, 95 % obtiennent facilement un orgasme en se caressant le clitoris (44 % seulement quand c'est leur partenaire qui les caresse). Donc, messieurs, apprenez d'abord à connaître le corps de votre compagne et à situer précisément le centre de son plaisir, son clitoris. Si vous ne savez pas comment le caresser correctement, ou plutôt comme elle le souhaite, demandez-lui de vous guider ou de vous montrer comment elle s'y prend seule. En tout état de cause, on le voit clairement avec cet exemple : rien ne remplace le temps d'apprentissage du corps de sa partenaire. Mieux vaut passer pour un novice honnête, que pour un macho qui aurait perdu le mode d'emploi.

À savoir : l'excision[1] (mutilation du clitoris) a perduré en Europe et aux États-Unis jusqu'aux années 1930. On la pratiquait pour empêcher la masturbation des jeunes filles à laquelle on attribuait l'hystérie et l'épilepsie. Aujourd'hui, plus de 80 millions de femmes dans le monde (Afrique, États arabes, Inde...) sont victimes de cette coutume. La France aussi est concernée, avec près de 30 000 femmes ou jeunes filles excisées.

Reconnaître que nous ne vivons pas les mêmes choses

Pendant des siècles, l'homme ne s'est pas occupé du plaisir de la femme. Entre batailler, piller et résister aux épidémies, il estimait avoir d'autres préoccupations ! L'assouvissement de son propre désir pouvait même le conduire à des comportements violents (inceste, viol, droit de cuissage). Quant aux mariages, ils étaient souvent arrangés et l'homme portait plus attention à son clan et ses enfants qu'à sa femme cantonnée au rôle de mère. Puis, avec la libération sexuelle des années 1970, les femmes ont compris qu'elles pouvaient vivre librement leur sexualité sans crainte d'enfanter. Enfin ! Les hommes, bon gré mal gré, ont reconnu aux femmes le droit d'accéder au plaisir. Et les livres sur la sexualité des couples ont fleuri, tel le fameux rapport Hite publié en 1976 aux USA, suivi de « méthodes pour faire jouir une femme » décortiquées par certains mâles, moins soucieux de satisfaire leurs partenaires que d'acquérir une réputation de bons amants. Ces derniers ont en

1. http://www.doctissimo.fr/html/sexualite/mag_2001/mag0119/se_3403_excision.htm et http://www.icl-fi.org/francais/oldsite/excision.htm.

effet cru, à tort, qu'il existait des recettes amenant les femmes au plaisir. C'était oublier qu'il n'y a pas un, mais des plaisirs, et que chaque femme a des préférences liées à son corps, ses sensations, ses désirs et son vécu.

Sur le plan sexuel, les attentes et ressentis d'une femme évoluent avec le temps, mais aussi avec la durée du couple. Une femme de 20 ans sera plus dans la découverte des sensations de son corps, alors qu'une de 40 ans privilégiera l'approfondissement de sensations mille fois vécues, voire l'exploration de nouvelles pratiques. On me demande souvent comment j'ai réussi à ne jamais être infidèle après tant d'années de vie commune. En d'autres termes, pourquoi je ne suis pas attiré par d'autres femmes plus appétissantes (traduisez « plus jeunes ») que la mienne. Je réponds, *primo*, que l'on peut être attiré par la beauté féminine sans craquer obligatoirement pour tous ses plus beaux spécimens. *Secundo*, si je n'ai pas envie de tromper mon épouse avec, disons, une femme de 20 ans, c'est parce que j'ai déjà vécu avec une femme de 20 ans, la mienne au même âge, et que j'en ai profité. Comme j'ai pleinement apprécié dix ans d'une relation épanouie avec une femme de 30 ans...

À savoir : seulement 0,4 % des femmes [1] ne jouissent jamais, ce qui est plutôt rassurant. Moins d'un homme sur deux jouit à chaque rapport. Pourquoi si peu, alors que la jouissance de l'homme semble plus mécanique ? Tout simplement parce que beaucoup pensent qu'il ne peut y avoir d'orgasme sans éjaculation. Ce qui est évidemment faux.

1. Sondage paru dans le magazine *Biba*, novembre 2006.

Un homme change aussi au fil du temps. Son corps, si prompt à s'enflammer à 20 ans, le sera à 50 ans... beaucoup moins. Cela peut être un avantage car il risque moins de souffrir d'éjaculation précoce en avançant en âge. En revanche, il sera plus sujet aux défaillances, au doute et pourra connaître des pannes d'érection. *« Seule la brute bande bien »* disait Baudelaire. Souvenez-vous, mesdames, qu'un homme n'est jamais aussi vulnérable émotionnellement qu'à l'instant de vous prouver son ardeur. Dans son esprit, son pénis dressé étant l'extension de sa virilité, la preuve de sa capacité à se reproduire et donc d'être reconnu et aimé comme homme et père, il s'avère très fragile. Se moquer de lui ou se permettre la moindre remarque sur les dimensions ou la rigidité de son pénis lui fait aussi mal qu'un couteau planté entre ses omoplates.

Savoir apprendre de l'autre

Messieurs, ne partez jamais du principe que ce qui vous plaît conviendra forcément à votre partenaire. Mesdames, n'imaginez pas qu'il connaît d'instinct toutes vos zones érogènes sous prétexte qu'il est l'homme de votre vie. Au fil d'une relation, chacun des deux partenaires apprend à écouter les réactions de l'autre et à lui communiquer ses propres envies. Il doit aussi inciter l'autre à lui dire, ou lui faire comprendre par un regard, voire un gémissement, ce qui lui procure du plaisir. Pour ne pas tomber dans le post-coïtal et caricatural *« alors heureuse ? »*, prononcé façon Jean-Pierre Marielle, l'homme doit s'efforcer de reconnaître les signes du plaisir de la femme : pupilles dilatées, narines frémissantes, seins gonflés, tétons saillants, poitrine rougie, respiration accélérée... Mais encore, juste au moment de l'orgasme : apnée de quelques secondes, contractions des muscles du périnée (zone entre le vagin et l'anus), corps qui se raidit et s'arc-boute avant un relâchement complet...

Cela dit, mesdames, s'il est gratifiant pour un homme d'entendre, à la fin des ébats, sa partenaire expliquer avoir apprécié ce qu'il vient de lui offrir, mieux vaut éviter de parler d'orgasme, à moins que vous veniez d'en vivre un particulièrement jouissif et démonstratif. Dites plutôt à votre comparse, sans flatterie, que vous avez beaucoup apprécié. Voilà qui évitera de proférer un mensonge pour faire plaisir si vous n'avez pas atteint le nirvana, ce en quoi il n'est pas forcément responsable. Vous n'aurez pas non plus la pression, l'un comme l'autre, de la jouissance féminine à tout prix. Il serait en effet pernicieux de se focaliser seulement sur le plaisir féminin, lequel n'est pas aussi souvent que souhaité au rendez-vous. N'oubliez jamais que l'amour est avant tout un échange, l'orgasme de la femme devant devenir la récompense des amants, non leur objectif principal.

À savoir : 32 % des femmes et 45 % des hommes [1] n'osent jamais dire à leur partenaire qu'ils/elles n'ont pas joui. L'orgasme de l'homme n'est pas forcément synonyme d'éjaculation. Certains, les opérés de la prostate par exemple, peuvent avoir une éjaculation rétrograde (le sperme part vers la vessie au lieu de sortir par l'urètre). Il arrive aussi qu'un homme qui a essayé de se retenir longtemps dans l'espoir de mieux satisfaire sa partenaire, oublie un peu son propre plaisir. Pour éviter que sa compagne lui demande pourquoi il ne veut pas jouir, il peut choisir de simuler une éjaculation, sa complice étant bien incapable de le vérifier s'il porte un préservatif.

1. Sondage paru dans le magazine *Biba*, *op.cit.*

12

Comprendre que le plaisir de la femme n'est pas uniquement sexuel

« Quand j'y repense, un seul mot me vient à l'esprit : gâchis. La première fois que je l'ai surpris surfant sur un site de vidéos X sur le net, ça m'a fait bizarre. J'ai eu le sentiment qu'il allait chercher ailleurs quelque chose que je ne lui offrais pas. Mais il m'a dit qu'il voulait me montrer des trucs rigolos, que ça pourrait nous donner des idées érotiques. J'ai accepté qu'il loue quelques DVD X, mais leur visionnage m'a mise plus mal à l'aise qu'il n'a titillé mon désir. D'autant qu'il réclamait souvent, par la suite, des pratiques vues à l'écran qui ne m'enchantaient guère.
Un jour, il a prétendu que si voir ce genre de choses ne m'excitait pas, c'était sûrement à cause de la distance créée par l'écran, et qu'en vrai ça devait être plus "bandant". Je n'ai pas d'emblée compris où il voulait en venir. Aimant faire l'amour avec lui, contente du plaisir que nous ressentions, j'étais persuadée de notre bonne entente sexuelle. Et puis, un soir, il est rentré à la maison tout excité car il nous avait réservé une soirée spéciale. Pensant qu'il avait pris deux places pour un spectacle surprise ou un dîner dans un bon restaurant, j'y suis allée pimpante et le sourire aux lèvres.
Nous fîmes un peu de route avant de nous arrêter devant le porche d'un beau manoir. À l'entrée, on nous confia deux

loups afin de dissimuler partiellement nos visages. Alors que je me tournais vers mon mari pour demander s'il s'agissait d'une soirée costumée, mon regard balaya le vestibule et la panique me saisit : certaines femmes avaient des tenues plutôt dénudées, pour ne pas dire franchement provocantes. Il prononça quelques paroles plus mystérieuses que convaincantes, avant de me pousser dans un grand salon. À voir des couples se caresser ouvertement et des femmes s'embrasser à pleine bouche, je compris vite la méprise : nous étions dans une fête libertine.

Devant ma mine ébahie, il confirma qu'il s'agissait d'un club échangiste très select, et crut bon de préciser que je pouvais regarder sans participer. Ce qu'il se garda d'expliquer, en revanche, c'est que lui-même n'était pas là pour seulement s'en mettre plein les yeux. Mieux, il avait déjà lié connaissance par Internet avec certains habitués.

Ne sachant comment me comporter, je fis le tour des pièces aménagées pour la fête, jetant un regard furtif dans certaines tout en refusant les invitations qu'on me lançait. Je perdis de vue mon mari avant de le retrouver, au cours de la soirée, assis dans un fauteuil, une tête brune faisant des mouvements évocateurs au-dessus de son entrejambe. Il ne s'aperçut pas de ma présence, pas plus qu'il ne me vit sortir précipitamment du club et me cacher dans notre voiture afin d'y pleurer de peur et de désespoir. Que nous était-il arrivé ? Quand il revint au véhicule, je dormais. Une fois à la maison, je montai dans la chambre comme un zombie et m'assoupis en lui tournant le dos. Le lendemain matin, il expliqua avoir passé une soirée sympa et me demanda si ça m'avait plu. Mon silence ne le démonta pas. Pis, il m'annonça avoir réservé pour le mois suivant. Comme je répliquais qu'il était hors de question d'y retourner, il répondit froidement avoir déjà versé un acompte et refuser de perdre de l'argent. Si je n'y allais pas avec lui, il irait seul...

J'ai supporté la situation pendant un an avant d'entamer, sur les conseils de ma meilleure amie, une procédure le divorce. Mon mari prétend encore qu'il m'aime et ne comprend pas pourquoi je veux reprendre ma liberté alors que lui affirme avoir juste voulu profiter un peu de la sienne. S'est-il une seule fois demandé ce qui me faisait réellement plaisir, à moi sa femme, et si sa liberté ne devait pas rimer avec la fidélité mutuellement promise ? » Maud, 43 ans.

Une femme ne peut jouir à chaque fois

On le voit : les fantasmes des hommes – et en l'occurrence seulement de certains – ne sont pas en phase, loin s'en faut, avec ceux des femmes. Question de rapport au sexe. « Mécanique » pour l'un, « psychologique » pour l'autre. Nous l'avons vu aussi, une femme n'est physiologiquement pas faite pour jouir à chaque rapport. Cela vous surprend ? Énoncé ainsi, beaucoup d'hommes penseront que la femme n'éprouve pas autant de plaisir qu'eux, sans se douter que la notion de plaisir est chez elle beaucoup plus étendue que chez un homme. Une femme cherche d'abord à se sentir bien avec quelqu'un avant de partir en quête du plaisir sexuel en sa compagnie. En étant caricatural, on pourrait avancer qu'un rapport sexuel parfait démarre pour une femme au restaurant et se finit au réveil dans les bras de l'être aimé, alors qu'il débute encore trop souvent au premier coup de rein pour se finir sous la douche chez un homme.

De fait, seulement un tiers des couples connaît des relations sexuelles mutuellement satisfaisantes, affirme le sexologue et psychiatre Philippe Brenot[1], auteur de *Les Médecins de l'amour*. Un autre tiers voit au moins l'un des partenaires frustré et le vivant mal. Quant au dernier tiers, il n'a quasiment jamais de relations sexuelles. *« Il existe un important décalage entre les réponses et la réalité, car il est difficile de parler de sa propre sexualité,* poursuit ce spécialiste des relations conjugales. *C'est bien connu, les*

1. http://www.psychologies.com/article.cfm/article/355/Les-confidences-des-sexologues.htm.

hommes majorent leurs performances et sous-évaluent leurs difficultés, tandis que les femmes les passent plutôt sous silence. » Dans un monde qui glorifie les prouesses et le dépassement de soi, trop de mâles imaginent que les femmes associent nuit d'amour inoubliable à coïts longs et répétés. Soyons honnêtes, si une femme apprécie tout comme son amant le plaisir physique, la pénétration est rarement une fin à ses yeux. De plus, cela peut tourner au cauchemar si l'homme insiste alors que la femme ne parvient pas à jouir, soit parce qu'elle n'y a pas été bien préparée, soit parce que ce n'est pas le bon jour. N'oublions pas que la majorité des femmes aime passer par des phases de complicité, tendresse, baisers, caresses avant d'arriver au rapport proprement dit. Une femme sera d'autant plus réceptive à la pénétration que son amant aura pris le temps d'éveiller son corps au plaisir grâce à de multiples attentions. De même qu'elle lui sera reconnaissante de ne pas se détourner d'elle une fois qu'il aura pris son plaisir. Un bon amant doit s'interroger sur le plaisir de sa partenaire, savoir la caresser pour l'amener au plaisir même après avoir pris le sien et la câliner après coup afin de lui montrer combien il lui est reconnaissant.

À savoir : les préliminaires ne commencent pas au lit, mais au moment où vous retrouvez votre partenaire. Ils peuvent s'amorcer aussi bien avant, en milieu de journée par exemple, si vous savez que vous pourrez câliner votre conjoint le soir même. Envoyez-lui des SMS ou téléphonez-lui pour enflammer son imagination et faire progressivement monter son désir. En revanche, évitez de demander à votre partenaire, une fois au lit, si elle a envie de faire l'amour ou s'il veut que vous mettiez des dessous sexy pour lui faire plaisir. Trop tard ! Ne proposez pas, agissez. Avec tact mais aussi assurance, tout en laissant évidemment la possibilité à l'autre de refuser sans vous montrer frustré(e).

Voir l'amour en 3D

Comme vu précédemment, une nuit inoubliable pour les deux amants sera marquée par une grande jouissance de la femme. Alors, monsieur, pour combler le désir de votre partenaire et la mettre dans les meilleures dispositions, pensez à lui offrir :

– **Détente :** avoir le corps relaxé et l'esprit libre est primordial pour qu'une femme se sente prête à se laisser aller dans les bras de son amant ;

– **Douceur :** les femmes aiment la tendresse. Soyez un amant câlin et doux. Même les fougueuses chevauchées doivent se faire dans le respect de l'autre. Une femme mise en confiance sera toujours plus prompte à s'éveiller au plaisir ;

– **Durée :** en amour, sachez prendre votre temps. Un rapport sexuel idéal se compose d'une phase de baisers et câlins propice à la montée du désir, de préliminaires, du coït proprement dit et, ne l'oubliez pas, d'une phase de retour au calme. Messieurs, soyez attentifs à vos compagnes une fois les jeux amoureux terminés, plutôt que vous diriger vers la salle de bains ou – pis – de vous retourner pour vous endormir.

Sensation, émotion et passion

Ne croyez pas que la plénitude émotionnelle que peut apporter l'amour à une femme lui suffit à combler ses désirs physiques. Désormais, toutes les femmes ont droit au plaisir autant que les hommes. Et aimer le sexe ne fait évidemment d'elles « ni des putes ni des salopes ». Cependant, une femme préférera souvent aimer avant de coucher, alors que chez un homme, c'est généralement le contraire. Ne forcez donc jamais une femme à faire l'amour sans l'avoir cajolée et, d'une certaine manière, sans lui avoir prouvé que vous avez des sentiments pour elle. N'oubliez pas que son plaisir est évidemment sexuel, mais s'étend au-delà. Amour sensation et amour émotion sont indissociables dans son cœur.

Toutefois, l'erreur serait de conclure qu'il faudrait être un amant uniquement câlin et laisser sa fougue à la porte de la chambre. Si l'homme d'aujourd'hui est plus à l'écoute de sa partenaire que celui des générations précédentes, un amant ne doit pas renier sa virilité au point d'en devenir insipide dans ses comportements amoureux. Deux partenaires trop « gentils » vont vite s'ennuyer sous la couette, parce qu'ils attendront chacun que l'autre prenne les choses en main. Il convient donc de ne pas supprimer à l'homme, non le devoir, mais la possibilité de mener les ébats. Un amant peut très bien se montrer dominateur au lit et le plus doux des maris au quotidien. D'autre part, une femme attend de son amant qu'il sache également la pousser dans ses derniers retranchements pour se donner totalement à lui.

13

S'inscrire dans une dynamique d'amour et de plaisir

Licencié à 57 ans, Alain traverse depuis un an une période psychologiquement difficile. Sa femme Monique, 54 ans, constate, jour après jour, que sa joie de vivre diminue et que le renoncement l'emprisonne peu à peu. Ce qui relevait de la banale déprime se transforme en vraie dépression. Qui, logiquement, affecte beaucoup leur relation de couple. Alain a moins envie de son épouse, parce que l'élan vital qui entretenait sa libido n'est plus au rendez-vous. Sa femme lui a fait rencontrer plusieurs médecins, mais rien n'y fait : il n'a plus envie de rien et son désir s'éteint. Ne sachant que faire, Monique est aussi allée consulter un psy, qui lui a donné un conseil pour le moins original : pratiquer à Alain, sous le prétexte pseudo-médical d'apaiser ses tensions, une fellation chaque soir à heure fixe !
Au point où elle en est, Monique est prête à tout essayer. Le soir même, à 20 heures pétantes, elle explique à son mari qu'une fellation lui fera sûrement du bien et, qu'à défaut d'autre chose, elle aura plaisir à lui en procurer. Sans lui laisser le temps de réfléchir ou refuser, elle agit. Alain marmonne durant quelques instants qu'il n'a pas la tête à « ça », que « ça » ne va pas marcher, mais si son esprit prétend non, son corps, lui, se laisse bientôt aller à la délicieuse sensation.

Et l'érection ne relevant en rien du phénomène volontaire, son sexe n'en fait qu'à sa tête !
Le lendemain soir, même heure, même lieu, même application de Monique à ce voluptueux « baiser ». Soir après soir, grâce à l'action de l'ocytocine générée durant chacun de ses orgasmes, le désir d'Alain pour son épouse renaît peu à peu. Maintenant, il regarde l'horloge du salon dès 19 h 30 et attend avec impatience sa venue et que lui puisse l'accueillir avec bienveillance et la serrer tendrement dans ses bras avant de passer au reste. Et un soir, alors que Monique s'approche afin d'administrer son « traitement », il lui propose d'agir autrement et de faire l'amour avec elle. Ce jour-là, ils prennent tous deux beaucoup de plaisir et Monique voit un sourire éclaircir de nouveau le visage de son mari. Elle devine alors que la dépression relèvera bientôt du mauvais souvenir.

Le cercle vertueux de l'ocytocine

Pourquoi raconter cette histoire ? Pour expliquer un processus chimique de la sexualité.

Notre cerveau baigne dans un ensemble de neurotransmetteurs responsables du bien-être (sérotonine), de l'attachement (ocytocine), du plaisir et de sa recherche via le désir (dopamine), de l'apaisement (endorphine)... Or l'ocytocine (du grec *ôkutokos* « rapide accouchement ») dont il est question dans cette histoire, est une hormone élaborée dans l'hypophyse ayant des actions variées. Elle provoque par exemple les contractions de l'utérus au moment de l'accouchement, engendre aussi chez une mère le sentiment maternel lors de la naissance de son bébé. Mais aussi intervient au cœur de la passion entre deux êtres, quand débute leur relation amoureuse. Les baisers, les câlins, les massages, les caresses, le plaisir sexuel et même le dialogue avec l'être aimé favorisent sa production. Dans un couple vivant une sexualité épanouie et jouissive, se crée autour d'elle un véritable cercle vertueux.

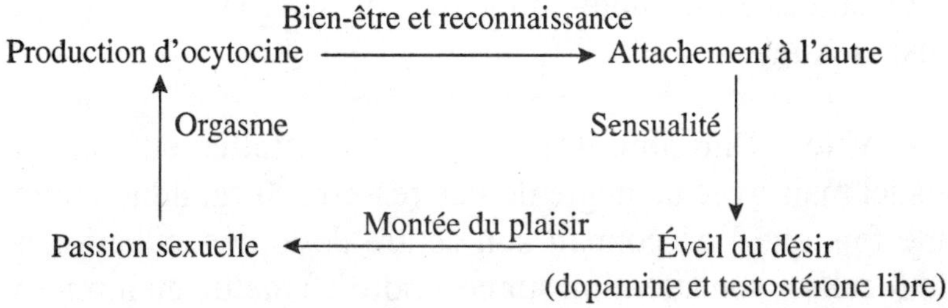

> **À savoir** : la pratique d'une activité physique augmente la production naturelle d'endorphine, de dopamine et de sérotonine. La dopamine, tout comme la testostérone libre, est indispensable au développement du désir chez l'homme comme chez la femme.

La sensualité, une question de (bon) sens

Ce qui conduit un couple à passer de l'émotion amoureuse à l'amour physique est du domaine de la sensualité. Certaines choses donnent plus que d'autres envie à votre partenaire de s'unir à vous. Vous êtes-vous posé la question de savoir lesquelles ? Essayez de déterminer – ou plus simplement interrogez-le – quels sont les sens qui déclenchent principalement en lui/elle l'excitation.

En général, les hommes sont plus excités par la vue (voyeurisme) et le toucher (pelotage), tandis que les femmes privilégient l'odorat (parfum et phéromones, mais aussi bonne hygiène), l'ouïe (dialogue érotique) et le toucher (caresses). Gardez toutefois à l'esprit que le sens le plus développé n'est pas forcément celui qui nous procure le plus de sensations. Un fétichiste des beaux dessous peut très bien être myope et une amoureuse des mots doux susurrés à l'oreille sourde comme un pot.

Quelques idées pour jouer de vos sens et entretenir le désir sexuel :

– **Vue :** l'homme fonctionne essentiellement sur le visuel mais avec un angle de vue resserré. Il est donc facile, une fois que l'on connaît son centre de « préoccupation », de focaliser son attention sur cet endroit à mettre en lumière. Il aime les gros seins ? Elle met un soutien-gorge pigeonnant avec un décolleté en V et prend soin de se pencher en avant face à lui pour ramasser un objet. Il apprécie les longues jambes ? Elle adopte une jupe courte et des bas puis s'arrange pour le précéder dans les escaliers. Il fantasme sur les tailles fines ? Elle arbore bustier, jupe bouffante et une ceinture soulignant sa taille... Facile, tant les femmes disposent de mille possibilités pour augmenter leur pouvoir d'attractivité et cacher leurs éventuels « petits défauts » : soutien-gorge amplificateur de poitrine, serre-taille, porte-jarretelles, guêpière, nuisette, boxer, tanga, string, etc.

Une femme aimant souvent regarder les mains d'un homme, messieurs, bougez-les avec sensualité afin de lui laisser imaginer quelles arabesques elles dessineront sur son corps. Si les images érotiques plaisent généralement plus aux femmes que les visions pornographiques trop crues frustrant leur imaginaire, elles s'avouent fréquemment excitées quand on leur donne la possibilité de se voir en train de faire l'amour. Messieurs, pensez donc à disposer judicieusement un miroir afin de leur offrir une vue sur les fesses de leur amant. Quant au caméscope, pourquoi ne pas le raccorder à la télévision de façon à permettre des vues en direct ?

– **Ouïe :** les mots d'amour, voire les mots crus judicieusement choisis, prononcés durant l'acte constituent de puissants aphrodisiaques pour une femme. Un texte érotique lu à voix haute, ou chuchoté la bouche collée à l'oreille, se révèle donc un puissant stimulant pour... les deux amants. Edmond Rostand, qui savait faire battre le cœur d'une femme à travers ses vers, ne fait-il pas dire à Cyrano que « [le baiser] *est un secret qui prend la bouche pour oreille* ».

Si les mots d'amour font partie des attributs du grand amant, les chants de l'amour – composés de gémissements et soupirs – se révèlent eux aussi générateurs de bien des frissons. Faites l'expérience de vous enregistrer quand vous faites l'amour puis réécoutez-vous plus tard dans un endroit calme et feutré, les yeux fermés, comme si vous auditionniez de la musique classique – ou, plus osé et excitant, dans un endroit public, un train par exemple, avec vos écouteurs dans les oreilles.

Autre expérience excitante, laisser à votre partenaire un message sonore dans lequel vous lui expliquez combien vous avez envie de lui/elle... avant de vous lancer dans une masturbation assez sonore.

– **Toucher :** dans ce domaine, on pense en premier lieu aux massages et autres caresses sensuelles. Or les hommes ignorent souvent un endroit que les femmes adorent voir soigné : leur cuir chevelu. Apprenez donc à lui faire un shampoing massage comme chez les bons coiffeurs, mais aussi à lui brosser les cheveux avec lenteur et application, gestes simples au potentiel sensuel étonnant.

Il est aussi hypersensuel de lui masser les pieds alors qu'elle prend un bain, de la savonner en mettant du gel douche dans le creux de vos mains ou entre vos deux corps se frottant l'un contre l'autre.

Il existe une ultime pratique que les femmes affectionnent, mais dans laquelle peu d'hommes les suivent alors qu'elle s'avère d'une grande sensualité : la danse. Alors messieurs, acceptez de vous lever plus souvent de votre chaise en soirée et invitez votre compagne à danser au moins un slow. Ce n'est pas compliqué et vous la comblerez.

– **Odorat :** les souvenirs olfactifs sont les plus profondément ancrés dans la mémoire. D'ailleurs, l'odorat est le premier sens en éveil chez le nouveau-né, puisqu'il lui permet de reconnaître sa mère avant d'être capable de la voir nettement. Les relations sexuelles, elles, baignent dans les odeurs corporelles et autres phéromones. Les effluves de sperme, cyprine ou sueur sont souvent caractéristiques de l'être aimé. Et le parfum, le savon, le gel intime, le déodorant utilisés par une personne marquent chaque parcelle de son corps d'une fragrance spécifique. Dès lors, pensez à jouer de ces odeurs pour éveiller le désir de votre partenaire.

Par exemple, glissez dans la poche de veste de votre amant un mot d'amour imprégné d'une goutte de votre parfum ou d'une autre senteur plus intime. Si vous appréciez les massages érotiques, l'odeur de l'huile parfumée lui fera aussi de l'effet. Messieurs, n'oubliez pas non plus que la plupart des femmes adorent les fleurs et qu'un bouquet aux senteurs subtiles lui fera mieux sentir votre amour que toutes les phéromones du monde.

– **Goût :** vous avez envie de pimenter vos baisers ? Sucez une glace avant de l'embrasser ou prenez un bonbon à la menthe forte que vous pousserez délicatement de la langue dans sa bouche. Rien ne vous empêche d'en faire autant avec une larme de cognac ou des bulles de champagne à offrir dans un baiser profond. Allez plus loin en osant lui verser un peu de breuvage dans le nombril à laper avec délectation.

Vous pouvez aussi revivre la scène du classique de Disney *La Belle et le Clochard* lors d'un dîner italien en prenant chacun un bout du même spaghetti. Plus chaud, installer votre amant ou conjoint dans la baignoire vide et recouvrez-le/la de crème dessert ou de chantilly à déguster à même la peau. Ensuite, demandez-lui de s'asseoir et positionnez-vous face à lui, vos jambes entourant son bassin. Un contact onctueux des plus érotiques.

À savoir : si vous passez ensuite à la pénétration, pensez à bien rincer les organes génitaux. Sinon, vous risqueriez une irritation car le sucre détruit la flore microbienne qui tapisse la paroi vaginale.

Une vraie passion sexuelle

La passion regroupe tous les états dans lesquels la volonté est passive, notamment concernant les pulsions du corps. Elle désigne donc un état affectif violent dans lequel l'objet de la passion occupe tout l'esprit. Lorsqu'il s'agit de passion amoureuse, la vision du partenaire est tellement idéalisée que l'on gomme inconsciemment tout ce qui pourrait nous en détourner : défauts de caractère, petites tares physiques, manies... Pour autant, dans un couple, la passion amoureuse ne passe guère le cap des trois ans. Pourquoi trois ans ? Parce qu'il s'agit du temps nécessaire pour avoir un enfant de deux ans. La nature, par le biais de la passion, incite en effet les amants à se rapprocher pour avoir des relations sexuelles et enfanter, mais aussi à rester attachés jusqu'au moment où l'enfant acquiert un peu d'autonomie.

Quel rapport avec la sexualité du couple ? Quand un homme a envie d'une femme, elle devient à ses yeux la plus belle du monde, tant il voit d'elle seulement ce qui l'excite. Il éprouve alors une véritable passion sexuelle ! Vous remarquerez que chez les couples fonctionnant bien, la sexualité – ou à un degré moindre les câlins et baisers – occupe une grande place. Ces personnes vivent une passion sexuelle qui peut s'étendre au-delà des trois années de la passion amoureuse. Grâce à quoi ? Aux effets de l'ocytocine vus plus haut, qui leur permet de s'attacher l'un à l'autre via le plaisir qu'ils s'apportent mutuellement.

Dans une passion sexuelle entretenue, un homme cherchera à combler les désirs de sa femme, à épanouir sa féminité, à l'inviter à la fantaisie, à lui faire découvrir de nouveaux bonheurs pour recueillir en retour de l'admiration. Une femme aimera se donner librement à celui qui la flatte par l'envie, l'imagination et le cœur mis à la satisfaire. Elle saura aussi présenter à son amant différentes facettes de sa personnalité, afin qu'il ait le sentiment de découvrir régulièrement une nouvelle maîtresse. C'est le fameux « effet Coolidge [1] », constaté chez certaines espèces animales.

À savoir : 14 % des hommes estiment que la sexualité occupe une place essentielle dans leur vie. Un homme sur trois trouverait même insupportable de ne pas faire l'amour durant plusieurs mois, contre une femme sur sept seulement.

1. Voir « L'effet Coolidge ou l'attrait de la nouveauté ».

14

Équilibrer son niveau de libido avec celui de son conjoint

On entend souvent les hommes se plaindre du manque d'appétit sexuel de leur femme. Comme s'il existait une forme d'anorexie de la volupté. Or les hommes ont plus souvent de désir sexuel parce qu'ils sont capables de faire l'amour en oubliant le reste. J'en entends déjà dire : *« Vu qu'ils ont seulement le sexe en tête, ce ne doit pas être difficile d'oublier le reste. »* Stop aux clichés, place aux chiffres.

Savez-vous combien de personnes pensent au sexe au moins une fois par jour ? 54 % des hommes et... 19 % des femmes[1]. Ce qui constitue un sacré écart !

À quoi cela tient-il ? N'oublions jamais qu'un homme choisit souvent de faire l'amour pour se détendre, alors qu'une femme s'y résoudra plutôt une fois détendue. En revanche, qu'un événement vienne contrarier la certitude de l'homme à assumer son rôle de « bon amant » et toute sa libido jouera au yo-yo, entre *« je retente le coup au plus*

---

1. *Nouveau rapport Kinsey*, par Laumann, Gagnon, Michael, Michaels (1994).

vite pour oublier l'incident » et *« je n'ai pas envie d'essuyer un nouvel échec, voire un refus ».* Se produit alors une inversion des libidos de chacun, la femme devenant plus demandeuse d'un homme qu'elle croit moins épris d'elle.

> **À savoir** : l'appétit sexuel d'un homme, principalement lié à son taux de testostérone, est à son maximum entre 15 et 20 ans, contre entre 35 et 40 ans pour une femme. Pourquoi si tard ? Tout simplement parce que c'est à cet âge que la femme connaît le mieux son corps et les meilleures façons d'en jouir.

Dans une enquête Sofres de 2001, à la question : « Pour favoriser votre épanouissement sexuel, que devrait améliorer votre conjoint ? », les Françaises ont répondu : « Il devrait m'accorder plus d'attention dans la vie courante » à 33 %, « Il ne devrait pas insister quand je n'ai pas de désir » à 24 %, « *Il devrait me caresser plus longtemps* » à 16 %, « *Il devrait être plus tendre après...* » à 16 %. On constate donc que les instants qui précèdent l'acte, tout comme ceux qui le suivent, sont importants pour que la femme se sente épanouie sexuellement. On ne le répétera jamais assez : en amour, il convient de prendre son temps !

Si le chemin de l'amour est inaccessible, prenez le RER !

L'erreur fréquemment commise est de chercher à éveiller le désir du partenaire, afin de l'amener surtout à satisfaire le sien. Or, votre conjoint peut très bien se montrer disponible pour vous faire plaisir, sans avoir personnellement envie de quoi que ce soit. N'oubliez jamais que toute demande sexuelle au sein d'un couple contient une part de légitimité. Si votre conjoint veut faire plus souvent l'amour, il ne sert à rien d'expliquer ne pas en avoir autant envie que lui/elle et qu'il/elle ferait mieux de mettre sa libido à votre niveau. Faire de la sexualité un reflet de sa relation s'avère dangereux. Trop de femmes « punissent » leur partenaire en refusant de lui accorder ce qu'il demande, sous prétexte qu'il se comporte mal sentimentalement. Or un homme a besoin de s'unir physiquement à son épouse afin de mieux lui ouvrir son cœur. Il vaut mieux comprendre, respecter son désir et essayer de le satisfaire... dans la mesure du possible et le respect des goûts de chacun. Si vous n'êtes pas disponible, mais prêt(e) à partager d'autres plaisirs, adoptez alors le RER :

1/ Reconnaître : il faut d'abord reconnaître que votre partenaire a envie de vous. Lui dire que vous vous sentez flatté(e) par son désir et que vous appréciez ses attentions destinées à éveiller le vôtre ;

2/ Expliquer : ensuite, expliquez qu'au moment précis vous n'avez pas envie (fatigue, manque de temps, stress, etc.), mais qu'il/elle n'est en rien responsable, que votre refus ne remet pas en cause l'amour que vous lui portez ;

3/ Remplacer : proposez-lui de partager un autre moment d'intimité qui ne passe obligatoirement par un coït (caresses, moment tendre, câlin, etc.).

En résumé, au lieu, madame, de lancer à votre amant :

« Tu ne vas pas me demander de faire l'amour à minuit, tout de même ? »

Vous pouvez dire :

Phase 1 – Reconnaissance : *« Tu as l'air très en forme ce soir mon amour. J'aime sentir tes caresses dans mon dos quand je suis assise au bord du lit. »*

Phase 2 – Explications : *« Mais j'ai eu une rude journée et il est déjà minuit. Je ne crois pas que j'aurai le courage d'entamer une nuit d'amour. »*

Phase 3 – Remplacement : *« Par contre, j'aimerais me blottir contre toi et m'endormir dans tes bras. Si je me réveille avant toi demain matin, je te promets de te sortir du sommeil de façon très sensuelle. »*

Ou

« Je n'ai pas trop envie de faire l'amour, mais je peux m'occuper de toi si tu veux. »

S'il a plus envie qu'elle

Le désir d'un homme, s'il est lié à son appétit d'amour charnel, exprime aussi l'envie du rapprochement vers l'être aimé. S'y montrer attentive est la meilleure preuve d'amour à offrir.

À savoir : la testostérone agit sur la libido, donc sur le désir sexuel, mais n'a pas d'influence directe sur l'érection. Si l'homme a vraiment peur de ne pas être à la hauteur et connaît des pannes, il sera très difficile pour sa compagne de le rassurer durablement sur ce point. Mieux vaut alors arrêter tout rapport sexuel, du moins tout coït, et consulter au plus vite un sexologue qualifié. Dans le cas où il s'agirait d'un problème physique, des traitements efficaces existent pour permettre de retrouver une sexualité sereine rapidement[1].

Le sexologue américain John Gray, dans sa célébrissime série *Mars et Vénus*, classifie les rapports sexuels en trois niveaux :

1/ Le sexe trois étoiles (au moins une fois par mois) : celui que l'on pratique après une soirée au restaurant, dans un cadre calme et romantique, et qu'on a généralement planifié ;

1. Voir « Ne pas renoncer trop vite au coït ».

2/ Le sexe régulier (au moins une fois par semaine) : celui que l'on fait d'un commun accord, quand les deux partenaires sont à la fois motivés, pas trop fatigués et disposent d'un minimum de temps. Les amants pourront se caresser lors des préliminaires et offrir à madame du plaisir, avant de passer à la pénétration ;

3/ Le « petit coup vite fait » (lorsqu'on a un quart d'heure devant soi) : celui qui permet de satisfaire les besoins masculins. Je parle de besoin, car dans ce cas la femme n'a pas forcément envie, mais accepte de faire plaisir à son partenaire. En contrepartie, l'homme veillera à lui dire combien il est reconnaissant de son geste et communiquera tout son amour, une fois ses ardeurs calmées, par moult bisous tendres et doux câlins. Les partenaires sont conscients que, généralement, seul l'homme y prend du plaisir sexuel... même si parfois l'excitation féminine tout comme son plaisir viennent en pratiquant...

Pour ma part, j'ajouterai trois niveaux à ceux proposés par John Gray :

4/ Le sexe quatre étoiles : à mes yeux, c'est la matinée ou journée consacrée à l'amour lorsqu'un couple parvient à se retrouver seul, loin des enfants, dans le but de s'éclater comme au début de la relation ou de réaliser un fantasme planifié depuis plusieurs semaines ;

5/ La masturbation en solo : être en couple n'implique évidemment pas de devoir renoncer à se caresser soi-même. Contrairement aux femmes mariées qui la pratiquent afin de palier une insatisfaction sexuelle, les hommes continuent à se masturber, alors qu'ils sont en couple, pour se détendre, laisser aller leur imaginaire et fantasmer librement. L'autoérotisme doit rester un espace de sexualité sans contrainte où chacun a le droit de se ressourcer, de cultiver son désir et de trouver une énergie alimentant son amour pour l'autre. La fréquence de la masturbation dépend de la périodicité des rapports sexuels, mais aussi de l'âge. Des études[1] montrent qu'un homme de 18 ans en bonne santé ressent le besoin d'avoir un orgasme environ quatre fois par semaine, puis que cette fréquence diminue pour atteindre un orgasme hebdomadaire chez les hommes de plus de 60 ans. Si la masturbation est vécue de façon compulsive, on peut cependant s'interroger sur ce qui la motive. N'oubliez en tout cas jamais que se masturber, c'est se faire l'amour à soi-même. Et comme il n'y a pas de mal à se faire du bien !

6/ La masturbation en duo : plutôt que le « petit coup vite fait » prôné par John Gray qui passe à mes yeux pour un coït un peu forcé, il est possible de prodiguer à l'homme des caresses intimes, voire une fellation jusqu'à l'orgasme. Une sorte de préliminaire qui ne précéderait pas quelque chose jugé plus important, mais constituerait un tout jouissif à lui seul.

Ainsi, madame peut s'adonner à une sorte de « masturbation accompagnée » et caresser les tétons ou toute partie du corps que son mari affectionne afin d'accélérer la montée de son plaisir, pendant que lui-même s'occupe de se caresser la verge.

On peut même pratiquer la masturbation à deux mains :

– Placée derrière lui, elle entrecroise la main droite de son conjoint avec sa main gauche tandis que lui glisse son pénis au milieu des deux.

– En face à face : monsieur enroule sa main à la base de son sexe, madame pose la sienne sur le haut du pénis. Cette position qui voit l'homme participer activement à la montée de son plaisir tandis que la femme s'y joint, permet d'avoir un contact plus tendre et dispense sa conjointe de « l'obligation » de le faire jouir à tout prix.

Une autre option plus exotique est de demander à l'homme d'effectuer des va-et-vient dans un repli du corps

1. Article sur la masturbation (http://fr.wikipedia.org/wiki/Masturbation).

de sa femme. Entre les seins (« branlette espagnole » lorsque l'homme lui fait face, ou « cravate de notaire » quand la femme est allongée sur le dos au bord du lit, la tête dans le vide et l'homme derrière elle), entre les fesses (la femme allongée sur le ventre), entre les cuisses resserrées (l'homme derrière la femme), entre les pieds (elle allongée sur le ventre, jambes repliées avec les pieds joints), sous une aisselle (la femme assise sur un tabouret et l'homme derrière elle), etc. Débridez votre imagination !

Si elle a plus envie que lui

Pour une femme, faire l'amour c'est aimer et se nourrir d'amour. Et durant l'acte, elle SE donne réellement et sexuellement à son partenaire. Dès lors, un refus lui apparaîtra comme une négation du don d'elle-même, de son amour pour l'autre et lui fera craindre que son conjoint ne l'aime plus. Mais insister n'est pas une solution tant cela pourrait être ressenti comme une remise en cause de la virilité de son conjoint. Pis, il ne manquerait pas de la « punir » en se braquant. Or dans un couple, la non-satisfaction des demandes d'ordre sexuel traduit un ressentiment à l'égard du partenaire plus qu'une réelle diminution du désir. Mais, les femmes n'ont pas des poussées hormonales quotidiennes les mettant, comme les hommes, dans un état d'excitation physique incontrôlé. Pour elles, le désir naît d'abord dans l'esprit avant de se diffuser dans le corps. Les organes sexuels de la femme étant internes, elle intériorise plus ses perceptions. Elle a donc, à l'opposé de l'homme qui voit son sexe se dresser et l'inviter à l'action, un désir sexuel bien plus lié à l'imaginaire et aux fantasmes. Cependant, certaines femmes ont aussi des pulsions sexuelles fortes qu'elles ont besoin d'assouvir dans les plus brefs délais.

Madame peut profiter de l'érection matinale de son compagnon due à la poussée de testostérone, pour lui « sauter dessus » si son désir est plus pressant que le sien.

Passer de dix coïts mensuels à quarante orgasmes par mois

On parle toujours de la fréquence des rapports sexuels, mais beaucoup moins du ressenti des partenaires. Se focaliser sur la répétition mensuelle serait une erreur, car elle est susceptible de fluctuer selon différents facteurs. « *Le premier paramètre à considérer pour la libido est l'âge des partenaires,* souligne le sexologue Gérard Leleu[1]. *Mais vous avez aussi l'âge du couple, la capacité physique, la relation dans le couple, la santé physique, la santé psychologique... Si chez des adultes jeunes on peut considérer que la moyenne est deux ou trois fois par semaine, on ne peut pas non plus l'exiger de quelqu'un de cardiaque ou de 60 ans.* »

Le plaisir éprouvé est plus important que la manière d'y parvenir. Trop d'hommes pensent qu'une femme sexuellement épanouie doit jouir vaginalement. Ce serait oublier que seulement 3 sur 8 atteignent à l'orgasme par le coït vaginal. « *La femme est ainsi capable par elle-même d'avoir un orgasme dans 99 % des cas. Pourtant avec un homme, ce n'est que dans 44 % des cas. C'est moitié moins !* nous rappelle Gérard Leleu. *Le problème de la femme est donc de se demander pourquoi elle s'unirait à l'homme, quand elle peut avoir un orgasme par elle-même et que lui s'en charge si mal.* »

Durex publie chaque année un rapport[2] qui fait un état des lieux de la fréquence et de la satisfaction des rapports sexuels par pays. À la vue des réponses données aux questions : « *Avez-vous un rapport sexuel chaque*

---

1. http://www.psychonet.fr/2008/07/30/2421-couple-faut-il-faire-l-amour-tous-les-jours.

2. « *Sexual Wellbeing global Survey* », Durex, 2007 (http://www.durexworld.com/fr-BE/SexualWellbeingSurvey/).

semaine ? » et « *Êtes-vous satisfaits de vos rapports ?* », se dessine un classement mondial des pays où il fait bon rester sous la couette :

Pays	% de rapports hebdomadaires	% de satisfaits
Grèce	**87 %**	51 %
Brésil	**82 %**	42 %
Russie	**80 %**	42 %
Malaisie	74 %	**74 %**
Mexique	71 %	**63 %**
France	70 %	25 %
Inde	68 %	61 %
Nigeria	53 %	**67 %**
Japon	34 %	15 %

La Malaisie, paradis des amoureux, et le Japon leur enfer, qui l'aurait cru ?

D'après cette même étude de 2007, deux tiers des interrogés ont l'impression de ne pas avoir de relations sexuelles assez souvent. Les Français se positionnent finalement plutôt bien en fréquence derrière les Grecs (164 rapports annuels), les Brésiliens (145), les Polonais et les Russes (143), les Indiens (130), les Mexicains, ex-æquo avec les Suisses (123) et devant les Italiens (121). Avec en moyenne 120 rapports annuels (10 mensuels), les Français ont en tout cas une fréquence largement supérieure à la moyenne mondiale de 103.

Partons donc du principe que les Français font l'amour dix fois par mois. Dans l'idéal, chacun de nous devrait dont connaître dix orgasmes mensuels avec son conjoint, soit vingt par couple (2 x 10). Or il est facile de doubler le nombre d'orgasmes mensuels sans changer quoi que ce soit à la répétition de ses rapports, qui, on le sait, dépend de la fatigue, du stress, de la disponibilité des partenaires et, évidemment, de leur niveau de libido respective. Certain(e)s aimeraient faire l'amour tous les jours, d'autres se contentent d'une fois par semaine. Il ne sert donc à rien de viser uniquement l'augmentation de la fréquence. Accroître la jouissance et la satisfaction des partenaires constitue un objectif ambitieux, mais plus à la portée des couples qui s'en donnent les moyens. Alors quel est le secret ? Et bien, messieurs, si vous vous arrangez pour que votre compagne atteigne un orgasme durant les préliminaires avant d'en envisager un autre pendant le coït proprement dit, vous obtiendrez mathématiquement dix orgasmes de plus.

Où dénicher cependant les dix manquants ? Mesdames, à vous de jouer : prodiguez-lui les caresses qui le conduiront à l'orgasme[1] les jours où vous n'êtes pas très chaude pour « passer à la casserole ». Trop de couples se font régulièrement la tête en chambre parce que lui, ayant une libido plus forte qu'elle, insiste pour qu'elle cède, ce qui suscite des colères de frustration chez monsieur et des angoisses dues à la pression chez madame. Sans parler du ressentiment global qui en découle. Avec cette astuce, tout va mieux.

En agissant ainsi deux fois par semaine, vous obtiendrez globalement les dix orgasmes supplémentaires. En gros, si un couple part du principe qu'un jour sur trois il fait l'amour en visant prioritairement la jouissance de madame, un autre jour sur trois se voit réservé à la masturbation en duo de monsieur, et le dernier jour sur trois au repos. À moins d'en profiter pour vous câliner, masser, chouchouter. Au total, on arrive bien à quarante orgasmes mensuels en couple. CQFD.

1. Voir « S'il a plus envie qu'elle », la masturbation en duo.

15

Adapter la durée et le contenu de ses rapports

En règle générale, un homme parvient facilement à jouir deux minutes après le début de la pénétration alors qu'il faut dix fois plus de temps à sa partenaire. Pour que les deux obtiennent le plaisir souhaité, il convient donc d'accorder leurs pendules... biologiques. À ce sujet, une étude [1] menée par des sexologues américains et canadiens explique que la durée « souhaitable » entre le début de la pénétration et l'éjaculation intravaginale serait de 7 à 13 minutes. À l'inverse, un coït de 1 à 2 minutes serait considéré comme trop court et un de 10 à 30 minutes trop long.

En somme, monsieur, si vous êtes surexcité avant de commencer, vous risquez de laisser votre compagne sur sa faim. Pour faire descendre l'excitation, il n'est pas interdit de recourir à la masturbation une heure avant de la rejoindre. Puisqu'on n'apprécie pas un bon vin quand on meurt de soif, désaltérez-vous avant de déguster ce que l'on vous offre.

---

1. *Journal of Sexual Medicine*, mai 2008.

À savoir : selon une enquête menée par Durex[1], les Français sont seulement 57 % à estimer la sexualité importante dans leur vie contre... 80 % des Grecs.

Dans l'idéal, quand on dispose d'un minimum de temps

Madame a besoin des attentions de son conjoint avant d'en arriver aux choses sérieuses. Voici les phases par lesquelles on peut passer, sans fausse note, lorsqu'on dispose d'une heure devant soi.

Phase n° 0 : les deux amants peuvent se déshabiller à tour de rôle tout en échangeant câlins et baisers. Monsieur, avant de la mettre nue, prenez le temps de la caresser habillée. Les odeurs corporelles étant de puissants aphrodisiaques, massez son clitoris à travers sa culotte, poussez celle-ci dans sa grotte d'amour afin de l'imprégner de sa cyprine, puis ôtez-la-lui sensuellement, avant de la porter à vos narines. Madame, enlevez-lui le haut, puis prenez soin de lui pétrir les pectoraux et d'agacer ses tétons. Si cela vous inspire, tentez une approche vers ses aisselles. Ensuite, descendez lentement jusqu'à son pantalon que vous ramènerez sur ses pieds d'un geste décidé. Vous pourrez alors jouer de la bouche ou de la main avec son sexe à travers le tissu de son caleçon/slip pour éveiller le petit animal qui s'y cache et va prendre force à votre toucher.

1. *« Sexual Wellbeing global Survey »*, *op.cit.*

> **À savoir** : apprenez aussi à caresser ses seins à travers son soutien-gorge avant de le lui ôter d'une seule main, geste qui atteste que vous n'êtes pas un novice et qui la rassure sur vos capacités à la combler. Une femme s'avère d'autant plus excitée qu'elle sent l'homme sûr de lui. Veillez surtout à ce que la température de la pièce soit correcte avant d'entamer le déshabillage. Au besoin, utilisez un petit chauffage à air pulsé.

Phase n° 1 : une fois les amants nus, monsieur pourra échanger avec madame bisous et câlins sensuels. Ne croyez d'ailleurs pas que les hommes veulent systématiquement se jeter sur le corps féminin, ils apprécient aussi les tendres accolades, les baisers passionnés, et adorent sentir, contre leur peau et aux creux de leurs bras, le corps nu et offert de leur compagne. De fait, il pourra masser avec délicatesse sa partenaire ou caresser ses zones érogènes secondaires (celles qui n'amènent pas directement au plaisir). En gros de haut en bas : cheveux, cou, nuque, oreilles, dos, ventre, mains, creux des hanches, fesses, intérieur des cuisses, arrière des genoux, pieds... Plus toutes celles que sa partenaire lui indiquera. Pour cela, utilisez vos mains et votre bouche, mais sachez aussi jouer avec la douceur de la soie, le chatouillement d'une plume, le frisson d'un glaçon, le souffle chaud d'un sèche-cheveux, la rugosité d'un gant de crin, l'onctuosité de la crème chantilly... De l'imagination que diable !

> **À savoir** : n'oubliez pas que certaines zones, comme les fesses, peuvent être caressées avec fermeté. Malaxer fait aussi partie des jeux amoureux, tout comme jouer des ongles ou des dents à condition d'y aller progressivement et de rester attentif aux réactions de l'autre.

Phase n° 2 : Madame, une fois émoustillée, pourra s'occuper de monsieur. À la différence de la femme, un homme excité préférera que l'on s'intéresse d'emblée à sa zone génitale. Rien n'empêche pour autant sa compagne de s'intéresser en même temps à une autre partie de son corps, grâce à sa main ou sa bouche. À la question : *« Que peut faire votre partenaire pour vous exciter davantage ? »* posée par le Dr Pietropinto lors d'une étude consacrée à la sexualité masculine, 34,4 % des hommes ont réclamé une partenaire plus active qui sache donner mais aussi réclamer des caresses, davantage de rapports bucco-péniens à 24,3 % et plus de caresses directes sur leur pénis à 17,8 %. 60 % des sondés affirmaient en outre que ce qui les irritait le plus durant l'amour, c'était une femme froide et détachée. Une partenaire passive ne répondant pas aux stimulations de son amant serait d'ailleurs à l'origine de 45 % des causes de non-érections. Ainsi, madame, si vous faites une fellation à votre conjoint, agissez comme si vous faisiez l'amour à son sexe et regardez-le dans les yeux de temps à autre pour (sa)voir s'il apprécie. Vous pouvez aussi vous mettre tête-bêche pour un plaisir partagé, mais gare à ne pas oublier ses sensations au profit de celles de votre partenaire.

> **À savoir** : si vous débutez par les zones érogènes secondaires de l'homme, vous avez toutes les chances de l'apaiser et, par là même, de faire baisser son excitation et son érection. Attention toutefois : alors qu'une femme a besoin d'être détendue dans ce genre de situation, un état de trop grande relaxation représente pour l'homme un tue-l'amour.

Phase n° 3 : Une fois monsieur proche de l'explosion, sa compagne pourra choisir :

– De caresser ses zones érogènes secondaires pour faire retomber la pression puis la faire remonter en s'occupant à nouveau de ses zones primaires ;

– Ou de le faire jouir en espérant que l'excitation restera suffisamment intense pour que sa phase réfractaire post-orgasmique soit courte. Si celle-ci est en effet d'à peine quelques minutes à 18 ans, elle tend avec l'âge... vers l'infini ;

– Ou de lui demander d'échanger les rôles.

Les caresses de la verge, avec la main ou la bouche, ont diverses fonctions. Elles peuvent faire monter le désir de l'amant, l'aider à patienter pendant qu'il caresse sa partenaire et lui laisse le temps nécessaire à la montée de son excitation, redonner vigueur à la verge avant le coït ou simplement l'emporter jusqu'à la jouissance.

À savoir : en France, la durée moyenne de l'acte amoureux, préliminaires compris – c'est-à-dire dès le moment où l'on aborde la caresse des zones érogènes primaires, donc essentiellement des organes génitaux –, est de 18 minutes et 50 secondes [1], avec une durée de la pénétration de 7 minutes et 18 secondes [2]. Comme il faut, en général, au moins 20 minutes de stimulations sexuelles pour qu'une femme prenne du plaisir, on comprend que les Françaises soient seulement 50 % à déclarer n'avoir jamais simulé l'orgasme [3]. Toutefois, certaines femmes ne raffolent pas des préliminaires et préfèrent que leur amant les prenne rapidement. Dans ce cas, le coït sera plus long mais devra

1. *« Sexual Wellbeing global Survey »*, *op.cit.* (http://www.durexworld.com/fr-BE/SexualWellbeingSurvey/).

2. Enquête menée sur 1 500 couples en 2005. Information relayée par Relax news/Santé-Médecine.net.

(http://sante-medecine.commentcamarche.net/actualites/la-duree-ideale-d-un-rapport-sexuel-se-situerait-entre-3-et-13-minutes-105338-actualite.php3).

3. Sondage réalisé par le site Wikine.fr (http://www.wikine.fr/sondage-50-des-femmes-ont-deja-simule-lorgasme_212.html).

commencer plus doucement pour laisser le temps au vagin de s'humidifier et de s'adapter aux dimensions du pénis.

Phase n° 4 : L'homme s'occupera à son tour de sa compagne, en s'intéressant cette fois à ses zones érogènes primaires (vulve, seins, anus). Comme on l'a vu, une multitude de possibilités existent pour la faire jouir pendant les préliminaires [1]. Du reste, une femme apprécie un amant sensuel, attentionné et imaginatif, s'adaptant à ses désirs, orientant en fonction d'eux les jeux amoureux. Messieurs, sachez donc jouer du regard comme des mains, sans le focaliser sur la zone que vous caressez. Un bon amant saura se servir de ses doigts, de sa langue, voire d'un *sex-toy* pour combler sa partenaire. Il prendra surtout soin de continuer à caresser sa partenaire jusqu'à ce qu'elle-même lui demande d'arrêter, même s'il croit savoir qu'elle a déjà joui sous ses caresses.

À savoir : il n'est pas question de bâcler les caresses sous prétexte d'être pressé d'aller plus loin. Car il n'y a rien de mieux pour préparer agréablement une femme à la pénétration que de la faire jouir durant les préliminaires. De plus, l'orgasme clitoridien a pour effet de mieux lubrifier la muqueuse vaginale tout en rétrécissant l'orifice d'entrée. D'où le fait qu'une femme accède plus facilement à l'orgasme vaginal après le clitoridien.

Phase n° 5 : messieurs, le plus sage, une fois ces phases franchies, est de pénétrer votre compagne dans la position qu'elle aura naturellement prise. Il sera temps, ensuite, d'en changer et de réviser tout le *Kâma-Sûtra*. Une fois le rapport sexuel achevé, l'homme n'oubliera pas non plus des câlins et madame de lui faire part de sa satisfaction, l'un devenant

1. Voir « Les cinq orgasmes de la femme ».

aussi fier que l'une s'avoue comblée. Si, toutefois, cela ne fut pas le cas, elle pourra inciter son amant à la caresser jusqu'à ce qu'elle le rejoigne dans le plaisir, tant il n'y a rien de plus frustrant que de voir son amant s'interrompre alors que la femme s'apprêtait à jouir.

À savoir : la pénétration ne doit pas constituer un objectif absolu. Il est tout à fait possible de se faire jouir l'un l'autre par des caresses et de s'en contenter. De même, ne cherchez pas à avoir à tout prix un orgasme simultané. Il est beaucoup plus facile – et tout aussi satisfaisant – que l'homme accélère ensuite pour rejoindre sa compagne au septième ciel.

Savoir prendre des raccourcis selon l'état d'excitation de chacun

En règle générale, l'acte sexuel se compose de trois étapes. Les préliminaires, séparés en sollicitation des zones érogènes secondaires (câlins et effleurements de la phase n° 1) et des zones érogènes primaires (caresses des phases n° 2, 3 et 4), suivis du coït proprement dit. En gros, on peut découper le temps total du rapport amoureux en : 10-20 % de câlins, 40-50 % de caresses sexuelles, 30-40 % de coït. Ce qui donnerait, sur un rapport de une heure, environ 10 minutes de câlins, 30 minutes de caresses mutuelles puis 20 minutes de coït. Mais il convient à chacun de trouver la durée qui lui convient. Il est même parfois utile de prendre quelques raccourcis :

– Si les deux amants étaient déjà nus, comme parfois le matin au réveil, on commencera évidemment par la phase n° 1. On ne se lève pas pour s'habiller et avoir le plaisir de se laisser déshabiller par des mains expertes. Inutile d'abuser des bonnes choses !

– Si monsieur souffre d'éjaculation précoce, et se trouve dans l'état de la phase n° 3, mieux vaudra passer directement de la phase n° 1 à la n° 4. S'il est jeune et vigoureux, sa compagne pourra aussi le faire jouir une première fois lors de la phase n° 3, histoire de diminuer son excitation d'un cran. Toutefois, sachez mesdames qu'il est difficile pour un homme de caresser une femme dans les minutes suivant son éjaculation, car son envie sexuelle ayant baissée d'un coup, le corps de la femme peut lui paraître « sans intérêt ».

– Si l'homme a une bonne érection après la phase n° 1, il n'est pas nécessaire de succomber aux phases n° 2 et n° 3. De même, la femme peut se masturber ou laisser son amant lui prodiguer cette jouissive caresse, en même temps qu'elle s'occupe de lui jusqu'à l'orgasme pendant la phase n° 2. Si la situation est très excitante – par exemple, assis côte à côte dans un lieu public à l'abri des regards (une couverture posée sur les genoux en train ou en avion, au cinéma la lumière éteinte, dans sa voiture stationnée dans un petit chemin...) – et que l'on ne peut aller jusqu'à la pénétration, les amants en resteront là, quitte à reprendre à la phase n° 4 ou n° 5 plus tard,

– Si les deux partenaires étaient déjà excités avant de se retrouver dans l'intimité, il est préférable d'aller directement aux choses sérieuses, voire de supprimer les quatre premières phases. Il peut être particulièrement jouissif de faire l'amour tout habillé et très rapidement, par exemple dans l'ombre d'une porte cochère, un ascenseur bloqué, un escalier, la banquette arrière de sa voiture, etc.

Une fois la pénétration commencée, ça se passe comment ?

Vous êtes dans le bon rythme mais la crampe vous guette ? Avant de tenter une nouvelle position, assurez-vous toujours que votre partenaire désire vraiment en changer. Gare à ne pas essayer des acrobaties alors que l'autre s'apprête à jouir. Il ne faut pas non plus multiplier les positions à l'extrême : vous n'êtes pas dans un concours de gymnastique. À *contrario*, sachez ne pas être trop mécanique et faites varier les différents paramètres de la pénétration :

– **Le rythme :** aux lents mouvements majestueux et voluptueux du début, peuvent succéder des mouvements rapides, si jouissifs à l'instant de monter conjointement au septième ciel. Le bassin de l'homme peut venir claquer sur le pubis de la femme, faisant vibrer son clitoris, ou sur ses fesses, comme s'il lui mettait une fessée non de la main, mais de tout son corps ;

– **La profondeur :** parfois le gland laisse l'orifice se refermer sur lui en ressortant et épouser sa forme comme le feraient les lèvres d'une bouche. Lors d'une pénétration très peu profonde, le gland masse alors le clitoris, l'entrée du vagin, ainsi que les corps internes du clitoris qui descendent de chaque côté du conduit vaginal. Parfois aussi, la verge taquine le point G à quelques centimètres de l'orifice vaginal. Parfois, enfin, le sexe gonflé de l'amant vient buter au fond. *« Le mieux est d'alterner les caresses superficielles et les caresses profondes,* conseille dans ces situations le sexologue Gérard Leleu [1]. *Le bon rythme étant une pénétration profonde pour 3, 5 ou 9 pénétrations superficielles, ce dernier étant le préféré. »*

– **L'angle :** de face, selon l'angle formé entre le buste de la femme et celui de l'homme, la verge appuie plus ou moins sur la partie supérieure (côté ventre) de la gaine vaginale, taquinant le point G à chaque passage si l'angle est très ouvert entre les deux amants. En intromission arrière (dite levrette), la verge peut s'enfoncer dans l'axe du vagin afin d'offrir une pénétration profonde ou masser le rectum à travers la fine paroi qui sépare le conduit vaginal de l'anal ;

---

1. Dr Gérard Leleu, *Le Traité des caresses*, Flammarion, 1998.

– **Le mouvement de pénétration :** il est possible, en déplaçant légèrement le bassin, de solliciter différentes zones de la gaine vaginale, en haut, en bas, sur les côtés. Et ce au cours d'un même mouvement, en ne bougeant pas uniquement dans l'axe. L'amant peut aussi décrire des petits cercles avec son bassin comme s'il tournait une manivelle. Au lieu de faire un mouvement de tout son bassin d'avant en arrière, il peut encore le faire basculer selon un axe longitudinal, avançant puis reculant ses fesses sans que son torse ne bouge.

Adoptez des positions qui conviennent à vos morphologies respectives, à vos capacités et à votre forme. En amour, comme ailleurs, le mieux est souvent l'ennemi du bien. Le but doit être de donner du plaisir à la femme dans chacune des positions adoptées. De fait, si l'une d'elles ne satisfait pas l'un des partenaires, il faut le faire savoir à l'autre au plus vite en restant positif. Mieux vaut éviter les phrases assassines du genre *« Tu me fais mal ! »* ou *« Je ne sens rien comme ça »* et les remplacer par *« Prends moi plutôt ainsi, j'adore ! »* ou *« J'aimerais bien finir dans cette position »*. Lors du coït proprement dit, sachez vous octroyer des pauses bisous avant de repartir de plus belle. Il est très satisfaisant, si on est dans une position confortable, de ne plus faire de va-et-vient – ou seulement des tout petits – et de prendre le temps d'un câlin sensuel, lovés l'un contre l'autre. Enfin, sachez surprendre votre partenaire et n'hésitez jamais à oser certaines initiatives.

À savoir : si l'homme doit contrôler la montée de son excitation et arrêter la venue de son plaisir, la femme doit souvent apprendre à se libérer de ses appréhensions et à se laisser envahir sans honte par le plaisir. Or selon l'éducation reçue et le modèle inculqué par ses parents, ce n'est pas toujours aisé. Un climat de confiance et de complicité entre

> les deux partenaires s'avère primordial pour permettre à la femme de s'épanouir sexuellement. Son plaisir est un subtil mélange entre don et abandon. Un bon amant saura de son côté déterminer quand sa partenaire n'a pas – ou plus – envie de faire l'amour. On parle souvent de la période réfractaire d'un homme après l'éjaculation, mais beaucoup de femmes ont besoin d'un certain temps avant que leur désir revienne à un niveau optimal. Ce temps peut être de une heure, de un ou deux jours, une semaine, voire un mois chez certaines.

Dans les moments intenses, certain(e)s aiment lancer des mots crus, quand d'autres préfèrent des mots d'amour. On peut tester les deux pour savoir, mais il convient de toujours respecter son/sa partenaire et d'y aller *crescendo*. C'est à chacun(e) d'apprendre à connaître les préférences de l'autre par le dialogue et l'expérience de la vie à deux. D'autre part, certains plaisirs sont liés à la surprise de leur découverte. Assurez-vous que votre partenaire sera dans le même état d'excitation et de disponibilité avant de lui re-proposer des plaisirs particuliers, sinon gare aux désillusions !

Et après l'amour, on fait quoi ? Si on est au lit, comblés et qu'il est tard, on peut s'endormir dans les bras l'un de l'autre. Évitez à tout prix de vous lever ou de faire autre chose au lit, comme fumer ou lire, votre partenaire pouvant se vexer de vous voir vous occuper aussi précipitamment d'autre chose que de lui/elle. Libre aussi à l'un des deux de réveiller l'autre dans la nuit, si une envie le reprend. Si on a fait l'amour dans la journée, le plus sympa ensuite est de prendre une douche ensemble. La femme, qui a un odorat plus fin que l'homme, ne supporte généralement pas les odeurs de la transpiration sur son corps après l'acte amoureux. Il est donc vivement recommandé qu'elle invite son amant à se doucher avec elle afin de prolonger l'intimité et, pourquoi pas, se livrer à d'autres caresses.

Des solutions existent pour tous les problèmes rencontrés lors du coït

Pour tordre le cou à certains préjugés, voici une liste des « problèmes » qui ne doivent pas éloigner le couple du plaisir sexuel, et les solutions adaptables à tous :

– Il a un pénis trop gros/Je suis trop étroite

Le vagin, lors de l'accouchement, peut se dilater jusqu'à 12 cm de diamètre ! Comme aucun pénis ne fait cette taille, si on agit doucement, avec beaucoup de lubrifiant et de précaution, il n'y a aucune raison que la pénétration vaginale soit impossible. Au besoin, on peut commencer par l'introduction de plusieurs doigts destinés à masser la muqueuse vaginale vers le bas afin de relâcher les muscles périnéens. Il est aussi possible d'utiliser des godemichés de tailles croissantes, voire un gode gonflable que l'on laissera quelque temps dans le vagin pour que la femme s'habitue au diamètre.

– Il a un pénis trop fin/Mon vagin est relâché

Si le pénis « nage », il est possible de resserrer l'orifice.

1/ L'orgasme clitoridien est toujours accompagné de contractions des muscles internes du vagin, ce qui a pour effet d'en réduire momentanément le diamètre. L'amant aura donc intérêt à ce que sa partenaire obtienne un orgasme grâce au clitoris avant de passer au coït. Il ne devra pas, en revanche, laisser l'excitation de sa compagne redescendre et la pénétrera dans les secondes suivant son orgasme clitoridien afin de profiter du resserrement ;

2/ La femme peut resserrer son vagin en adoptant les exercices de Kegel[1]. Elle peut aussi refermer ses jambes, une fois pénétrée dans la position du missionnaire (la

1. Voir « Faite durer et amplifier votre plaisir », en annexe.

femme sur le dos, l'homme allongé sur elle). Si elle chevauche son amant, ce dernier peut prendre ses fesses à pleines mains et les resserrer ;

3/ On peut encore introduire un *plug* – ce godemiché a une forme en losange et une base élargie – dans l'anus de la femme et l'y laisser durant le coït vaginal. Le pénis sera alors fortement pressé par ce *sex-toy* que l'homme ressentira à travers la cloison séparant les deux orifices.

– Il a un pénis trop petit/Je ne me sens pas assez remplie

Mesurant à peine 9 cm de profondeur au repos, le vagin peut s'allonger jusqu'à une vingtaine de centimètres au plus fort de l'excitation en s'adaptant à la taille du sexe masculin. Cependant, en stimulant le point G de la femme, un sexe de 6 cm suffit à la faire jouir[1]. Si la femme désire vraiment sentir le pénis cogner au fond de son vagin (cul-de-sac), sachez qu'il existe des prolongateurs vendus en sex-shop aidant à gagner jusqu'à 4 cm de long. Certaines positions permettent par ailleurs une pénétration plus complète et donc profonde, particulièrement celles où les cuisses de la femme forment un angle de 90 degrés avec son ventre : levrette (la femme à quatre pattes et l'homme derrière), chandelle (la femme sur le dos, ses jambes sur les épaules de l'homme), Andromaque (l'homme allongé sur le dos et la femme le chevauchant à genoux), etc. La femme peut aussi pousser pendant la pénétration de façon à rapprocher son col de l'utérus de l'orifice vaginal.

– Il a un pénis trop long/Ça me fait mal au fond

Le *Kâma-Sûtra* classe les hommes et les femmes en fonction des dimensions de leur sexe. L'homme, selon la grandeur de son pénis (lingam), est lièvre, taureau ou cheval.

1. Voir « Les cinq orgasmes de la femme ».

La femme, suivant la profondeur de son vagin (yoni), est une biche, une jument ou une éléphante. Dans le cas où l'homme est cheval et la femme biche, il est nécessaire de prendre certaines précautions pour que le pénis ne vienne pas blesser le fond du vagin. On peut soit utiliser des positions avec introduction par l'arrière, comme la femme allongée sur le ventre et l'homme à genoux au-dessus de son bassin, soit utiliser des anneaux de feutre que l'on prendra soin de glisser autour du pénis dressé de l'homme afin d'en réduire la « longueur utile ». L'homme peut aussi entourer le bas de sa verge de la main durant la pénétration.

– Il éjacule trop vite/Je n'ai pas le temps de jouir pendant le coït

Si l'homme sent qu'il est sur le point de venir, il pourra s'arrêter au fond du vagin (partie moins serrée) et demander à sa partenaire, qui acquiescera sans poser de question, de ne plus bouger. Le mieux, à ce moment-là, est de penser à quelque chose de calme (exemple : un lac de montagne) ou de « pas bandant » pour faire redescendre l'excitation. Avec de l'expérience, l'homme peut apprendre à utiliser son périnée afin de bloquer la montée de son propre plaisir avant le point de non-retour et diminuer le temps nécessaire à la reprise des va-et-vient[1].

Il existe aussi des méthodes mécaniques empêchant un homme de jouir trop vite, comme le « squeeze » qui consiste à interrompre la pénétration pour serrer fermement la base du gland entre les doigts, ce qui a pour effet de le faire légèrement « débander » et donc, *de facto*, de diminuer son excitation. On peut aussi utiliser un anneau de type « œil de biche », placé sous la couronne du gland dont l'autre atout est d'assurer une meilleure stimulation de la paroi vaginale au cours de la pénétration.

Il est également recommandé que la femme se caresse

1. Voir « Les amants multi-orgasmiques ».

elle-même le clitoris, ou le suggère à son amant, afin d'accélérer la venue de son plaisir au gré de la pénétration. Et puis, monsieur, si vous n'arrivez pas à obtenir l'orgasme tant espéré pendant le coït, n'oubliez pas que les préliminaires marchent aussi après et que vos doigts ou un *sex-toy* peuvent aider à la faire jouir.

À savoir : on parle d'éjaculation précoce quand l'homme n'arrive pas à faire plus de vingt va-et-vient sans éjaculer, soit de « tenir » plus de une minute. Pour ralentir la jouissance masculine, des crèmes anesthésiantes permettent de désensibiliser le gland. Il faut l'en enduire avant d'enfiler un préservatif et veiller à ce que la vulve n'entre pas en contact avec le produit, ce qui irait à l'encontre de l'effet escompté. Certains préservatifs sont aussi à effet retard. Quant à la Paroxétine, un inhibiteur sélectif de la recapture de la sérotonine (hormone du bien-être), elle est parfois utilisée pour diminuer l'excitation et soigner les troubles de l'éjaculation précoce.

– Il a des baisses d'érection/J'ai l'impression qu'il se lasse de moi

Je ne parle pas ici d'une vraie panne, mais d'un fléchissement de l'érection survenant juste avant la pénétration ou au moment de changer de position. Il est important de mettre tout de suite les choses au clair : l'érection n'est pas un phénomène volontaire[1]. Donc, aucun des deux partenaires n'est responsable de la situation. En revanche, un excès de stress ou des doutes – soit sur le désir de la partenaire, soit sur sa capacité à être à la hauteur de ses demandes – sont le plus souvent à l'origine de ce désagrément.

S'il convient d'en parler à tête reposée et de dire clairement ce qui vous pose problème, dans le feu de l'action,

1. Voir « Les secrets de l'érection ».

que faire ? Tout d'abord s'arrêter immédiatement. Il ne sert à rien de s'escrimer à avoir une érection satisfaisante *illico*. Il est au contraire important de vous détendre tous les deux et de dédramatiser la situation. Tous les hommes connaissent cet ennui à un moment de leur vie. Pour bien faire comprendre que monsieur n'est pas responsable de la situation, madame peut s'adresser directement au pénis en berne et ironiser, très gentiment, afin de faire retomber la pression en disant : *« Eh bien, on a un petit coup de pompe. Tu joues un mauvais tour à ton propriétaire, mais qu'il ne s'inquiète pas, je vais bien m'occuper de toi. »* Si le conjoint dépité sourit, sa partenaire l'embrasse goulûment afin de lui faire comprendre combien elle ne lui en veut pas, puis peut pratiquer le même bisou au sexe affaibli, tant une fellation est souvent salvatrice lorsqu'on la mène à son terme pour ne pas risquer un second échec. Si monsieur veut prendre le problème à son compte, notamment parce qu'il se sent suffisamment en confiance pour ne pas culpabiliser ou paraître ridicule, il existe pour lui une solution simple : s'allonger sur le dos et demander à sa partenaire de venir l'embrasser et caresser, sans descendre sous la ceinture. Au moment où il jugera que son excitation remonte, il pourra se masturber sans que madame ne cesse ses caresses. De sa main libre, il prendra soin de bloquer sa veine profonde, en appuyant avec le pouce au bas de la verge côté ventre. Le sang affluera dans le pénis sans pouvoir en ressortir. Tout en tenant son sexe, pouce toujours en pression, il demandera à sa compagne de le chevaucher. Ensuite, pour éviter la « débandade », il ne faut plus arrêter les va-et-vient. Généralement, la sensation voluptueuse du coulissement permet de maintenir l'érection.

Sachez enfin que la baisse d'érection pendant le rapport peut aussi naître d'un manque d'arginine dans le corps, qui entraîne une déficience en oxyde nitrique[1].

---

1. Voir « Les secrets de l'érection ».

> **À savoir** : un homme qui connaît des problèmes d'érection pour des raisons psychologiques, a souvent tendance à dramatiser la chose et peut en éprouver de la honte. Ne voulant plus être confronté à un nouvel échec, il préférera généralement espacer les rapports sexuels. C'est là qu'il convient de faire preuve de patience et d'amour pour lui faire reprendre confiance et l'empêcher de subir un stress qui empirerait les choses [1].

– Il a du mal à venir/Un rapport trop long m'irrite

Prenez garde à ne pas faire durer le coït à l'excès. Et ce pour trois raisons :

1/ Toutes les femmes ne sont pas multi-orgasmiques, loin de là. Environ une sur huit peut obtenir plusieurs orgasmes de suite lors d'un même coït. Aussi certaines apprécieront modérément que vous persévériez alors qu'elles ont déjà joui ou qu'elles sentent que ça ne viendra pas. Monsieur, si vous parvenez à lui procurer un orgasme dans les préliminaires et un autre durant la pénétration, vous la satisferez dans 99 % des cas ;

2/ Passé les 30 minutes de va-et-vient, la muqueuse vaginale, même humide, s'irrite. Mieux vaut s'aménager des pauses ou utiliser du lubrifiant ;

3/ Si l'homme peut se retenir et bloquer la montée de son plaisir à plusieurs reprises, à chaque fois il désensibilise en partie sa verge. À trop vouloir se retenir, il risque de ne plus parvenir à jouir. C'est l'anorgasmie.

– Il ne peut faire l'amour beaucoup de fois/Je ne jouis pas assez à mon goût

Il arrive qu'une femme ait besoin de coïts successifs pour se sentir satisfaite, voire l'exige de son amant. En premier lieu, il est préférable de remplacer dans la phrase précédente le mot « coïts » par « orgasmes », terme évitant à l'homme

1. Voir « Ne pas renoncer trop tôt au coït ».

d'y laisser sa santé. Un bon amant fera toujours mieux d'apprendre à faire jouir sa partenaire plusieurs fois par un long rapport, entrecoupé de courtes pauses pour souffler ou changer de position, que de lui proposer de faire l'amour plusieurs fois de suite[1]. Si, toutefois, vous y tenez, mieux vaut que ce soit à l'homme de le proposer, même s'il a besoin de l'aide de sa compagne pour obtenir une érection satisfaisante. C'est aussi à lui de renoncer s'il ne parvient pas à « rebander ». L'homme peut aussi éviter de jouir à chaque fois, histoire d'éviter la période réfractaire qui suit chaque éjaculation. Il lui est possible encore de profiter de ses érections nocturnes et matinales, quasi automatiques, pour satisfaire sa partenaire. Faire trois fois l'amour, sans stress, au cours d'une nuit – au coucher, durant la nuit et au réveil – pourquoi pas !

Certaines femmes peuvent aussi souffrir de nymphomanie et connaître un désir aussi exagéré qu'insatiable. Tout comme une femme doit apprendre à se laisser aller pour accéder au plaisir, se mettre pour elle en condition de l'apprécier pleinement n'a rien d'incongru, une personne très demandeuse se montrant souvent insatisfaite de la qualité des rapports sexuels qu'on lui offre. Au-delà de la performance de son amant et de sa capacité à la faire jouir, la relaxation lui permettra d'apaiser son corps, son esprit et, par là même, de calmer sa libido.

– Il veut toujours faire l'amour plusieurs fois/Je suis comblée après mon premier orgasme

Des hommes hypersexuels ont besoin de faire souvent l'amour et d'avoir cinq éjaculations ou plus de suite avant de se sentir satisfaits. Pourquoi ? On s'est rendu compte que la quantité de prolactine générée pendant l'orgasme qui crée la sensation de satiété sexuelle est liée à sa puissance. Il est à noter en outre que son taux est jusqu'à quatre fois

1. Voir « Les amants multi-orgasmiques ».

plus élevé après un coït qu'après une masturbation. Idem pour l'ocytocine, hormone de l'attachement nécessaire à l'établissement d'un relationnel satisfaisant deux amants qui se font l'amour. En conclusion, une personne qui ne réclame pas du sexe plusieurs fois de suite n'a pas forcément une libido en berne, mais éprouve un plaisir sexuel idéal dans un nombre plus réduit de rapports. L'amant genre lapin surexcité ne vit dès lors que des orgasmes de piètre qualité. Pour lui permettre d'obtenir satisfaction plus rapidement, on peut évidemment le faire jouir pendant les préliminaires, mais aussi lui faire connaître des orgasmes plus forts. Le zinc est souvent conseillé pour améliorer le fonctionnement de la prostate et augmenter ses contractions pendant l'orgasme. Orgasme plus intense = plus de prolactine produite = période réfractaire allongée. CQFD.

16

Éveiller son corps à de nouveaux plaisirs

La majorité des gens exploite trop peu le potentiel de plaisir de leur propre corps. Souvent par méconnaissance plus que par tabou. Or, au long des multiples moments de plaisir rencontrés avec mon épouse et des témoignages recueillis, j'en suis arrivé à répertorier cinq types d'orgasmes chez la femme et quatre chez l'homme. Je ne parle pas ici des nombreuses façons de caresser ou pénétrer, mais des différentes parties du corps susceptibles d'amener à un orgasme (avec éjaculation pour l'homme) sans stimuler simultanément un autre endroit.

> **À savoir** : certaines pratiques sexuelles demandent un certain investissement et peuvent rebuter les moins expérimentés. Soyez toujours honnête et respectueux de votre partenaire ; ne vous enfermez pas dans un rôle qui ne vous conviendrait pas ou que vous ne seriez pas prêt à assumer. Chacune de ces pratiques doit vous satisfaire, au moins intellectuellement.

Les cinq orgasmes de la femme

1/ Le clitoris : c'est la plus sensible des zones érogènes de la femme, et celle qui permet le plus facilement d'atteindre l'orgasme. 95 % des femmes[1] en jouissent lorsqu'elles se masturbent. Malheureusement, à l'heure actuelle, il y a encore des hommes qui en ignorent l'emplacement exact. Pour les retardataires, cet organe féminin, dont la seule fonction est le plaisir, se situe à la jonction des petites lèvres en haut de la vulve, partie visible du sexe féminin. Le gland du clitoris, qui fait moins d'un centimètre, en est la partie externe protégée par une sorte de prépuce appelé capuchon. La tige du clitoris s'étend intérieurement sous le gland de part et d'autre du vagin sur une dizaine de centimètres.

Le clitoris est l'équivalent de la verge et se compose, comme elle, de corps caverneux et spongieux. Il comprend de 8 000 à 10 000 capteurs sensoriels[2], soit bien plus que la langue ou toute autre partie du corps, alors que le gland de l'homme en compte juste 3 000 ou 4 000. C'est dès lors l'endroit du corps féminin à traiter avec le plus de délicatesse. De fait, la majorité des femmes n'aiment pas qu'on triture leur clitoris. Mieux vaut prendre son temps et utiliser la langue, le temps d'un délicieux cunnilingus, plutôt que les doigts pour offrir un contact tout en douceur. En s'intéressant à cet organe, l'homme, habitué à utiliser des mouvements amples et rapides sur sa verge, va découvrir un monde de sensations subtiles où, parfois, bouger d'un millimètre à gauche ou à droite, changer le rythme d'une caresse, rompt instantanément le charme. La vision ne lui étant d'aucun secours, il doit développer son sens tactile et

1. *Nouveau rapport Kinsey*, *op.cit.*
2. *Le Clitoris, ce cher inconnu*, documentaire de Michele Dominici, Stephen Firmin.

ressentir tous les reliefs de cet organe minuscule mais riche de reliefs secrets.

Il est important aussi qu'une femme sache se donner du plaisir par la masturbation (90 % des hommes et 60 % des femmes l'ont déjà pratiquée au moins une fois [1]), afin d'enseigner à son amant les caresses la conduisant à l'extase. Elle doit indiquer à travers ses gémissements, ses mots (*« continue », « je préférais juste avant », « oui, comme ça », « je sens le plaisir monter en moi »*, etc.), les mouvements de son bassin, et, pourquoi pas, sa main servant de guide, quel type de sollicitation elle préfère.

La grande difficulté dans la caresse du clitoris tient à la grande variabilité des points exquis, du rythme, de la pression, du type de mouvements qu'il faut utiliser pour donner à une femme le plaisir attendu. Chaque partenaire est, à ce point de vue, unique. On peut, par exemple, commencer par jouer avec le capuchon du clitoris que l'on fera glisser dessus pour un contact indirect. Ensuite, on cherchera de la pulpe d'un doigt ou du bout de la langue chacun des points exquis qui peuvent être situés sur le dessus du gland, comme sur un côté, situés sous le clitoris ou entre ce dernier et le méat urinaire, et la meilleure façon de caresser chacun d'eux. Comme généralement, la femme utilise une façon particulière de caresser son point exquis favori au moment d'atteindre l'orgasme, elle ne doit pas avoir peur de parler librement des caresses qu'elle préfère et inciter son partenaire à les lui prodiguer de la meilleure façon qui soit. Son amant devra, de son côté, varier les approches, caresser ses différentes zones sensibles, sans oublier la caresse la mieux adaptée à ce point exquis, qui, le moment venu, la fera jouir.

Une fois le clitoris gorgé de désir, il pourra passer à des

1. Contexte de la sexualité en France, INSERM, 2006. (http://www.inserm.fr/fr/questionsdesante/dossiers/sante_environnement/att00004956/sexualite_130307.pdf)

caresses plus directes, le lécher, le sucer, le téter, voire le mordiller avec précaution ou utiliser un vibromasseur. Quand elle sera sur le point de jouir, il ne faudra surtout pas changer de méthode, au risque de ne plus retrouver la divine caresse en train de la conduire au septième ciel.

À savoir : en général, les hommes offrent plus volontiers des caresses buccales à leur femme que l'inverse. C'est vrai pour deux raisons : 1/ Peu de femmes aiment le goût du sperme (si 40 % des femmes y ont déjà goûté, seul 8 % déclarent avoir apprécié) ; 2/ Après un cunnilingus, une femme peut jouir de la pénétration, alors qu'après une fellation complète, elle doit attendre une nouvelle érection de son amant.

Comme cent façons existent de caresser le clitoris, il serait prétentieux d'en dresser ici la liste exhaustive. Toutefois, en voici quelques-unes sortant un peu de l'ordinaire.

– Certaines femmes ont l'habitude de se caresser le clitoris et le méat urinaire en même temps. Ça peut être très jouissif, car l'urètre qui débouche sur l'extérieur du corps par le méat, est entouré, sur trois côtés, par la partie interne du clitoris. On peut imaginer titiller le clitoris avec sa lèvre supérieure, ou la pulpe du pouce, tout en dardant le bout de sa langue sur et dans le méat urinaire.

– L'homme peut s'asseoir au bord du lit et caresser son amante allongée sur le dos, en introduisant un ou plusieurs doigts dans son vagin, tout en lui massant le clitoris du pouce. Par un petit mouvement de va-et-vient associé à un mouvement tournant de son pouce, il lui fera découvrir un double plaisir. Autre option, se glisser sous une des jambes de son amante et poser sa tête sur son autre cuisse. Il pourra alors introduire son pouce lubrifié dans le vagin ou l'anus, tout en passant sa langue de l'orifice vaginal au clitoris.

– Au fur et à mesure de l'excitation, le clitoris gagne en volume et peut être sollicité à travers la paroi vaginale. L'homme, à genoux entre les cuisses de sa partenaire toujours allongée sur le dos, peut introduire peu profondément deux doigts dans le vagin de la femme, paume vers le haut, et les faire bouger alternativement comme s'il souhaitait grattouiller le bord supérieur du vagin. De sa langue, il titillera alternativement le clitoris ou le méat, tout en introduisant le pouce lubrifié de son autre main, qu'il aura fait glisser sous les fesses de la femme, paume vers le haut également, dans son anus afin de lui offrir une triple caresse.

À savoir : à l'approche de l'orgasme, le clitoris ayant tendance à se rétracter, l'homme ne doit cesser ses caresses que lorsque la femme lui en fait la demande. Il ne sert à rien de continuer à caresser cet organe après l'orgasme. Si l'on veut poursuivre, on peut passer aux lèvres ou au point G, histoire d'attendre que le clitoris soit regonflé par l'excitation et revenu à une sensibilité normale. Si la femme désire qu'on le lui caresse de nouveau pendant le coït, elle pourra le faire elle-même pour inciter son amant, le lui demander ou carrément lui poser la main dessus. Une femme qui assume son plaisir plaît toujours !

Le clitoris joue aussi un rôle durant le coït. La position du missionnaire, lui allongé sur elle, permet au pubis de l'homme de venir appuyer sur le haut de la vulve et de caresser le bouton d'amour à chaque mouvement de va-et-vient. Il est souhaitable que la femme referme ses jambes une fois le pénis en elle, tant dans cette position la partie interne du clitoris est mieux stimulée. De fait, un tiers des femmes déclarent avoir un meilleur plaisir jambes serrées.

D'autre part, la moitié des femmes qui se disent vaginales avouent apprécier qu'on caresse leur clitoris au cours de la pénétration pour parvenir à l'orgasme. Enfin, il est tout à fait concevable de combiner caresse externe du clitoris et interne par une pénétration peu profonde avec une inclinaison de la verge importante par rapport au corps de l'homme. Ainsi, à chaque va-et-vient, le pénis sort en partie du vagin pour caresser le clitoris via sa hampe. Comme quoi, il n'y a pas besoin d'être très membré pour procurer du plaisir à sa compagne...

2/Le point G : la majorité des femmes peuvent en jouir (16 % n'en auraient toutefois pas), mais il faut se donner le temps de le découvrir et apprendre à le caresser correctement.

Reste une question : de quoi s'agit-il ? Le docteur Ernst Gräfenberg a identifié en 1950 une petite zone de tissu érectile située sur la face antérieure du vagin, entre l'os du pubis et le col de l'utérus. Après l'orgasme, cette zone serait fortement gonflée. Pour notre cher médecin explorateur, il s'agirait d'une membrane, appelée « éponge », située en profondeur entre la paroi vaginale et l'urètre. La notion de point G ne devint cependant populaire qu'en 1981, avec la publication aux États-Unis de *The G-Spot and Other Discoveries about Human Sexuality*, d'Alice Ladas, Beverly Whipple et John Perry.

Pour trouver son point G, le plus simple est de s'allonger sur le dos et de demander au partenaire d'introduire un doigt dans le vagin, paume de la main vers le haut. Dès l'entrée, l'homme appuiera fermement du bout de son doigt recourbé sur la paroi supérieure (celle côté ventre) du vagin et l'enfoncera doucement en usant de petits mouvements de rotation. Au début, il va sentir que, derrière la paroi vaginale, c'est plus dur. En fait, il entre en contact avec les os du bassin, en l'occurrence celui du pubis. Entre quatre et six centimètres de l'entrée (approximativement la longueur de deux phalanges), la peau adopte une texture plus épaisse, un peu rugueuse. Si on caresse juste là, la femme ressent une sensation étrange, généralement associée à une envie d'uriner. C'est le signe que vous touchez au but. Si l'homme bouge son doigt sur cette zone, située entre l'os pubien et le col de l'utérus, tout en continuant à appuyer fermement, la sensation va très vite devenir agréable. La femme doit guider l'homme par la parole afin de trouver ensemble l'emplacement exact de ce point G qui, une fois sollicité, gonfle légèrement et prend la dimension d'une pièce de deux euros.

On lit parfois que le point G se situerait entre un et trois centimètres de l'entrée du vagin. À cet emplacement, il s'agit plutôt de la partie interne du clitoris qui prolonge le gland, partie externe et visible. Comme le précise Andrée Matteau, sexologue : *« La partie extérieure et visible du clitoris, c'est cette petite perle que tout le monde peut identifier. Mais cette structure comporte également des nerfs qui aboutissent à l'intérieur du vagin, comme des pattes qui se rejoignent dans ces éponges que le docteur Gräfenberg a bien vaniteusement appelées le point G. Certaines femmes peuvent effectivement ressentir un grand plaisir de la stimulation de ces éponges qui sont fortement innervées*[1]. »

Comme chaque femme est unique, toutes ne ressentiront pas les mêmes sensations ni n'auront le point G au même emplacement. En outre, ce point est d'autant plus réceptif à la caresse que le vagin est bien vascularisé, donc excité. Dès lors, il convient souvent d'associer cunnilingus et stimulation du point G pour découvrir ce nouveau plaisir. Enfin, ce dernier ne doit pas être stimulé trop tôt dans les préliminaires, sous peine de trouver la sensation plus agaçante qu'agréable. C'est la raison pour laquelle il est préférable de faire jouir la femme par le clitoris en premier ou de le lui caresser en même temps.

Une fois que les amants auront identifié l'emplacement

1. Article « Point G » dans Wikipedia (http://fr.wikipedia.org/wiki/Point_G).

du point G, ils peuvent le stimuler avec le bout de la verge dans certaines positions. Dont celles-ci :

– **Andromaque :** monsieur sur le dos, madame s'agenouille sur lui et varie la profondeur et l'angle de pénétration en se penchant en arrière, jusqu'à poser ses mains derrière elle plutôt que sur le torse de son amant.

– **Levrette allongée :** madame est allongée sur le ventre et lui la pénètre en étant couché sur elle, en appui sur ses bras. En déplaçant son corps le long de son dos tout en restant en elle plutôt qu'en faisant des va-et-vient, il peut frotter le point G du bout de son gland.

– **Chandelle :** madame est sur le dos au bord du lit, jambes écartées et relevées, lui la pénètre en étant à genoux sur le sol de la chambre. Comme dans la position d'Andromaque, il fait varier l'angle de pénétration en remontant ou en se rapprochant de sa partenaire, sans chercher à s'enfoncer beaucoup à chaque va-et-vient. Au besoin, on peut mettre un coussin sous les genoux de monsieur pour trouver la bonne hauteur.

Pour les femmes qui n'éprouvent que peu de plaisir par la stimulation du point G, il est désormais proposé d'injecter dedans de l'acide hyaluronique afin de le gonfler, lui donner plus de tonus et le retendre. Cette injection doit obligatoirement être faite par un médecin qualifié sous peine d'encourir une perforation de l'urètre, avec les conséquences que l'on imagine. La régénération de ce tissu érectile, chez des femmes se plaignant de dysfonction sexuelle féminine (DSF), augmenterait le nombre de leurs orgasmes de près de 50 %, avec une satisfaction de 70 % des patientes [1].

---

1. « Amplification du point G », LEN Médical, Gynécologie Pratique, Février 2005 (http://www.jim.fr/jim2/FMC/gyneco/pointG.htm).

À savoir : dès le XVIIe siècle, de Graaf décrit pour la première fois « *un tissu glandulaire autour de l'urètre qui libère un liquide glaireux et rend la femme plus désirable par son odeur âcre et salée* ». Au XIXe siècle, le gynécologue américain Skene découvre les glandes en question et leur donne son nom. Les sécrétions émises par celles-ci seraient à l'origine de l'éjaculation féminine. Au moment de l'orgasme, ces glandes expulsent un liquide par deux petits orifices situés près du méat urinaire. Environ 10 % des femmes sont susceptibles d'émettre ce liquide lors d'un orgasme du point G particulièrement puissant. Ces femmes, que l'on nomme « fontaines », n'urinent pas, mais « éjaculent » par saccades un liquide incolore et inodore comparable au liquide préspermatique de l'homme. Les scientifiques pensent que le point G serait un ersatz féminin de la prostate.

3/le fond du vagin/col de l'utérus : ce type d'orgasme est apprécié par celles qui aiment quand le sexe de l'homme va jusqu'au fond de leur vagin, comme cela se produit lors de pénétrations profondes, soit en levrette ou allongées jambes relevées, soit avec un amant bien membré. Le frottement de la verge sur le col de l'utérus déclenche le plaisir.

Le col de l'utérus se présente au toucher comme une poire tête en bas dont on aurait enlevé la queue. On nomme parfois son pourtour la zone U. Certaines femmes adorent que l'on caresse cette zone, ou qu'on entre le bout d'un doigt ou un fin godemiché dans l'utérus normalement fermé par un bouchon de sécrétions.

À savoir : le vagin se détend et s'étire au gré de l'excitation. Selon la société Andromédical, la longueur moyenne d'un pénis en érection serait de 9,6 cm chez les Coréens, 12,4 cm chez les Brésiliens, 12,9 chez les Américains, 13 chez les Japonais, 13,9 cm chez les Allemands, 14 cm chez les Français et 14,2 cm chez les Belges. En France, la longueur moyenne du pénis en érection est de 14 cm de long[1] et 12,8 cm de circonférence[2]. En deçà de 7 cm en érection, on parle de micropénis (3 % des hommes). Au-delà de 20 cm, on peut parler de mégapénis. L'un comme l'autre se révèlent tout aussi handicapants. Car, contrairement à un fantasme masculin répandu (50 % des Français estiment que leur virilité est proportionnelle à la taille de leur pénis et 53 % d'entre eux rêveraient d'avoir un sexe plus grand[3]), il est plutôt désagréable pour une femme de recevoir un sexe surdimensionné. Messieurs, si mesurer la longueur de votre verge en érection vous interpelle, voici la méthode généralement utilisée : en position debout, posez une règle graduée sur le dessus du pénis en érection, en prenant soin de caler le bout de la règle contre l'os pubien. N'oubliez pas que le zéro de la règle ne se trouve généralement pas au bord de celle-ci, donc qu'il faudra rajouter à la longueur obtenue l'espace entre le bord et la graduation du zéro. Après tous ces savants calculs, vous obtiendrez la longueur réelle de votre pénis fièrement dressé ! Ouf ! Alors rassuré ?

4/ L'anus/rectum : oui, l'orgasme anal existe ! Plus d'un tiers des couples hétérosexuels s'y sont déjà essayés. D'ailleurs, cette pratique progresse si on en croit le sondage de l'INSERM sur la sexualité des Français : 37 % des femmes déclaraient avoir déjà pratiqué la sodomie au moins une fois dans leur vie contre 45 % des hommes en 2006, alors qu'ils étaient respectivement 24 % et 30 % en 1992. Très peu de femmes l'apprécient cependant vraiment (moins de 5 %) et la plupart préfèrent se caresser en même temps le clitoris pour jouir. Pourtant, certaines parviennent

1. http://www.courrierinternational.com/article.asp ?obj_id=36972.
2. Dr Ronald Virag, *Le Sexe de l'homme*, Albin Michel, 1997.
3. « Le complexe type des hommes ! » (http://psychologie.aujourdhui.com/rencontres-amour/homme-ideal/taille-penis.asp).

à jouir uniquement de la pénétration anale sans autre forme de caresse. Cela dépend évidemment beaucoup de l'excitation et de sa propre expérience !

La sodomie doit être envisagée avec douceur, lubrification, sans contrainte et dans la totale complicité des deux partenaires. Beaucoup de femmes, qui se sentent agressées par la requête de leur conjoint, se demandent si cela n'exprime pas une homosexualité refoulée. Il n'en est rien. Derrière cette envie, se cache l'attrait d'expériences nouvelles. Pour cette raison, la sodomie doit rester une pratique peu fréquente, histoire de lui garder tout son pouvoir fantasmatique. D'ailleurs, dans les faits, la sodomie demeure une pratique plus occasionnelle que régulière. Entre 25 et 49 ans, 12 % des femmes disent la pratiquer souvent ou parfois[1]. En la banalisant, la stimulation faiblit et l'homme peut être tenté de rechercher des sensations de plus en plus fortes et finir par blesser sa partenaire. En général, on conseille donc de ne pas la pratiquer plus d'une fois par semaine, notamment pour éviter un relâchement des sphincters anaux et permettre la cicatrisation complète des microplaies susceptibles de s'ouvrir dans le rectum.

À savoir : parmi les 9 % de femmes[2] qui reconnaissent pratiquer régulièrement la sodomie, 53 % affirment « ne pas apprécier ». Voilà une bonne raison, messieurs, d'être patients et doux dans vos approches. Rappelons en outre que la muqueuse anale n'est pas naturellement lubrifiée. Il vaut donc mieux utiliser de la vaseline, ou un lubrifiant à base d'eau si on met un préservatif, voire une crème grasse comme Hemoclar® qui contient du calendula, plante aux propriétés antiseptiques, désinfectantes, cicatrisantes et hémostatiques. On peut aussi recourir à un préservatif

1. « Contexte de la sexualité en France », *op.cit.*
2. Sondage paru dans le magazine *Biba*, *op.cit.*

lubrifié, voire s'aider de salive ou de cyprine pour faciliter cette pénétration.

Si on établit une chronologie – très subjective je l'admets – des orgasmes qu'une femme peut avoir à l'occasion d'un rapport amoureux, l'anal devra arriver en tout dernier. Rarement systématique – certaines femmes ne le connaîtront jamais –, il survient souvent par surprise, sans que l'on sache vraiment quel rythme ou profondeur de pénétration l'a déclenché. C'est avec l'expérience que l'on apprend à mieux en déterminer la cause, donc à être à même de le revivre plus souvent.

Le rectum, qui fait une quinzaine de centimètres de long, est fermé, d'un côté, par un sphincter qui s'ouvre sur le côlon, de l'autre, par deux sphincters successifs, l'un externe (l'anus) et l'autre interne à environ trois centimètres du premier. C'est souvent la sollicitation de ce dernier qui procure la jouissance. Le conduit anal se présente en fait sous la forme d'un grand S, légèrement penché vers la gauche, si on l'imagine le corps en coupe en regardant depuis son côté droit. Si l'on observe le corps de face, le rectum monte verticalement avant de tourner à droite pour se raccorder au côlon. Attention donc de ne pas pénétrer trop profond et de taper au fond du rectum (boucle supérieure du S), car cela serait très dangereux et engendrerait des risques de fissure, voire de perforation. Côté vagin, il existe aussi une zone sensible, appelée parfois point X, sur la paroi postérieure (donc vers le dos, contrairement au point G qui est de l'autre côté, vers le ventre), sollicité par la pénétration anale ou lorsque une femme est prise en levrette.

À savoir : si le rectum n'a pas été prévu pour s'inscrire dans la reproduction de l'espèce, ce dernier est aussi innervé que le vagin, donc très sensible au frottement et à la dilatation. Pour faciliter la pénétration du sexe de l'homme, celui-ci doit détendre l'anus de sa partenaire avec la langue (anilingus) ou un doigt lubrifié. Il pourra ensuite la dilater délicatement avec deux ou trois doigts bien lubrifiés, qu'il fera bouger doucement en elle. Pour le coït anal, la position la plus excitante pour l'homme et confortable pour la femme est la levrette, laquelle possède l'avantage d'aligner anus et rectum, en ouvrant la boucle du bas du S. Au moment de la pénétration de la verge, la femme pourra pousser comme si elle allait à la selle. Une fois le gland entré, il conviendra de marquer un temps d'arrêt pour laisser au deuxième sphincter interne le temps de se dilater. Ensuite, on prendra soin de pénétrer avec précaution de plus en plus profondément à chaque va-et-vient sans aller jusqu'à taper au fond du rectum. Pour faire monter le plaisir de la femme, l'homme pourra proposer à sa partenaire de lui caresser le clitoris. Après un coït anal, le pénis ne doit jamais être réintroduit dans le vagin sans une toilette complète, et un changement éventuel de préservatif, sous peine de risquer une infection microbienne.

5/ Les seins/tétons : une femme peut également jouir uniquement de la caresse de ses tétons. Vraisemblablement grâce à un réflexe ancestral la poussant à apprécier les succions de son enfant. Un exemple charmant de ce type d'orgasme est donné dans la nouvelle de Guy de Maupassant appelée *Idylle*, texte qui décrit une nourrice encombrée par une importante lactation qu'un voyageur soulage en la tétant dans un train. La même scène se retrouve dans *Les Valseuses* de Bertrand Blier. Attention toutefois de ne pas trop solliciter les tétons d'une femme qui donne le sein, car ils sont en général déjà beaucoup mis à contribution par son enfant. Dans tous les cas, ne tentez jamais ces caresses sur des tétons crevassés ou irrités. Un tire-lait électrique, même utilisé en dehors de la période d'allaitement, peut se révéler un puissant stimulateur des tétons et procurer des sensations très agréables. Cependant, souvenez-vous que le volume, la tension interne et la sensibilité d'un sein varient en fonction du cycle menstruel (en fait, selon le taux d'œstrogènes). Enfin, messieurs, si votre compagne vous dit que ses seins sont sensibles, n'en concluez pas qu'ils le sont aux caresses. Il vaut mieux ne pas les solliciter, au besoin pendant quelques jours, et leur laisser le temps de retrouver une sensibilité normale.

À savoir : le volume des seins, de l'aréole ou des tétons n'a pas de rapport avec le plaisir qu'ils peuvent apporter. En revanche, le nombre de sollicitations joue sur la sensibilité des tétons qui gagnent souvent en sensibilité avec le temps. Les tétons d'une femme s'érigent sous l'effet du froid, de l'excitation ou d'un effort physique, puis reprennent leur dimension initiale. Souvent, les tétons d'une femme qui a allaité restent semi-érigés sans sollicitation particulière. On dit alors que ses tétons pointent naturellement.

Les quatre orgasmes de l'homme

1/ Le gland : il est composé des corps spongieux. Le frein, qui forme un V inversé juste sous le gland quand l'homme est en érection face à vous, en est la partie la plus sensible. C'est un peu son clitoris. La quasi-totalité des hommes se masturbe en faisant glisser la peau de leur prépuce ou directement leur main, lubrifiée ou pas, sur leur gland avec leurs doigts placés sur leur frein. Les circoncis, donc sans prépuce, frottent généralement leur main de bas en haut sur toute la surface de la verge, en insistant sur le gland et, bien sûr, le frein.

À savoir : si on s'amuse juste à frotter la partie supérieure du gland (côté ventre), cela finit généralement par donner à l'homme l'envie d'uriner. Allez savoir pourquoi... Il y a aussi des hommes qui adorent qu'on lèche leur méat, que l'on y introduise le bout de la langue ou le petit doigt... pour les plus gourmands.

2/ Les corps spongieux et caverneux de la verge : ils constituent tout ce qui est la partie rigide de la verge, en dehors du gland. On peut jouir d'eux. Or très peu d'hommes éprouvent un orgasme uniquement par ce biais. Il existe pourtant un point ultrasensible à la pression, tout en bas de la verge, et un autre juste au-dessus des testicules. Il faut serrer le bas du sexe assez fortement entre ses doigts et effectuer de tout petits va-et-vient sans que la main glisse sur la peau. C'est la peau de la verge qui doit en fait glisser sur les corps caverneux. L'orgasme profond se révèle alors très fort, mais pas facile à obtenir car on a souvent peur de caresser aussi fermement la verge jusqu'à éjaculation. Attention toutefois à ne pas se créer des hématomes, comme cela survient parfois lorsqu'on utilise un *cockring* trop serré (anneau que l'on place en bas de la verge pour raffermir l'érection, par blocage de la veine de retour du flux sanguin dans l'abdomen).

3/ L'anus/prostate : comme pour la femme, l'orgasme anal masculin existe, même si, chez l'homme, c'est le frottement sur la prostate qui provoque le plaisir. C'est même plus mécanique que chez la femme, et ce pour des raisons anatomiques. La prostate est en effet un peu le point G masculin. Elle est située derrière la paroi supérieure du rectum quand l'homme est allongé sur le dos, entre trois et cinq centimètres de l'anus.

La sentir au bout du doigt demande de la pratique, mais le plaisir est quasi assuré lors de sa sollicitation. Ensuite, libre à chacun de tester la pénétration d'un ou plusieurs doigts, d'un objet (lisse, sans angle vif et assez solide pour supporter les contractions de l'anus lors de l'orgasme), d'un *sex-toy* tel qu'un plug (gode à la forme en losange et à la base élargie pour ne pas être « avalé » par le rectum), d'un godemiché ceinture (que madame peut passer autour de sa taille pour jouer à l'homme), de boules de geisha (deux sphères d'environ 3 cm de diamètre remplies d'une bille, ou vibrantes, reliées entre elles par un cordon), ou d'un chapelet de perles (insérées une par une avant de les retirer toutes d'un coup au moment de l'orgasme). On peut aussi se servir d'une poire à lavement, et de bien d'autres choses encore... Dans tous les cas, c'est à la personne qui effectue la pénétration de veiller à ne pas dépasser les capacités de réception de son conjoint. N'oubliez jamais que le rectum fait au maximum quinze centimètres de long en ligne droite et qu'aller au-delà d'une dilatation de six centimètres de diamètre, comme cela peut être le cas lors de *fist-fucking* (introduction de toute la main jusqu'au poignet, pratique habituelle dans le milieu gay SM), sans préparation spécifique, vous expose à de graves dégâts internes tels que fissures ou déchirement. Sans compter les objets qui peuvent se briser ou se retrouver aspirés dans le rectum lors d'une contraction involontaire et nécessiter l'intervention d'un chirurgien. Demeurez toujours très attentif aux réactions de votre partenaire et n'abusez pas des bonnes choses.

4/ Les tétons : peu d'hommes apprécient vraiment que l'on s'occupe de leurs tétons. Toujours « sexplorateur » dans l'âme, je me suis dit que si une femme pouvait jouir des cinq manières décrites précédemment, il y avait sûrement un moyen de découvrir d'autres plaisirs masculins, alors j'ai planché sur la question... J'ai découvert que des handicapés moteurs, donc insensibles du bas du corps, arrivaient à jouir en érotisant une partie de leur corps. La zone choisie peut être éveillée au plaisir par l'image mentale qu'on lui donne, mais aussi par des sollicitations répétées et régulières. En fait, plus on caresse une zone de son corps, plus elle s'innerve et envoie de messages au cerveau. À chacun, ensuite, d'érotiser ses sensations. Ceux qui ont vu le film *Né un 4 Juillet* se souviennent de la scène très émouvante d'un Tom Cruise handicapé, redécouvrant le plaisir dans les bras d'une prostituée qui lui lèche les tétons.

Au départ, beaucoup d'hommes trouveront la sensation bizarre, voire désagréable si elle se prolonge. Mais en les caressant régulièrement, ils s'apercevront qu'ils deviennent de plus en plus réactifs, s'érigent à la moindre sollicitation et renforcent l'érection. Cette seule caresse mène exceptionnellement à l'orgasme, mais une femme peut déclencher la jouissance de l'homme qu'elle masturbe, ou qui la pénètre en missionnaire, en lui titillant les tétons. C'est étonnant !

À savoir : les pinces à seins font partie de la panoplie des accessoires dont l'utilisation occasionnelle ne présente pas vraiment de danger. Tout est question de mesure. Il ne faut évidemment pas que les deux bords de la pince soient blessant, ni que celles-ci soient trop lourdes ou lestées de poids. Un téton pincé se vide de son sang. Une fois libéré, l'afflux sanguin le rendra momentanément hypersensible, par exemple à la caresse de la langue.

Les amants multi-orgasmiques

Un homme devra d'abord savoir exploiter chacune des zones érogènes primaires de sa partenaire [1]. Comme une femme ne connaît pas de phase réfractaire après un orgasme vaginal, elle peut très bien enchaîner les orgasmes. Si celle-ci n'est pas multi-orgasmique, soit sept femmes sur huit, vous pouvez l'amener plusieurs fois au bord de la jouissance avant de la lui déclencher réellement. Au fur et à mesure des montées successives de son plaisir, elle

1. Voir « Les cinq orgasmes de la femme ».

découvrira que la force de son orgasme croît par palier. Un super-orgasme final la comblera alors mieux qu'une multitude de micro-orgasmes qui l'auraient laissée sur sa faim.

De même, un homme peut contrôler la montée de son plaisir et obtenir des orgasmes multiples. Pour cela, il doit apprendre à dissocier orgasme et éjaculation. En fait, l'éjaculation masculine déclenche, contrairement à l'orgasme seul, la production d'hormones spécifiques (ocytocine et prolactine) qui entraînent un retour du taux de testostérone à la normale en quelques instants. Cette chute de l'hormone mâle provoque une sensation de fatigue irrépressible, plus ou moins importante et longue d'un individu à l'autre. C'est la fameuse phase réfractaire qui suit toute éjaculation. Dans *Comment faire l'amour toute la nuit : l'homme multi-orgasmique*, B. Keesling expose les techniques qui permettent de bloquer son éjaculation alors que l'orgasme démarre. Celles-ci, si elles paraissent contraignantes au début, permettent d'accroître fortement la puissance de l'orgasme masculin, d'en connaître plusieurs avec absence de période réfractaire, donc de « débandade », et de moins ressentir de coup de pompe lié à la prolactine, indicateur de la satiété sexuelle. Mais comment fait-on pour jouir sans éjaculer ? Tout le secret réside dans un contrôle des muscles pubo-coccygiens (PC) et un travail sur la respiration aidant à diffuser l'énergie montante de l'orgasme dans le corps tout entier. Les muscles PC participent au maintien du sang dans la verge pendant l'érection. Plus ils sont entraînés, plus l'érection se révèle ferme et durable. En sachant les contracter de façon volontaire le moment voulu, l'homme ira plus loin dans le plaisir jusqu'à ressentir les contractions de l'orgasme sans éjaculer[1].

1. Voir « Faites durer et amplifier votre plaisir » en annexe.

À savoir : au cours d'une même nuit – disons d'un intervalle de temps de huit heures –, un homme sur deux peut faire l'amour deux fois et un homme sur cinq trois fois, voire plus. Seul un sur dix est capable d'enchaîner deux coïts avec éjaculation sans perdre son érection. Par contre, avec de l'entraînement, quasiment tous les hommes peuvent devenir multi-orgasmiques et avoir, sans subir de période réfractaire, deux orgasmes et plus avant d'éjaculer. La durée de la période réfractaire chez l'homme est fonction de la puissance et du nombre d'orgasmes que l'on a précédemment ressentis, mais aussi de l'âge et du degré d'excitation. Elle peut durer de quelques minutes, vingt en général après le premier orgasme pour un sujet jeune et en bonne santé, à plusieurs heures, voire plusieurs jours pour un sujet âgé.

17

Se promener sans fin sur les chemins de la sexualité

Les cinq phases de l'épanouissement sexuel

Si vous avez l'espoir, justifié, de vivre longtemps avec votre partenaire, votre façon d'aborder le plaisir évoluera forcément avec le temps. Vous vous connaîtrez de mieux en mieux et aurez moins de crainte de ne pas le/la satisfaire. Voici donc ce à quoi vous pouvez aspirer chronologiquement dans la voie de l'épanouissement sexuel.

1/ La découverte de ce qui plaît

Chaque personne ayant ses préférences (façon de caresser, zones érogènes, pratiques et fantasmes), sachez prendre le temps de découvrir ce qui lui plaît vraiment, notamment au sujet de la stimulation. Son sens le plus érotisé est-il la vue, l'ouïe, l'odorat, le toucher ou – pourquoi pas – le goût ? Si c'est le toucher, une idée : dessinez une carte du corps de votre partenaire, de face et de dos, puis caressez des doigts ou de la langue chaque parcelle. En même temps, la personne caressée notera sur la carte de son corps l'intensité des sensations perçues de 0 (nul) à 10 (démentiel) par exemple. Ensuite échangez vos impressions pour mieux cibler vos caresses. On peut faire aussi le travail plus en détail pour les organes génitaux afin d'en préciser les points exquis, en notant le rythme et la pression que l'on préfère.

2/ L'exploration des différents orgasmes

Apprenez à procurer tous les orgasmes possibles à votre partenaire. Soyez joueurs et explorez les voies du plaisir de concert. Par exemple, pour détecter le point G de la femme ou la prostate de l'homme, un peu de méthode et beaucoup d'échanges sont nécessaires. Donc avec patience, sans tabou ni vous fixer d'objectif précis, travaillez la question. Si vous les trouvez, tant mieux, sinon ne regrettez rien, vous aurez au moins essayé et vous vous serez explorés mutuellement.

3/ La combinaison des plaisirs

Sachez qu'il est possible d'offrir deux orgasmes simultanés à celui/celle que vous aimez (clitoridien + vaginal, vaginal + anal, prostate + pénis, tétons + pénis, etc.). Apprenez à les enchaîner sans faire retomber les sensations (orgasme clitoridien puis vaginal puis anal, par exemple).

4/ L'amplification des sensations

Rien ne sert de se précipiter, ce qui compte c'est d'apprendre à faire monter le plaisir par paliers de plus en plus hauts. Messieurs, vous constaterez que votre femme appréciera mieux des orgasmes multiples (orgasmes clitoridiens et vaginaux successifs dont l'intensité augmente à chaque fois) obtenus durant de longs préliminaires et un coït bien contrôlé, plutôt que des coïts répétés. Finalement, pouvoir faire l'amour plusieurs fois de suite n'est pas indispensable. Décomplexez-vous ! Nous ne sommes pas tous des athlètes du sexe, ni des lapins surexcités. Apprenez à combler votre partenaire sur la durée plutôt que sur la répétition [1].

---

1. Voir « Les amants multi-orgasmiques ».

À savoir : contrairement à certaines idées reçues, il est concevable de faire jouir une femme par le clitoris à plusieurs reprises. L'astuce consiste à ne pas lui faire atteindre le summum de son plaisir tout de suite, car son clitoris deviendrait hypersensible et désagréable aux caresses. En revanche, vous pouvez la faire surfer sur la vague du plaisir longtemps en variant les caresses, et en ne la faisant décoller au plus haut qu'à la fin [1].

5/ L'élargissement des zones érogènes

Quasiment toutes les zones du corps peuvent procurer du plaisir. Apprenez donc à érotiser votre être aimé dans sa globalité. Massages sensuels et caresses doivent être abordés de façon globale. Par exemple, monsieur, si vous caressez son sein et que vous voulez passer à son sexe, ne sautez pas de l'un à l'autre brutalement, mais faites glisser votre main sur son torse, son ventre, son pubis jusqu'à son sexe. Afin d'amplifier le toucher, mettez en veilleuse les autres sens (avoir un bandeau sur les yeux, un casque musical sur les oreilles, etc.) et placez le partenaire à votre merci en lui liant les mains ou en l'attachant façon bondage, par exemple. Gardez à l'esprit que le coït n'est pas un passage obligé et qu'il est possible d'être repus de sensations grâce aux caresses. Il n'y a pas non plus obligation de réciprocité. Vous pouvez très bien offrir du plaisir sans en attendre en retour. L'altruisme peut aussi se décliner en amour.

1. Voir « Découvrez les principes du tantrisme ».

Explorer sans préjugé ni tabou ses désirs respectifs

D'après l'étude internationale réalisée en 2007 par Durex, *« les inhibitions* [sexuelles] *diminuent au sein d'une relation de plus de 3 ans.* [...] *53 % d'entre nous voient de manière positive l'introduction d'une petite expérience dans nos vies sexuelles avec :*

– les massages (pratiqués par 62 % d'H et 58 % de F hétérosexuels)

– les fantasmes (émis par 54 % d'H et 45 % de F hétérosexuels)

– le sexe anal (pratiqué par 19 % d'H et reçu par 8 % de F hétérosexuels)

– les jeux de rôles (pratiqués par 19 % d'H et 15 % de F hétérosexuels)

– le bondage-SM (pratiqué par 8 % d'H et 5 % de F hétérosexuels)

Et deux tiers d'entre nous ont l'impression de ne pas avoir de relations sexuelles assez souvent. »

Qu'est-ce qu'un fantasme ?

C'est une élaboration mentale mettant en scène ses pulsions, une sorte de pièce de théâtre imaginée dont vous seriez à la fois l'auteur, l'acteur/actrice et le metteur en scène. Il peut être lié à une action, un lieu, une personne, à un moment particulier qui nous excite et que l'on aimerait (re)vivre. Pour certain(e)s, c'est une forme de fétichisme, le plaisir ne survenant qu'à l'aide du fantasme lui-même. Pour d'aucuns, c'est juste un support à l'excitation. Pour d'autres encore, il est si tentant qu'ils/elles feront tout pour le réaliser.

Mais, aussi excitant soit-il, la réalité ne sera jamais strictement identique au fantasme. En la matière, il y a les personnes qui imaginent puis agissent (plutôt les hommes), et celles qui préfèrent ne pas passer à l'acte (plutôt les femmes). Le plus souvent, quand un couple fait moins l'amour, le conjoint a tendance à se tourner vers l'infidélité alors que sa compagne se réfugiera dans un univers fantasmatique propre à l'aider à obtenir un plaisir compensatoire, par la masturbation par exemple. Ce n'est évidemment pas une norme, car il y a bien sûr des femmes infidèles, plus souvent par insatisfaction relationnelle que sexuelle d'ailleurs.

Il faut savoir aussi décrypter les fantasmes et ne pas y foncer tête baissée, tant ils cachent fréquemment des désirs inconscients. Quelques exemples l'attestent :

– Une femme qui s'imagine prise par plusieurs hommes à la suite ne rêve sûrement pas d'un « gang-bang » (une femme au milieu de plusieurs hommes). Son fantasme exprime plutôt un désir de contacts charnels puissants et réguliers.

– Un homme qui rêve de voir sa femme prendre du plaisir dans les bras d'une autre femme, se rassure d'une certaine manière sur son avenir en imaginant qu'il pourra continuer à la faire jouir même quand ses érections seront un peu moins fringantes.

– Une femme qui a des fantasmes de soumission n'imagine pas réellement se métamorphoser en objet sexuel de son amant, mais souhaite qu'il prenne les choses en main. Ainsi elle est sûre qu'il ne sera pas déçu de sa prestation puisqu'elle obéit à ses désirs. C'est aussi une façon de ne pas s'interroger sur ses propres désirs, préférant les oublier au profit de ceux du dominant.

– Une femme qui se voit victime d'un viol ne revendique évidemment pas de connaître cette douloureuse expérience. Toutefois, en s'imaginant qu'un homme la force à une pénétration, elle peut en venir à apprécier ce contact brutal, tout en sachant que le fait qu'elle subisse lui assure l'illusion de ne pas être responsable de ce désir.

S'il peut être risqué pour son équilibre mental et celui de son couple de réaliser tous ses fantasmes, il est cependant utile d'en réaliser certains, comme une sorte de thérapie aidant à se délivrer l'esprit de désirs envahissants.

Emmanuelle avait, depuis ses premiers émois sexuels, une vision un peu biaisée des hommes. Pis, un déni de leur virilité qui se traduisait chez elle par le désir de conduire l'acte sexuel. Mais au-delà du simple fantasme de domination, elle sentait que son plaisir serait complet uniquement le jour où elle parviendrait à faire l'amour à un homme comme lui-même avait l'habitude de le lui faire.

Quand elle eut une trentaine d'années, elle rencontra Philippe, garçon nullement efféminé d'aspect mais doté d'une sensibilité toute féminine. Très sensuel et sans tabou il parvint, au fil des années, à lui faire découvrir – elle était devenue son épouse – des plaisirs qu'elle n'avait jamais imaginé ressentir. Il l'initia par exemple à la sodomie, ce qui déclencha en elle un bonheur incroyable.

Un jour, elle évoqua son fantasme de lui faire découvrir à son tour le plaisir anal en le prenant « comme un homme ». Philippe, prêt à explorer avec son aimée les chemins du plaisir, lui fit la surprise de l'emmener peu après acheter un gode ceinture de taille respectable dans un sex-shop de la capitale. Si le jeune homme avait déjà essayé de s'introduire un doigt dans l'anus durant la masturbation et aimait qu'Emmanuelle renouvelle cette caresse lors de la fellation, se faire sodomiser, jamais il n'avait encore osé franchir le pas. Pourtant, c'est confiant et excité qu'il accepta l'olisbos qu'Emmanuelle, en pleine transe sexuelle, portait accroché aux hanches. Et tous deux partagèrent ce plaisir sans retenue.

De ce jour, le rêve qui hantait le sommeil de sa femme depuis des années cessa définitivement. Elle y voyait deux hommes faire l'amour et découvrait, avant de se réveiller terrorisée, que son mari était l'un d'eux. Quelques années plus tard, sa mère lui confia avoir cessé tout rapport sexuel avec son père à sa naissance, en découvrant que, homosexuel refoulé, il l'avait seulement épousée pour avoir des enfants.

Comment parler avec l'autre de ses désirs sexuels ?

Au début d'une relation, on est un peu comme un enfant qui passe la porte d'un parc d'attractions. On teste tout et l'on en redemande. Viens ensuite une phase où, après avoir touché le tiercé dans l'ordre (pénétration des trois orifices naturels : vagin, bouche, anus), on parvient à un cap où l'on aimerait tenter de nouvelles pratiques et expériences, mais en ayant peur de dévoiler ses fantasmes à son/sa partenaire, réflexe de protection légitime car dû à la crainte du jugement. Pourtant, au-delà de la simple érotisation de son univers, les fantasmes permettent aux conjoints de plonger dans l'imaginaire de l'autre, d'aller à la rencontre de ses rêves et désirs, tout en descendant au fond de soi et en y découvrant parfois des aspects que l'on ne soupçonnait pas.

Pour nous laisser aller à la rêverie érotique et dévoiler en douceur nos fantasmes, ma femme et moi avons imaginé une méthode que je me fais un plaisir de vous révéler. Nous écrivons nos fantasmes sur des petits papiers de couleurs différentes. Nous les mettons ensuite dans une petite boîte où chacun peut, quand il le souhaite, tirer un fantasme de l'autre sans le lui montrer. S'il veut bien le réaliser, il le révèle et nous faisons en sorte de le mettre en pratique dès que possible. S'il ne se sent pas encore prêt, il a le droit de remettre le papier dans la boîte, sans l'avouer, et d'en tirer un autre. Dès lors, son/sa partenaire n'étant pas au courant des fantasmes ayant pu poser problème, ne craint pas d'écrire toutes ses envies, sans peur d'être jugé(e).

Ces petits papiers exigent toutefois que l'on soit assez large d'esprit pour ne pas donner son avis sur ce qu'on lit, ainsi que de faire fi des tabous pour écrire réellement ce que l'on aimerait faire. Il convient aussi que le conjoint comprenne que, parfois, on n'a pas envie de mettre en pratique ce que l'on a écrit mais que l'on souhaite plutôt élaborer un scénario, comme deux enfants jouant aux cow-boys et aux Indiens en se lançant des *« Pan ! T'es mort !* » tout en sachant qu'ils se relèveront une fois la fausse bataille achevée. Il y a en outre des fantasmes que ma femme et moi avons testés une fois « pour savoir », jamais refaits ensuite parce qu'ils ne nous ont pas autant plu qu'espéré.

Pour ma part, je pense qu'il ne faut rien refuser à son/sa partenaire sous trois conditions :

1/ Que le plaisir soit librement consenti et sans contraintes. Il est hors de question d'imposer une pratique à quiconque. Pas question non plus de la lui faire subir par surprise. Donc, retirez-vous de la tête, messieurs, l'idée de sodomiser votre femme sans lui demander son avis, ou de lui martyriser les tétons alors qu'elle a accepté, de bonne grâce, de se voir attacher les mains dans le dos ;

2/ Qu'aucun des deux partenaires ne garde traces ou séquelles des ébats les plus fougueux. Évitez le SM *hard*, par exemple, qui meurtrit le corps et peut se révéler dangereux. Mais pratiquer la fessée ou utiliser des pinces à seins, pourquoi pas si c'est votre *trip* commun ?

3/ Ne pas chercher le plaisir dans les bras d'un(e) autre. Même en restant fidèle, l'échangisme demeure une pratique risquée pour un couple. En général, c'est l'homme qui est initiateur et la femme qui en redemande par la suite, si l'expérience lui a plu. Dès lors, monsieur peut vite se sentir dépassé par les événements, voire humilié en constatant que sa moitié prend du plaisir dans les bras d'un(e) autre. Si on est tenté par les clubs libertins, il est plus prudent de commencer par recourir au voyeurisme, voire au mélangisme, méthode qui consiste à faire l'amour à côté d'un autre couple sans contact physique.

Pour balayer quelques idées reçues et montrer combien, tous, nous sommes loin d'être des surhommes ou des nymphomanes surexcitées, voici quelques intéressantes statistiques relatives à la sexualité des Français :

DONNÉES STATISTIQUES	Hommes	Femmes
jouissent à chaque rapport	50 %	20 %
elles jouissent quand la personne qui les caresse est...	44 % (un homme)	95 % (elle-même)
souffrent de troubles de la jouissance	30 % (éjaculation précoce)	0,4 % (frigidité)
n'avouent jamais à leur partenaire ne pas avoir joui	45 %	32 %
souffrent de ne pas faire l'amour pendant plusieurs mois	33 %	14 %
sont capables d'éprouver plusieurs orgasmes de suite	20 % (3 éjaculations au cours d'une même nuit)	12 % (lors d'un même coït)
souhaiteraient pour favoriser leur épanouissement sexuel	18 % des rapports sexuels de meilleure qualité	33 % plus d'attentions au quotidien
Pour répondre aux fantasmes masculins	17 % aimeraient des pratiques sexuelles plus variées	12 % accepteraient de faire ce que leur amant leur demande
connaissent généralement un pic de libido à...	15 - 20 ans	35 - 40 ans

Faire preuve d'imagination pour ne jamais se lasser

Si vous voulez que votre couple dure longtemps, il faut réaliser que ce n'est pas à des centaines de reprises que vous ferez l'amour, mais à des milliers. Si vous comptez environ 2,5 fois par semaine, soit en gros 125 rapports par an et couple dans l'Hexagone, vous dépasserez les 2 500 rapports en vingt ans de vie commune ! Les hommes ont généralement l'habitude de noter dans un recoin de leur tête – celui qui n'est pas occupé par les scores de foot, les fiches techniques de voitures et les photos de femmes dévêtues – les pratiques sexuelles qui ont bien fonctionné (comprenez par là celles qui ont amené leur partenaire à l'orgasme), et ont tendance à les réutiliser sans vergogne quand leur imagination fait défaut. Après tout, on ne change pas une équipe... euh pardon... une pratique, qui gagne. Alors qu'une femme attend d'un partenaire qu'il se révèle imaginatif et la guide sur les chemins du plaisir qui, on le sait, ne sont pas clairement balisés, voire souvent tortueux. S'il est utile de connaître quelques-unes des techniques « orgasme assuré » de sa partenaire (chaque femme ayant les siennes), il est obligatoire, en revanche, de faire marcher son imagination. Utilisez donc vos neurones pour imaginer comment détourner de leur fonction première certains objets du quotidien, vivre des scenarii excitants ou des expériences nouvelles dans des lieux insolites. L'imagination est la meilleure garantie contre la monotonie.

Voici trois petits jeux érotiques qui mettront votre corps et votre esprit en ébullition.

1/ Toucher – Baiser

Principe : chacun son tour, un des deux partenaires touche une partie de son corps et l'autre doit la lui baiser/lécher/sucer/téter pendant un temps déterminé. Un sablier pour les œufs à la coque fera l'affaire ;

2/ Le colin-maillard

Principe : l'un des deux partenaires se bande les yeux. Si c'est la femme, elle doit trouver à tâtons sur le corps de l'homme l'endroit où il a collé un petit bout de Scotch. Si c'est l'homme, on peut faire de même, ou le charger de découvrir dans quel orifice naturel sa moitié a dissimulé un petit objet (bille, bouton, cerise, etc.) ;

3/ Les dés du plaisir

Principe : je fais l'action indiquée sur le dé au premier lancé sur la zone indiquée sur le dé lors du second lancé. On peut se munir de quelques cartes « inversion des rôles », histoire de pimenter le tout.
Valeur du dé au premier lancé :
1/ Caresser avec les mains... ;
2/ Caresser le sexe de l'autre avec... ;
3/ Caresser... avec... (deux lancers pour déterminer les zones impliquées) ;
4/ Pénétrer/faire coulisser le pénis dans ou entre... ;
5/ Embrasser/sucer/lécher/téter/mordiller... ;
6/ Libre = choix parmi les cinq autres faces.
Valeur du dé au second lancé :
1/ Bouche/mains ;
2/ Pieds ;
3/ Sexe ;
4/ Seins ;
5/ Anus/fesses ;
6/ Libre = choix parmi les cinq autres faces.

4/ Petits scenarii entre amants

Le but de ce jeu est de définir quelques scenarii qui feront endosser un rôle inhabituel à son/sa partenaire. On peut interpréter des personnages réels (le gynécologue, l'infirmière, le plombier aux mains baladeuses, la strip-teaseuse, le gigolo, la prostituée, la call-girl, le macho, la midinette, l'obsédé sexuel qui cherche à vous peloter dans les transports, l'exhibitionniste...) ou imaginer des situations (le robot qui obéit aux ordres, la princesse victime d'un sort plongée dans un profond sommeil et que l'on essaie de réveiller, le violeur qui déchire vos sous-vêtements et vous prend comme une bête, le bourreau qui exécute une sentence sexuelle, le tortionnaire prêt à tout pour vous faire révéler un secret...). Il est utile de définir les rôles à l'avance et le déroulement de l'action, de choisir les tenues, le lieu et l'heure où se tiendra le jeu érotique. Le désir s'épanouit aussi dans les détails, surtout si vous réalisez un fantasme de l'autre. Fixez-vous, au besoin, des limites claires et utilisez un mot code qui, prononcé, mettra aussitôt fin au jeu.

Troisième partie

Se bâtir un avenir partagé

Cette fois, vous en êtes sûr : c'est lui/elle l'amour de votre vie ! Si l'avis est partagé, vous pouvez vous congratuler et sabrer le champagne. Car, félicitations : vous venez de franchir la première étape de votre vie de couple. Mais, au risque de vous décevoir, si vous avez pu considérer votre rencontre comme un conte de fées et l'embrasement des corps et cœurs comme un moment magique, sachez qu'il n'en sera pas forcément de même dans les années à venir. Pour que votre couple prenne corps, il faut imaginer un cœur commandé par deux cerveaux, lesquels, bien évidemment, ont chacun un passé, des rêves d'avenir, des désirs différents... que vous devez apprendre à faire fonctionner ensemble.

18

Imaginer son futur et se fixer des objectifs communs

Les grandes étapes de la vie à deux

Le présent se nourrit de la nostalgie du passé, de l'espoir du futur et nous maintient dans un éternel instant... De bonheur ou de malheur ? Il ne tient qu'à vous d'en décider ! La vie de couple est jalonnée d'événements, sans capacité de retour en arrière, qui peuvent la condamner ou la renforcer. Tout dépendra de la manière dont vous les aurez abordés et des enseignements que vous aurez su en tirer :

– **Le premier baiser :** c'est le premier contact intime. Le moment où l'on se dit : *« C'est gagné ! »* C'est aussi à cet instant que l'on peut endurer, en cas de refus, la plus cruelle des désillusions, surtout si l'on a fantasmé un amour que l'on était seul(e) à vivre.

– **La première fois que l'on fait l'amour :** rares sont les premières fois qui se passent comme en rêve. On découvre un nouveau corps, qui plus est sous le coup d'une forte émotion. Laissez-vous le temps de vous découvrir et habituer l'un à l'autre. Si vous expérimentiez tout lors de cette première nuit, que feriez-vous durant la 7 000e, soit 20 ans après ?

– **Le premier matin où l'on se réveille à ses côtés :** c'est la confrontation à la réalité du quotidien. Les cheveux mal coiffés, le maquillage estompé, la barbe pas rasée, il est parfois dur de reconnaître la personne avec qui on vient de passer la nuit. Il est temps de vérifier que vous êtes vraiment sensible à sa beauté intérieure.

– **Le premier *« je t'aime »* :** voilà le cap le plus difficile pour la plupart des hommes. Personnellement, je me suis un moment demandé si, dans l'ordre des étapes, je n'allais d'ailleurs pas plutôt le mettre juste avant le mariage ! Dire *« je t'aime »*, c'est ouvrir son cœur, donc permettre à l'autre d'accéder à des émotions que l'on avait parfois enfouies. Se mettre à nu sentimentalement en quelque sorte.

– **Le premier week-end en amoureux :** c'est le premier enchaînement « jour-nuit-jour » vécu ensemble. Pour peu qu'on choisisse de ne pas le vivre chez l'un ou l'autre, il faut établir ensemble le choix de la destination, de l'hébergement, des activités prévues... et, bien sûr, que l'un des deux se charge des réservations. C'est souvent à ce moment que se dessine une certaine hiérarchie dans le couple : il y a celui/celle qui prend les choses en main et l'autre, qui se contente d'en profiter.

– **Les premières vacances :** c'est la première fois que l'on partage une vraie tranche de vie. À moins de passer une semaine à l'hôtel, lors d'un séjour tout compris, on est obligé d'aménager un minimum son emploi du temps pour insérer des tâches faites ordinairement seul (les courses, cuisiner, vider la poubelle, balayer le sol...).

– **Le début de la vie commune :** là, gros choc ! On a accumulé nombre d'habitudes de vie qu'il convient de confronter : je suis du matin et l'autre du soir, j'aime les frites et l'autre les légumes verts, j'aime recevoir à la maison et l'autre préfère les ballades en forêt, j'aime regarder les matchs de foot et l'autre la danse classique... Voilà sujets à bien des querelles. Un conseil, évitez les phrases assassines du genre : *« J'y vais, tu fais ce que tu veux ! », « Tes parents ne t'ont pas appris ça ! », « Ma mère ne faisait pas ça comme ça, elle »...*

– **L'engagement public de fidélité (promesse, pacs, mariage) :** certaines relations que l'on croyait construites sur le roc se fissurent à cette étape lorsque, inconsciemment, l'un des membres du duo réalise qu'il se lie juridiquement, ou de façon solennelle et devant témoins. Plus question de pouvoir faire ses valises et repartir sur un coup de tête. En cas de séparation, la loi exigera de vous que vous tombiez d'accord sur le partage de vos biens, et certains s'effraient.

– **Le premier gros achat en commun (voiture, logement) :** là, on s'engage sur la durée, celle du crédit. Et en plus, il n'existe aucune solution de fuite, comme peut l'être le divorce. Que vous vous sépariez ou restiez unis, l'organisme de financement ne vous lâchera pas.

– **L'arrivée du premier enfant :** dans cette situation, pas facile pour la mère de retrouver son rôle d'épouse et de femme, et pour l'homme de devenir père. L'arrivée d'un enfant peut donc se révéler très destructrice [1].

– **Le départ du dernier enfant :** soit exactement l'inverse de la situation précédente : les parents perdent leur

1. Voir « Quand la famille s'agrandit... ».

rôle éducatif quotidien et doivent se recentrer sur eux. Ceux qui auront su sauvegarder leur statut de couple, tout en devenant parents, sortiront évidemment bien mieux de cette épreuve, souvent émotionnellement pénible pour la mère[1].

D'autres événements[2] viendront évidemment mettre la solidité de votre union à l'épreuve. Toutefois, sachez que ces étapes ont leur importance, s'avèrent quasi incontournables et devront être envisagées un jour ou l'autre. Il ne sert à rien d'essayer de les éviter ou de les précipiter. Essayer de monter les marches du bonheur quatre à quatre, c'est courir le risque de tomber dans l'escalier !

Et maintenant, on fait quoi ?

Pour qu'une relation amoureuse dure dans le temps, il est indispensable que les conjoints sachent se remettre en question à intervalles réguliers et soient capables d'évoluer psychologiquement. Jour après jour, demeurer à l'écoute l'un de l'autre, chercher à comprendre et savoir s'adapter à ce qu'attend votre partenaire, se révèlent de la plus haute importance. Tout cela, évidemment, sans vous perdre vous-même ni renoncer à vos choix de vies et rêves. Les années qui passent vous amèneront l'un et l'autre à changer. Il est impératif que vous, et votre partenaire, soyez donc à même d'anticiper, d'analyser et de suivre ces mutations. Vous avez le droit, bien sûr, de vouloir être heureux en couple, mais votre devoir est aussi de progresser dans votre propre connaissance comme dans celle de l'autre. Dans le cas contraire, vous risqueriez de vous retrouver un jour à côté d'une personne qui n'aurait plus grand-chose à voir physiquement et psychologiquement avec celle que vous aviez

1. Voir « Devenir parents et rester amants ».
2. Voir « Franchir à deux les caps de la vie ».

choisie, et vous vous demanderiez probablement ce qui a pu vous plaire en elle... C'est oublier qu'elle n'était pas celle-ci lorsque vous l'avez rencontrée, et que vous n'avez pas perçu, aveugle que vous étiez, son évolution.

Parfois, il arrive un moment, dans la vie d'un couple ayant trouvé son équilibre, où une interrogation surgit : que va-t-on pouvoir continuer à faire ensemble ? Or certaines périodes sont charnières sur ce point :

– **30 ans :** en pleine possession de vos moyens physiques, en cours d'ascension sociale, vous croyez en l'avenir. Comme beaucoup de couples n'ont pas encore d'enfant, il est aisé de se laisser aller à séduire tous azimuts, en croyant que, sans descendance, le lien amoureux créé avec le conjoint sera plus facile à défaire.

– **40 ans :** pour se sentir jeunes et encore vivantes, bien que le mot « Vétéran » soit apparu sur leur licence sportive, nombre de personnes testent leur séduction sur des plus jeunes. Surgit le fameux « démon de midi », qui correspond au milieu de vie. Pour peu que l'on se sente dans une phase de remise en cause ou convaincu de ne pas avoir vécu tout ce que l'on souhaitait avant de se mettre en ménage, les regrets peuvent se transformer en angoisse, pousser à aller voir si l'herbe est plus verte ailleurs et... condamner à terme le couple.

– **50 ans :** on est déjà nettement moins fringuant, plus dans la tête que dans le corps. Les signes avant-coureurs de la ménopause pour la femme, les premières pannes sexuelles chez l'homme, ont laissé des traces. La plupart du temps, les enfants sont de jeunes adultes et commencent à partir du foyer familial. On se retrouve souvent seuls en couple sur de longues périodes. Certain(e)s plongent dans le travail pour oublier que la vieillesse les rattrape et que refaire sa vie à cet âge deviendrait périlleux.

– **60 ans :** la retraite se profile. Beaucoup de couples ont déjà divorcé et entamé une autre histoire. Les enfants ne sont plus là. Désormais le couple se vit les yeux dans les yeux. Ceux qui ont gardé une bonne santé et une joie de vivre intacte auront la capacité de continuer à sortir, voyager, faire des activités adaptées à leur âge... Les autres se voient condamnés à se regarder mutuellement vieillir, avec toute l'acuité que donne le temps pour mettre en évidence les défauts de l'autre. Je n'avais jamais remarqué qu'il/elle était devenu(e) « ça », mais maintenant que je ne vois plus que lui/elle...

– **70 ans :** on entre dans une période de grand flou où, physiquement, tout peut arriver. La vie va-t-elle nous accorder encore 10, 15, 20 ans, plus ? Le quotidien devient physiquement inconfortable. Pas une journée où une douleur ne nous rappelle qu'il y a encore un siècle nous serions probablement déjà décédés. Ceux qui ont la chance d'être encore en couple peuvent se féliciter de bénéficier d'une espérance de vie augmentée. Notre conjoint s'accroche à nous plus par habitude que par amour, mais veille aussi sur la santé de celui/celle qui l'accompagne sur la pente savonneuse. Difficile de dire qui tombera en premier sans espoir de se relever. Que deviendra celui/celle qui restera ?

Ça y est, pensez-vous, l'auteur a pété les plombs et sombre dans la déprime. Pas du tout, je vous rassure ! Si j'ai volontairement noirci le tableau de chacune de ces décennies, c'est pour montrer que, quand on laisse la vie porter son couple, celle-ci conduit rarement au paradis des amants. Ceux qui n'ont plus de rêves, d'objectifs, perdent un jour ou l'autre la joie de vivre. Imaginer son avenir, garder la capacité de s'y projeter en pensées, c'est tracer la route qui permettra d'y accéder dans les meilleures conditions.

Votre avenir à 5 ans, 10 ans, 15 ans...

Au fil de l'existence, des étapes vont se succéder, sans vous donner la possibilité de revenir en arrière. C'est pourquoi il est important d'imaginer ensemble quel type de vie vous vivrez à plus ou moins longue échéance. Par exemple, si vous aimez tous deux sortir en boîte de nuit ou faire des voyages entre amis, il est nécessaire de planifier, dans la mesure du possible, le moment où arrivera votre premier enfant, tant ce dernier remettra en question l'organisation de votre temps libre. Idem pour l'achat du logement qui amputera obligatoirement le budget des vacances. De même, pensez à ce que vous ferez si l'un des deux part à la retraite avant l'autre, ou lorsque le dernier enfant quittera le domicile familial. On dit que *« prévenir, c'est guérir »*. Dans un couple, se projeter dans l'avenir revient à se donner les moyens d'aborder les aléas de l'existence dans les meilleures conditions, sans risquer un jour une remise en cause forcée de son mode de fonctionnement. Pour éviter d'être pris de vitesse par la vie, il importe de définir des objectifs communs et d'y réfléchir régulièrement.

Autrefois, dans les grandes familles, on organisait des « conseils » autour du patriarche, afin de trouver les moyens de résoudre les conflits internes au clan. Dans le parcours d'un couple, de multiples interrogations, ressentis, événements pourront se métamorphoser en sources de conflit. Afin de les prévenir, s'octroyer un moment privilégié à intervalles réguliers (par exemple, une soirée mensuelle) pour établir la liste des problèmes en suspens et s'interroger ensemble sur son avenir commun, est une bonne idée.

Voici quelques questions que tout couple est amené à se poser un jour ou l'autre :

– Devons-nous vivre ensemble ou préférons-nous garder chacun un appartement ?

– Voulons-nous acheter maintenant ou rester locataires quelque temps ?

– Accepterais-je qu'il/elle se lie d'amitié avec une personne du sexe opposé ?

– Suis-je prêt(e) à le laisser voir ses ami(e)s personnel(les) sans moi ?

– Désirons-nous un (autre) enfant ?

– Y a-t-il des rêves que nous souhaiterions réaliser ensemble ?

– Puis-je changer d'emploi sans que cela perturbe notre équilibre financier ?

– Peut-on acheter une nouvelle voiture ? Faut-il d'abord (r)acheter un réfrigérateur ?

– Mettons-nous tout de suite de l'argent de côté pour les études de nos enfants ?

– À partir de quel âge allons-nous cotiser pour une retraite complémentaire ?

– Où souhaiterions-nous finir nos jours ? Etc.

19

Se donner les moyens de vivre ses rêves

Ne jamais renoncer à ses rêves d'enfance

On dit souvent que les rêves de l'enfant deviennent, avec le temps, les regrets de l'adulte. Les rêves que vous avez formulés enfant faisant partie de vous, ne les reniez pas. Ce sont ces désirs, ces envies, ces attentes qui ont forgé votre personnalité. Si, souvent, ces rêves restent enfouis, vous sentez cependant que certaines envies vous titillent. Vos rêves d'enfant sont aussi parfois tellement bien dissimulés que vous les ignorez vous-même. Ainsi, le désir d'enfant d'un homme peut cacher celui de voir sa femme devenir mère et rester à la maison, comme sa propre mère. Son désir de réussite professionnelle peut se superposer à celui de la sécurité offerte par l'argent. Le désir d'une femme de paraître toujours plus belle peut traduire la nécessité de raviver la passion que son mari avait pour elle quand elle était plus jeune, ou le besoin de plaire aux autres hommes afin d'aiguiser sa jalousie. Sa passion pour les voyages lointains peut être le reflet de l'envie de laisser de côté les préoccupations quotidiennes le temps des vacances...

Tous les rêves sont légitimes et demandent à êtres

révélés, entendus, compris. Suggérez à votre partenaire de vous raconter comment il s'imaginait adulte au temps de son enfance : quel métier rêvait-il de faire ? Quels pays rêvait-il de visiter ? À quel personnage réel ou imaginaire rêvait-il de ressembler ? Quelles aventures rêvait-il de vivre ? Si une gentille fée exauçait l'un de ses rêves, lequel serait-ce ? S'il gagnait au Loto, comment rêverait-il de dépenser son argent ? Comment occuperait-il son temps s'il n'avait d'ailleurs aucun souci d'argent ? N'ayez donc pas peur de laisser votre imagination s'emballer !

Alimenter ensemble la machine à rêves

Vous souvenez-vous quel métier vous rêviez d'avoir ? Si vous l'exercez aujourd'hui, félicitations ! Mais ce n'est majoritairement pas le cas. Aussi, demandez-vous ce qui vous a empêché d'y parvenir : niveau scolaire insuffisant, physique inadapté, études trop longues ou trop chères, manque d'école adaptée près de chez vous, besoin de rentrer tôt dans la vie active pour acquérir votre autonomie ? Toutes ces « bonnes » raisons étaient sûrement valables... à l'époque, mais si vous aviez la possibilité de prendre un congé sabbatique de un ou deux ans, n'auriez-vous pas l'opportunité, aujourd'hui, grâce à la stabilité de votre situation familiale, à votre aisance matérielle, aux tâches dont peut vous soulager l'élu(e) de votre cœur, de contourner certaines des contraintes vous ayant bloqué autrefois ?

Nous sommes tous conduits à vivre plusieurs vies durant notre existence, surtout des points de vue professionnel, de plus en plus souvent sentimental (divorce puis remariage), mais aussi de santé, pratique sportive, loisirs, passions... Penchez-vous régulièrement sur les rêves de votre enfance, sortez-les du sommeil de la mémoire, ravivez-les, parlez-en à votre conjoint, développez-les de concert. Ne vous donnez pas de contraintes, la vie s'en charge suffisamment. Les objectifs que vous vous fixerez à deux, au gré de vos priorités respectives, constitueront le ciment de votre couple et l'élan qui prolongera votre jeunesse jusqu'au crépuscule de l'existence. Car si l'espoir fait vivre, les rêves représentent l'essence même de la durée.

Quand le rêve d'un des conjoints est source de conflits

Il arrive parfois qu'un des conjoints ne se sente pas à son aise au sein du couple, sans trop savoir pourquoi. Il convient alors, plutôt que de considérer la personne avec qui l'on vit à l'origine du mal-être, d'identifier si l'on n'a pas, à tort, mis de côté un rêve nous tenant à cœur au profit du couple. La première étape, pour résoudre ce problème, sera donc d'identifier si l'on n'est pas en présence d'un rêve caché ou volontairement oublié. La deuxième consistera à essayer de comprendre pourquoi ce rêve éveille chez vous des sentiments violents (colère, frustration, résignation...). Prenez le temps de décrire à votre conjoint en quoi il consiste et de lui expliquer combien il n'entre pas volontairement en conflit avec les siens. Il existe deux façons de réaliser le rêve de la personne que l'on aime : soit lui en donner les moyens, soit y participer activement. Mais, avant de réaliser un rêve, il importe de dresser deux listes :

1/ La zone d'intransigeance contient tous les aspects du rêve sur lesquels vous ne pouvez céder sans mettre en péril votre équilibre ou vos principes de vie ;

2/ La zone d'adaptabilité contient ce sur quoi vous pouvez directement agir.

Le but est, ensuite, de s'accorder sur le contenu de ces deux listes et de faire en sorte que, peu à peu, la totalité des éléments inscrits dans la première (zone d'intransigeance) passe dans la seconde (zone d'adaptabilité). Rien ne vous empêche d'arriver rapidement à un compromis, de le mettre en place pendant un certain temps, puis de voir comment poursuivre le processus. Surtout, ne vous cachez pas ce genre de choses en espérant qu'avec le temps, vos rêves tomberont dans l'oubli et que les conflits en résultant se résoudront d'eux-mêmes. Plus vous en aurez parlé, plus vous y aurez pensé ensemble, plus vos rêves feront partie intégrante de la culture du couple, plus votre union se chargera en sens. Au final, votre duo saura intégrer une vision commune de l'avenir qui incorporera les rêves de chacun.

Offrir à chacun des domaines d'indépendance

Dans un couple, il n'y a nulle obligation d'être toujours d'accord avec son partenaire. Mais mieux vaut bénéficier d'une entente sur huit points fondamentaux :

1/ La vision de l'amour et du bonheur, ainsi que le ressenti des émotions ;

2/ La culture et les centres d'intérêt qui faciliteront la complicité ;

3/ Les désirs sexuels et le niveau de libido ;

4/ La famille, et tout particulièrement l'éducation des enfants ;

5/ La vie sociale et la part donnée à l'amitié ;

6/ La vision de l'argent et du niveau de vie souhaité ;

7/ L'éthique et l'ambition professionnelle ;

8/ La spiritualité et l'esprit de tolérance.

En dehors de ces incontournables, libre à chacun d'avoir ses propres activités, passions et opinions. Toutefois, afin de faire « prendre la mayonnaise », il est indispensable d'établir une complicité au sein du couple et de s'accorder de vraies zones de liberté, notamment en ce qui concerne :

– **L'amitié :** vos ami(e)s ne vont pas disparaître le jour où vous vous mettrez en ménage. Vous allez, bien sûr, vous faire des amis communs, mais il est tout à fait normal de vouloir garder les siens. Il ne faut évidemment pas les cacher à son conjoint, surtout s'il s'agit d'ami(e)s que vous côtoyez sur votre lieu de travail ou du sexe opposé. Mais rien ne vous interdit de vous organiser, à l'occasion, une soirée entre copains/copines.

À condition que :

• Vous préveniez suffisamment à l'avance votre partenaire pour qu'il/elle organise sa soirée de son côté, quitte à accorder vos dates pour vivre vos soirées simultanément ;

• Cela ne revienne pas trop souvent et, en tout cas, pas plus souvent que celles de votre conjoint ;

• Vous ne forciez pas votre moitié à quitter les lieux pour organiser une soirée chez vous. Soit il/elle reste et participe, soit vous allez en terrain neutre (restaurant, salle d'exposition ou de concert, boîte de nuit) ou chez quelqu'un d'autre ;

• La confiance entre vous et votre propre fidélité aux engagements pris ne vous conduisent pas à commettre des actes répréhensibles et débordements préjudiciables au couple. Évitez dès lors de rentrer ivre à la maison – ça fait très mauvais genre –, qui plus est si vous déclarez le lendemain matin, une fois dégrisé(e), ne vous souvenir de rien. Ne revenez pas non plus avec le parfum d'une autre personne sur vos vêtements, une trace de rouges lèvres dans le cou, un cheveu d'une autre couleur que la vôtre sur le revers de la veste ou un numéro de portable griffonné sur un paquet de cigarettes !

– **Les loisirs :** partager la vie d'une personne ne contraint pas à participer systématiquement aux mêmes activités qu'elle. Au contraire, il est indispensable de s'accorder des moments de liberté. Une personne qui ne saurait trouver satisfaction dans des activités personnelles, vit dans un mode fusionnel. Malheureusement, ce type de lien ne fonctionne pas très longtemps dans un couple[1]. Pas besoin non plus de s'éloigner très longtemps l'un de l'autre, pour en apprécier le bénéfice.

Prenons un exemple. Ma femme adore dessiner et peindre, moi j'aime voir jouer l'équipe de France de football. Savez-vous ce que nous faisons les soirs de match retransmis à la télévision ? Je regarde l'épreuve pendant que mon épouse s'adonne à son loisir favori. Mais une fois le coup de sifflet final, je suis entièrement à sa disposition et elle-même cesse de son côté son tableau, afin que nous ayons l'opportunité de faire ensemble une autre activité en commun, voire un gros câlin. De même, elle peut pratiquer un sport un soir et moi un autre. Celui qui est là s'occupe alors du foyer et organise ce dont il/elle aura besoin à son retour.

Autre exemple, si mon épouse a envie de faire une balade à vélo avec les enfants un samedi après-midi, elle me prévient le matin afin que j'aille faire les courses de la semaine durant leur petite virée. L'important est de fixer une heure de retrouvailles que l'on prendra soin de respecter.

– **Les finances :** l'indépendance financière constitue l'un des piliers de la réussite du couple. Posséder un compte commun est souvent la solution la plus pratique pour gérer le quotidien, mais cela devient très embarrassant lorsqu'on veut faire un cadeau à son conjoint, lequel peut avoir l'impression légitime... qu'il/elle en paie la moitié ! La solution que nous avons adoptée, ma femme et moi, est la suivante : nous virons la totalité de nos salaires sur un compte commun, où sont prélevées les factures du foyer (assurance logement et auto, impôts divers, frais de scolarité, frais de santé, vacances, loisirs communs, etc.). En outre, chaque mois, un transfert de fonds automatisé dépose exactement

1. Voir « La fusion : 1+1 = 1 = Soi ».

la même somme sur nos comptes individuels respectifs qui servent dès lors à payer les achats qui nous sont personnels (journaux, repas du midi au travail, vêtements, coiffeur, chaussure, licence sportive... et bien sûr cadeaux). Si ma femme a envie de se payer une robe, elle n'a pas besoin de me demander mon avis. Idem pour moi... pour un autre type de vêtement. À chacun d'apprendre à bien gérer son propre argent puisque chacun dispose de la même somme initiale. Si l'un des deux a un besoin supplémentaire, la décision est prise conjointement et la somme désirée transférée du compte commun au compte personnel.

20

Comprendre l'arithmétique du couple

La fusion : 1+1 = 1 = Soi

« Jérémy avait vécu toute sa jeunesse dans une cité du 93. L'atmosphère aseptisée d'un quartier chic de l'ouest parisien avait constitué le cadre de mon éducation bourgeoise. Autant donc dire que nous n'avions pas grand-chose, a priori, en commun. C'est dans la pénombre d'une boîte branchée que nous nous sommes découverts. La danse se révélant notre passion commune, par ce biais nous avons fait connaissance et rapidement éprouvé des sentiments. Un coup de foudre terrible, comme on n'en lit que dans les contes de fées. J'avais découvert mon prince charmant. Qu'importe si nous n'avions pas la même éducation, nous allions bâtir ensemble une culture qui nous serait propre.
Nous nous inscrivîmes tous les deux dans un club de danse. Emportés par le tourbillon de la passion et la fusion des corps, nous discutions peu. Or je m'aperçois maintenant que je n'ai jamais rien su de lui, ni lui de moi d'ailleurs. Bref, nous passâmes des auditions pour une comédie musicale. Où je fus prise, mais pas lui. Emporté par la griserie d'être sélectionnée, je me suis vue comme une star, parcourant le monde et lisant mon nom dans les journaux. Quand la troupe est partie en tournée mondiale, j'ai donc laissé Jérémy à Paris...

Quelques mois plus tard, en retombant sur des photos de nous, j'ai pris conscience – pour la première fois – du fait que nous étions totalement disparates. Si je m'en suis voulu à ce moment d'avoir abandonné mon amour au profit de ma carrière, je me dis finalement, aujourd'hui, que nous n'étions vraiment pas faits pour vivre ensemble. Nous avons goûté chaque moment comme si c'était le dernier, mais n'avons jamais pu nous échapper de cet éternel instant de bonheur pour élaborer un projet d'avenir commun. » Lucie, 32 ans.

Au début d'une relation, la passion est souvent si intense qu'on pense uniquement au partenaire et que l'on ne vit plus qu'à travers lui. Toutes les autres envies passent au second plan. On fait tout ensemble, on n'envisage même pas de faire quelque chose sans l'autre, au point de s'exprimer d'une même voix et de penser d'une seule tête : c'est la fusion des deux moitiés d'un même être amoureux. Pourtant, aussi romantique soit-elle, cette vision du couple, si elle perdure au-delà de quelques mois, le conduit inévitablement à l'échec. Pourquoi ? Parce que vos habitudes de vie, vos passions, vos goûts mis sous silence pour vous consacrer entièrement à l'être aimé, vont rapidement resurgir et vous contraindre à réagir. La meilleure preuve d'amour à donner à son partenaire, c'est de l'aimer tel que vous êtes et non de jouer un rôle que vous serez, de toute façon, incapable de tenir longtemps.

La différenciation : 1+1 = 2 = Elle + Lui

« Anne et moi nous étions vraiment amoureux l'un de l'autre. Prendre la décision de vivre ensemble a été facile, comme si c'était une évidence. J'avais d'ailleurs rendu mon appartement à mon propriétaire pour louer avec elle, qui vivait encore chez ses parents, un logement à aménager de concert. On se voyait repeindre les murs et s'aimer à même la moquette. Un peu de *37°2 le matin* transposé au cœur de Lyon, notre ville d'attachement.

L'appartement était idéal pour un jeune couple comme nous, mais, une fois dans le magasin de décoration, notre histoire a commencé à se gâter. Impossible de tomber d'accord sur la couleur des peintures, les motifs des papiers peints, le style des meubles... Un vrai calvaire ! Finalement, nous sommes rentrés chez nous sans avoir rien acheté. Comme nous nous aimions, il n'y avait aucune raison de ne pas finir par trouver un consensus, pensions-nous.

Lorsque nous sommes allés faire les courses pour la semaine, rebelote. Elle n'aimait que les produits *light*, moi je craquais pour la charcuterie. Elle ne buvait que du thé vert, moi des sodas...

Un matin, après une nuit blanche passée à réfléchir chacun de notre côté après une grosse dispute, nous nous sommes avoué mutuellement que nous ne supportions pas les habitudes de vie de l'autre. Nous étions deux amoureux, mais à notre grand désespoir, nous n'avons jamais réussi à former un vrai couple. » Stéphane, 28 ans.

Comme un bébé apprend progressivement que le sein qu'il tète ne fait pas partie de son propre corps, donc qu'il doit attendre que sa maman le lui tende pour en profiter, le couple traverse une phase de différenciation où chacun va, peu à peu, comprendre que, comme il a lui aussi ses propres envies, il ne sert à rien de les renier au profit du duo. Plus ou moins rapidement, on se rend d'ailleurs compte que l'autre n'est pas exempt de défauts, ne répond pas à cent pour cent de nos attentes. Et qu'il y a des jours où on l'aime moins. En somme, c'est la découverte que le couple n'est pas aussi idyllique qu'espéré. Or cette prise de conscience intervient souvent après que l'on a commencé à vivre ensemble. Car votre partenaire ne peut plus vous cacher ses petits défauts en vivant avec vous jour après jour sous le même toit. Il convient alors d'aménager temps et espace pour redonner à chacun sa place.

L'engagement : 1+1= 3 = Elle + Lui + Couple

« Chilpéric était un homme complexe. Un côté très viril qui me faisait craquer au lit comme une biscotte, mais une immaturité tout aussi marquée qui ne nous a jamais permis d'envisager un futur souriant à deux. Notre union n'a été qu'une suite de moments d'exaltation entrecoupés d'accès de colères de sa part, d'incompréhension de la mienne et de séparation pour les deux. Pendant quatre ans, nous avons régulièrement passé des journées ensemble et des nuits au septième ciel. Nous nous sommes promis amoureusement la lune mais heurtés à des réalités terre à terre. Jamais nous n'avons réussi à réunir les conditions nécessaires à une vie commune. Je ne parle même pas de se supporter au quotidien, non, tout simplement de parvenir à s'entendre suffisamment longtemps pour se trouver un logement pour tous les deux. Pourtant, je suis certaine que nous nous aimions. Mais était-ce suffisant pour s'engager ensemble vers l'avenir ? »
Caroline, 38 ans.

Cette fois, le couple n'est plus l'union de deux individualités, car il existe en tant que tel. Chacun va donc devoir y mettre du sien pour l'inscrire dans la durée. C'est le moment où l'on se met à avoir des envies de projets communs : vivre ensemble, acheter un logement, faire un enfant... Certains duos, adeptes de l'amour libre, n'atteignent jamais ce stade. Ils préfèrent vivre chacun dans leur logement, ne se voir que lorsqu'ils en ont vraiment envie, profiter pleinement de leur temps libre, sortir sans l'autre, ne pas renoncer aux soirées avec leurs propres ami(e)s, ni parfois aux aventures amoureuses. Des célébrités comme Monica Bellucci et Vincent Cassel ont bâti leur couple sur ce principe. Cela dit, c'est une façon de voir la vie à deux qui se limite à... la vie à deux. Un enfant n'a pas sa place dans ce type d'organisation. C'est un peu comme avoir des amis/amants, dont l'un est officiellement présenté comme le favori. Alors que, dans les couples qui atteignent un haut degré d'engagement réciproque, le partenaire est à la fois l'ami, l'amant, le parent, mais aussi le compagnon, c'est-à-dire, étymologiquement parlant, « celui avec qui on partage le pain » (du latin *cum* « avec » et *panis* « pain »). En somme, celui avec lequel on partage l'essentiel. Généralement, quand on atteint ce stade, on s'aperçoit que l'on vit avec lui non plus par besoin, comme cela a pu être le cas lors d'aventures précédentes, mais juste par envie. Vous êtes désormais ce qui vous convient le mieux l'un à l'autre.

Quand la famille s'agrandit : une nouvelle arithmétique

Il vaut mieux le savoir, l'arrivée du premier enfant est ressentie par plus de deux couples sur trois comme une des causes principales d'insatisfaction conjugale. L'intrusion de ce « nouvel élément » bouleverse en effet le système de valeurs des conjoints. Seuls ceux qui auront pris le temps de se connaître suffisamment se sortiront sans encombre de cet événement perturbateur. Car petit à petit l'oiseau fait son nid, mais l'oisillon aussi :

– **Les trois premiers jours de l'enfant : 1+1+1 = 2**
Mère/Enfant + Lui : le lien entre mère et enfant étant fusionnel, le père n'existe pas encore tout à fait. Cette période ne devant pas excéder la durée du séjour à la maternité, c'est la mère qui doit introniser son compagnon dans son rôle de père en lui prouvant sa confiance. Elle pourra, par exemple, lui demander de faire faire le rot à bébé, de le changer alors qu'elle est alitée, de veiller sur lui pendant qu'elle se repose, etc.

– **De ses trois jours à un mois : 1+1+1 = 3**
Mère/Enfant + Père/Enfant + Lui : cette période correspond à la durée nécessaire pour que l'enfant fasse ses nuits, que la femme ait son retour de couches. Soit environ un

mois. Une fois sorti de la maternité, l'homme doit absolument commencer à assumer son rôle de père. Généralement, comme il a repris une vie sociale et professionnelle normale alors que la mère reste la majeure partie du temps occupée par son enfant, il convient d'organiser la façon dont les deux conjoints répondront respectivement aux sollicitations de bébé, surtout la nuit. On peut, par exemple, s'arranger pour veiller une nuit sur deux, de façon à ce que l'autre puisse se reposer, à condition bien entendu que bébé ne dorme pas dans la même chambre que ses parents, condition *sine qua non* pour préserver une ambiance détendue au sein du foyer et éviter l'épuisement physique et les énervements qui s'en suivraient.

– **De un mois à la fin du congé parental : 1+1+1 = 6**
Mère/Enfant + Père/Enfant + Lui + Elle + Couple + Famille : passé un mois, chacun des parents peut revenir à des activités personnelles. Le couple peut reprendre ses ébats sexuels et faire les premières vraies sorties en famille. Seul l'enfant n'a pas encore de vie propre en dehors du foyer. Chacun des parents devra aussi passer le même temps que l'autre avec son enfant. Il est pareillement important qu'un seul parent entretienne des relations avec l'enfant en dehors de l'autre.

– **À partir de la fin du congé parental : 1+1+1 = 7**
Mère/Enfant + Père/Enfant + Elle + Lui + Couple + Enfant seul + Famille : au bout d'un certain temps, la femme reprend généralement son travail et l'enfant est gardé par une autre personne durant la journée. Il va peu à peu développer son indépendance, mais continuera à vivre des moments privilégiés avec sa mère, son père ou les deux en même temps. Chacun devra essayer d'avoir ses propres activités et moments de détente, tout en sauvegardant les entités essentielles que sont le couple et la famille.

– **Et avec un deuxième enfant : 1+1+1+1 = 15 !**

Elle + Lui + Couple + 1er enfant + Mère/1er enfant + Père/1er enfant + 2e enfant + Mère/2e enfant + Père/2e enfant + Mère/les 2 enfants + Père/les 2 enfants + Couple/1er enfant + Couple/2e enfant + Les 2 enfants seuls + Famille : vous l'aurez compris, il faut que, dans une famille, chacun puisse avoir son propre espace d'indépendance. Mais aussi que tous les liens puissent se créer entre tant de membres, à deux, trois ou quatre. En somme, il faut garder à l'esprit qu'il y a (2^n – 1) relations possibles (n = nombre de membres de la famille). Toute la difficulté sera donc de réussir à tisser des liens entre les différents éléments ou groupes qui constituent la famille, tout en conservant des activités personnelles. Pas facile.

À titre d'exemple, voici le cas concret d'une famille de quatre personnes : la mienne. Je joue au tennis en club (lui), mais j'échange aussi des balles avec mon fils chaque samedi en fin de journée (père/1er enfant). Ma femme fait de la natation deux fois par semaine près de son travail à l'heure du déjeuner (elle). Chaque soir, elle couche ma fille et lui lit une histoire (mère/2e enfant). Parfois, le week-end, elle initie mon fils à la gravure sur bois (mère/1er enfant). Je fais, moi, du VTT en randonnée, mais de temps en temps j'aime prendre le vélo de ma femme avec un porte-bébé pour emmener ma fille se promener (père/2e enfant). Il nous arrive, avec mon fils en prime, d'aller au marché par le même moyen de locomotion le dimanche matin (père/les deux enfants). Mon fils fait du piano (1er enfant) et ma fille de la danse (2e enfant), tous deux au conservatoire de musique de ma ville. Quelques fois, ma femme organise un après-midi collage et va, avec les enfants, en forêt, chercher des végétaux, puis chacun les colle sur du papier afin de créer des personnages fantastiques (mère/les deux enfants). Mon fils n'a pas école le samedi matin, contrairement à ma fille. Nous en profitons pour jouer à des jeux de société ensemble ou regarder un film en vidéo (couple/1er enfant). À toutes les vacances scolaires, mes enfants passent une semaine chez leurs grands-parents (les deux enfants seuls). Nous en profitons, ma femme et moi, pour nous accorder un week-end en amoureux (couple). Lors des grandes vacances, mon fils part quelque temps en colonie, tandis que ma fille, qui est plus petite, va au centre aéré. Nous la récupérons tous les soirs (couple/2e enfant). Nous partons tous ensemble aux grandes vacances (famille). Voilà, comment on obtient bien les quinze relations possibles !

21

Gérer au mieux les relations avec sa belle-famille

Pour ne pas jouer la pièce rapportée et marquer son territoire

On peut parfois se sentir exclu(e) de son propre foyer. C'est la sensation qu'a éprouvée Claire, 34 ans.

> « Ma belle-famille réside à l'étranger, raconte-t-elle. Comme mon mari avait pour habitude, lorsqu'il était célibataire, d'accueillir plusieurs fois par an ses parents, frères et sœurs, avant d'emménager avec moi, il m'a demandé si cela ne me dérangeait pas que sa maman, alors en convalescence après une infection, vienne nous voir de temps en temps. Je lui ai répondu que ça ne me posait pas de problème si ce n'était pas trop régulier.
> Quelques semaines après notre installation, ma belle-mère est venue chez nous quinze jours pour sortir un peu et profiter des soldes à Paris. Tout s'est très bien passé et nous étions, comme à chaque rencontre, très complices. Un mois et demi plus tard, elle est revenue quinze jours car elle avait des papiers à régler, ayant vécu longtemps en France. Mais cette deuxième visite s'est passée beaucoup moins bien. Car un soir où je rentrais tard du travail après une journée difficile, elle m'a demandé, alors que je n'avais pas encore accroché

mon manteau, ce que je comptais faire pour le dîner, dans la mesure où son fils allait rentrer fatigué et apprécierait sûrement un bon repas. Je lui ai répondu sans m'affoler que je n'avais pas encore prévu quoi que ce soit, puisque généralement nous nous attendions l'un l'autre. Quand mon conjoint est arrivé, nous avons préparé le repas ensemble sans aborder le sujet. Plus tard, seuls dans notre chambre, je lui ai parlé de l'épisode et il m'a suggéré de ne pas y prêter attention.

Environ deux mois plus tard, belle-maman... est revenue. Au fil des jours, j'ai commencé à pester contre mon conjoint lorsque nous étions seuls tant sa mère se montrait évasive quant à la date de son départ. Nous en étions déjà à trois visites en à peine six mois alors que nous venions d'emménager. Mon mari, connaissant sa mère et son état de fragilité, n'osait pas aborder avec elle le sujet. Or, de mon côté, il m'était devenu insupportable de la retrouver chez nous tous les soirs. Chacune de ses remarques se mit à m'irriter de plus en plus. Je prenais sur moi pour ne pas être désagréable ou lui paraître impolie, mais dès que je rentrais dans la cuisine, je sentais sa présence. Elle ne se gênait d'ailleurs pas pour me balancer des commentaires sur tout : "*Vous faites une machine à 60° ? C'est trop chaud !*" ; "*Moi, je ne mets pas d'huile d'olive lorsque je fais cette tarte...*" ; "*Ah, vous faites comme ça la sauce à salade ? Moi je rajoute de la moutarde. Vous savez, mon fils aime bien la sauce avec la moutarde...*"

Ses remarques et sa présence finirent par susciter en moi une profonde angoisse. J'avais du mal à respirer, je ne me sentais pas bien. Pourtant, j'ai pris sur moi sans alerter mon conjoint.

Le comble est arrivé lorsque, un soir, elle m'a dit être venue chez nous dans l'après-midi avec une cousine croisée dans Paris et que cette dernière trouvait notre appartement très beau... J'ai cru que le monde s'effondrait. On recevait des gens dans mon propre appartement, en mon absence, sans m'informer. Je ne me sentais plus chez moi et j'avais l'impression que c'était moi l'invitée. J'ai attendu que mon conjoint rentre du bureau et je lui ai tout déballé : mes angoisses, les remarques devenues insupportables, la présence à répétition de sa mère empêchant toute intimité... Je

n'en pouvais plus, j'en souffrais seule tant je n'osais lui en parler... C'était sa mère, elle n'allait pas bien, je devais donc être bienveillante mais tout ceci était devenu trop dur. Il s'est montré très compréhensif, y a vu une différence culturelle mais ne voulait pas nous imposer un style de vie, qui plus est au détriment de notre bonheur. Il a donc parlé à sa mère dès le lendemain pour lui faire comprendre, avec tact, que nous étions désormais un couple, que nous vivions donc à notre guise et décidions des choses nous concernant, et qu'il lui fallait absolument espacer ses visites pour préserver notre intimité.
Ça n'a pas été facile pour elle, car elle n'avait pas le sentiment d'avoir fait quelque chose de mal et ce n'était d'ailleurs pas son intention. Il s'agissait juste d'une maman poule respectant une certaine tradition. Depuis, nous continuons notre relation complice et elle évite de trop s'immiscer dans notre existence. Cette remise à plat de mes relations avec ma belle-mère a vraiment été vitale pour notre couple. »

Choisir d'aimer quelqu'un d'une culture, d'un milieu social, d'une race ou d'une religion différente de la sienne, représente parfois une manière de s'émanciper de sa tribu. Lors de sa présentation à la belle-famille, l'inconnu intrigue et inspire méfiance. Sur lui se cristallisent toutes les inimitiés et préjugés, alors que la tolérance et le respect devraient constituer des mots d'ordre. Il est donc primordial de trouver au plus vite des points de convergence avec sa belle-famille afin d'éviter le rejet. Une culture propre à votre couple va se construire chaque jour et prendre peu à peu le pas sur celles du passé. Chacun des conjoints doit donc savoir renoncer en partie à ses idéaux – sans renier ce qui a fait de lui ce qu'il est – pour appréhender et, pourquoi pas, épouser progressivement ceux de l'autre. En cas de conflit, se posera invariablement la question de la loyauté : à sa famille ancienne ou à la nouvelle ? Faut-il d'ailleurs, ou pas, avoir à tout prix l'esprit de famille ? Il est parfois souhaitable de s'éloigner de sa propre fratrie pour construire son propre cocon, loin des influences et interdits gravés en nous par l'enfance. Certes, pour tracer sa propre voie, chacun des partenaires peut avoir besoin de l'aide matérielle ou financière des siens, mais il doit s'agir uniquement d'un coup de pouce momentané et en aucun cas d'influer sur les choix de vie que les conjoints auront adoptés, ni de contrecarrer les projets entrepris.

L'impact de la famille sur la personnalité de chacun

« Nous étions vraiment amoureux l'un de l'autre. Olivier avait à mes yeux les qualités pour devenir un bon père, tout en sachant rester un amant joueur et un mari attentionné. L'homme idéal en quelque sorte... Mais cela changea lorsque nous nous sommes mis en ménage. Pas du jour au lendemain, mais petit à petit, comme un virus qui s'insinue en vous et vous affaiblit sans que vous vous en rendiez compte.

Comme il ne voulait pas que je sorte sans lui et appréciait modérément mes amies, j'en vins à les voir de moins en moins. J'étais heureuse avec mon mari, mais progressivement la vie ne m'offrit plus d'autre vision que lui.

Quand notre foyer s'agrandit, à l'arrivée d'un fils, je découvris avec joie qu'il était un papa attentif. Avant de constater, mois après mois, qu'il se chargeait un peu trop de l'éducation de notre enfant, sans jamais me consulter sur ce sujet. Après un congé parental de deux ans qu'il m'avait demandé de prendre pour que « son » fils soit protégé du monde extérieur, je pensais retrouver une activité professionnelle. Mais il argua que je n'avais aucune raison de retravailler puisque lui-même gagnait bien sa vie. Il ajouta d'un ton faussement ironique que je n'avais pas besoin de côtoyer d'autres hommes que lui, dans la mesure où j'avais toujours dit qu'il était le meilleur. Mon destin semblait scellé...

Et puis, un jour, le hasard m'envoya un signe sous la forme d'un coup de téléphone. Maurice, le père de mon mari, nous invitait à passer un week-end dans la maison qu'il venait d'acheter en bord de mer. Je n'avais jamais eu l'occasion de faire vraiment connaissance avec cet homme, au demeurant charmant. Je savais juste qu'il était veuf depuis une vingtaine d'années et vivait un peu à l'écart des gens, et même des siens, comme s'il ne voulait pas que l'on découvre certains pans de son existence. Il semblait d'ailleurs avoir soigneusement enfoui quelques souvenirs dans les murs de la maison qu'il venait de vendre. Il nous reçut chaleureusement, heureux de nous faire découvrir sa nouvelle demeure abordée comme une nouvelle vie.

Mon fils voulant un jour se baigner à la plage toute proche, je laissais Olivier l'y accompagner en prétextant une indisposition pour rester avec mon beau-père. Nous discutâmes longtemps, du rosé bien frais partagé dans le jardin déliant les langues. Je lui avouais que son fils avait changé depuis notre rencontre et que, parfois, j'avais du mal à comprendre comment nous en étions arrivés là. Il me demanda si Olivier se montrait parfois jaloux. Je lui répondis que ce n'était pas réellement le cas, mais qu'il avait tout de même réduit mon domaine d'activités et me cantonnait à la maison pour élever notre fils. Son père me révéla alors que, lorsque sa femme était morte, ils ne vivaient plus ensemble. Quelques années plus tôt, alors qu'Olivier était adolescent, sa mère avait quitté le foyer en les laissant tous les deux pour partir avec un amant. Olivier lui en avait beaucoup voulu, ne comprenant pas comment une mère pouvait sacrifier sa famille à une aventure extraconjugale.

Le soir même, au lit, Olivier et moi avons eu une grande discussion. Je lui expliquai que ni lui ni son père n'étaient responsables du départ de sa mère et que ce n'était pas en m'empêchant de voir du monde et en m'enfermant dans un rôle de femme au foyer qu'il éviterait que je le quitte à son tour. De plus, ce n'était pas en essayant de jouer le rôle de son propre père qu'il réécrirait l'histoire de leur vie. J'imaginais qu'il allait entrer dans une rage folle mais, au contraire, il se blottit dans mes bras comme un enfant et je sentis des larmes mouiller ma poitrine. Quelques semaines plus tard, il entreprit une psychothérapie courte...

Voilà six mois que j'ai retrouvé du travail. Une de mes nouvelles collègues est devenue une super amie et, parfois, nous sortons le soir au théâtre. Olivier préfère rester regarder un film avec notre fils à la maison. Aujourd'hui, il est plus calme, souriant, confiant désormais dans l'existence. Il n'a plus peur de me perdre et que se reproduise le schéma familial qui a meurtri son adolescence. Je ne sais pas si nous irons ensemble au bout du chemin que la vie nous trace, mais il est clair que nous avons pris un nouveau départ tous les deux. » Amélie, 37 ans.

Une belle-famille reste liée à l'histoire et à l'éducation d'un partenaire. Elle est à la source de sa personnalité, forgée au gré des expériences vécues dans son enfance. Comme il est souvent demandé à chacun des conjoints, au cours d'une thérapie de couple, de présenter la famille de l'autre telle qu'on la lui a décrite ou qu'il l'imagine, avant qu'ils se rencontrent, appréhender le mode de fonctionnement et d'organisation de sa belle-famille revient, d'une certaine manière, à comprendre comment son conjoint agit. Quand une divergence de point de vue survient au sein de couple, il ne sert donc à rien de se dire que l'on a raison et l'autre tort. Mieux vaut toujours penser que si l'autre voit ou vit la situation différemment, c'est qu'il a un autre mode de perception et d'analyse. On peut toujours songer que la personne que l'on aime subit l'influence du passé, mais plutôt que d'oser la juger, le plus important n'est-il pas d'essayer de comprendre pourquoi elle a cette vision qui l'incite à ressentir, agir, vivre de cette façon ? Comment celui/celle qui partage notre existence appréhende le monde qui l'entoure et donc nous perçoit nous-mêmes ? Quels filtres, il/elle utilise inconsciemment ? Quels préjugés modulent son jugement quant aux personnes qu'il/elle côtoie ?

Nous sommes le fruit de notre arbre généalogique et, par conséquent, de l'histoire de notre famille et du mode d'éducation des enfants transmis au fil des générations. Parfois, après avoir lutté pour s'éloigner des traditions familiales, l'adolescent(e) rebel(le), en gagnant en maturité, en comprenant mieux quel but s'étaient assigné ses parents, se rapproche de leur personnalité, se met à fonctionner à leur identique. Une évolution d'autant plus flagrante quand on endosse, à son tour, le rôle de parent et que l'on se retrouve confronté aux mêmes contraintes, aux mêmes choix d'éducation que ses propres père et mère. À 20 ans, on se dit souvent : *« Mes parents ne comprennent vraiment rien. »* À 40 ans : « *Je devrais peut-être en parler à mes parents* » et à 60 ans : *« Si mes parents étaient encore là, je leur aurais demandé conseil. »* La vraie maturité n'est-elle pas de reconnaître, au-delà des ressentiments, que ses parents ont fait au mieux de leurs possibilités ?

Quand le couple devient à son tour famille

Les ressemblances/différences de façon de vivre, de mode de pensée, de préjugés, transmis de parents à enfants dans chaque famille, peuvent se traduire en attraction/répulsion envers le passé de l'autre comme à l'égard du futur qui se profile dans la (pa)maternité souhaitée. Aimer quelqu'un, c'est déposer un peu de soi en l'autre. Cela ne devient plus une vue de l'esprit quand ses gènes se retrouvent dans l'enfant à naître. Celui-ci héritera-t-il plutôt de ceux de la belle-famille ou des nôtres ? Le départ programmé du noyau familial, conformément à l'injonction biblique : *« Tu quitteras ton père et ta mère »*, puis la fusion de deux individus en un même amour trouvent toute leur signification quand vient le désir de perdurer par-delà la mort, donc d'enfanter pour que sa descendance continue à inscrire son nom dans l'histoire. Si votre conjoint et vous-même avez respectivement été bien accueillis par votre belle-famille, la nouvelle formée à partir de votre couple parviendra à s'agrandir sans heurt. L'arbre de votre union puisera force et soutien dans les racines de chacune de vos entités familiales. Si cela n'a pas été le cas, le déséquilibre affectif ressenti par votre enfant aura des répercussions sur l'équilibre de votre couple.

Les parents ont un rôle fondamental à jouer dans la

structuration psychique du futur adulte qu'ils élèvent, mais les grands-parents peuvent aussi être le moule de certains traits de la personnalité en train de se forger. Quand un enfant passe quelques jours en vacances seul avec ses grands-parents, il sait qu'il devra respecter les adultes qui l'accueillent, mais aussi que les règles vont sans doute être adoucies par rapport à celles auxquelles il se plie d'ordinaire. C'est que les grands-parents ont été aussi parents, mais que, ayant vu leurs enfants devenir adultes, ils se sont rendu compte de la manière dont ils avaient réussi à s'intégrer dans la société et en ont tiré quelques leçons. Les petits-enfants disposent donc, en général, de plus d'autonomie, tout en trouvant plus d'écoute aux petits problèmes de leur vie quotidienne, quand ce n'est pas de leur cœur. Ces grands aînés sont moins stressés, moins pressés par le quotidien. Ils prennent le temps de vivre plus posément que leurs propres enfants et disposent d'instants pour discuter, éclairer, conseiller.

22

Franchir à deux les étapes de la vie de couple

Devenir parents et rester amants

Si l'arrivée du premier enfant pose problème à plus des deux tiers des couples, c'est qu'elle marque un tournant majeur dans la vie du couple. Pourquoi ? Tout simplement parce qu'il en signifie la fin en tant que tel. La fusion passionnelle n'est possible qu'entre deux êtres qui s'aiment. Dès qu'un petit bout' chou pointe son nez, le couple se transforme en trio et la fusion parentale prend du plomb dans l'aile... En plus des nouvelles responsabilités, c'est la liberté d'action des parents qui se retrouve indubitablement restreinte. Plus question de s'offrir une soirée à deux en sortant du boulot ou de s'accorder une partie de jambes en l'air l'après-midi sur le canapé du salon. Cela ne veut pas dire que la vie de couple est morte à jamais, non, cela signifie que les conjoints vont devoir s'organiser pour s'offrir des moments et ne pas se laisser envahir par leur(s) enfant(s). Bref, qu'ils puissent devenir parents tout en restant amants. Voici quelques pistes permettant de passer ce cap et d'envisager, sans cas de conscience, la venue d'un deuxième enfant :

– N'installez jamais le berceau dans votre chambre, sauf évidemment si vous habitez un studio et que vous ne pouvez faire autrement. Dès le retour de la maternité, faites découvrir à votre enfant ce qui sera sa chambre en lui expliquant que papa et maman en ont une comme lui et qu'ils ne sont jamais loin de lui quand il dort. Vous pensez peut-être que l'enfant est trop petit pour comprendre, mais détrompez-vous : même s'il ne comprend pas le sens des mots, il les mémorise et en saisit le ton. Si vous êtes apaisant mais ferme, il intégrera que votre chambre ne sera jamais la sienne. Respectez ce lieu qui était le vôtre avant son arrivée et qui devra rester celui des retrouvailles du couple. De plus, tant que le bébé ne fera pas ses nuits, le conjoint qui ne se lève pas pour aller s'occuper de lui la nuit sera content de pouvoir continuer la sienne...

– Quand il aura grandi, faites-lui comprendre que papa et maman ont le droit de se reposer (version officielle pour ne pas avoir à lui expliquer trop tôt ce qu'on fait sous la couette) et qu'il ne doit sous aucun prétexte entrer dans votre chambre sans avoir frappé à la porte et avoir obtenu votre assentiment avant d'entrer. À la limite, n'hésitez pas à fermer à clé votre chambre lorsque vous vous engagez dans une partie de jambes en l'air. Quand il sera capable de préparer seul son petit déjeuner, de jouer et éventuellement d'allumer seul la télévision, vous pourrez lui demander, le vendredi soir, de ne pas vous attendre le samedi matin et le prévenir que vous le rejoindrez quand vous serez réveillés et reposés (toujours selon la version officielle).

– Des amants peuvent s'offrir des instants de plaisir amoureux quand ils sont seuls. S'ils travaillent tous les deux, ça se résume, hors vacances, aux soirées/nuits/matinées et week-ends. Réfléchissez aux moments où vous pouvez, à votre tour, ôter votre panoplie de parents pour vous retrouver dans la peau d'amants. Sincèrement, à part en milieu de journée le week-end, en quoi votre situation est-elle moins enviable ? En général, entre 22 heures et 7 heures, votre enfant dort et le monde, tout du moins dans les limites du logement, vous appartient ! Si vous avez une grosse libido à satisfaire en milieu d'après-midi, rien ne vous empêche, surtout avant que le garnement soit inscrit à la maternelle, de lui proposer de l'accompagner à la sieste, chacun dans sa chambre, comme de bien entendu. Quand votre enfant aura commencé à aller à l'école, vous pourrez poser une matinée en semaine pour vous retrouver et vous câliner. Et puis, souvenez-vous qu'en France les vacances scolaires tombent en gros toutes les sept semaines : à vous de vous organiser pour envoyer vos turbulents rejetons chez papi et mamie ou en colonie de vacances. Et hop... profitez-en pour déguster, le temps d'un week-end ou d'une semaine de congés, la liberté à deux [1].

Le départ des enfants du foyer

Pas facile de se retrouver seuls quand le dernier enfant s'envole de la maison vers sa propre destinée. Or ce départ sera d'autant mieux vécu qu'il a été précédé de petites séparations. D'abord la garde de l'enfant en bas âge et les vacances chez les grands-parents. Puis la première colonie de vacances. Et, enfin, les vacances avec les ami(e)s à l'adolescence. Certes, parfois, un divorce vous oblige à vous séparer par intermittence de vos enfants alors qu'ils sont encore petits, mais on s'en sort. Quant aux femmes qui ont consacré beaucoup de temps à l'éducation de leurs enfants, elles subiront d'autant plus le « syndrome du nid vide » qu'elles les ont privilégiés au détriment du conjoint ou de leur propre vie ; dès lors, pensez-y pour anticiper.

1. Voir « L'escapade romantique loin des soucis ».

La séparation peut être vécue comme un drame, mais il faut se souvenir que l'on ne fait pas des enfants pour soi mais pour leur permettre de devenir à leur tour des adultes.

Elle est donc programmée dès la naissance. Dans la Bible, sur laquelle se base la morale judéo-chrétienne, ne dit-on pas aux enfants qu'il faut partir, quitter le lieu des origines et se séparer de ses parents (Genèse II, 24) ? Qu'il faut renoncer à vivre près de ceux qui nous ont fait découvrir le monde, mais qui, à long terme, nous empêcheraient de rencontrer l'autre. Il convient donc de quitter père et mère pour fonder à son tour un couple, une famille et perpétuer l'histoire humaine.

Le départ des enfants n'est dès lors pas un drame, mais le tournant qui va vous amener à revenir à votre couple, à vous, à vos envies, à vos hobbies en profitant du temps libéré. Ceux/celles qui ont négligé leur vie sociale pourront reprendre contact avec leurs ami(e)s, s'en créer d'autres, faire de nouvelles rencontres. À toute chose, malheur est bon.

La retraite comme un nouveau départ

La retraite marque souvent le deuil d'une certaine image de soi. Et dans les cinq ans qui suivent leur départ, beaucoup de personnes retournent contre elles l'énergie investie autrefois dans le travail et se déclenchent des pathologies. Plutôt que d'imaginer, plus ou moins consciemment, des raisons de se punir de son inactivité, mieux vaut peu à peu apprendre à utiliser cette énergie de façon positive pour reconstruire un nouvel avenir. Ne plus être dans le Faire et l'Avoir mais se tourner vers l'Être.

Si de nombreux hommes se replient sur eux-mêmes en ne sachant quel nouveau rôle jouer dans le couple, les femmes, elles, profitent souvent à plein d'une liberté retrouvée. Libérées des obligations familiales, disposant de tout le temps libre nécessaire, elles n'hésitent pas à se tourner vers des activités qui les intéressent et qu'elles n'ont jamais eu l'occasion d'approfondir, voire à se lancer de nouveaux défis (reprendre des études, démarrer une activité physique, etc.).

Enfin, la retraite peut constituer le nouveau départ d'une vie de couple, sans responsabilité familiale, sans le stress de garder son emploi. Un peu comme si vous recommenciez à vivre à l'époque d'avant les enfants, mais avec plus de temps libre et moins de soucis d'avenir.

23

Rallumer la flamme de la passion

La passion, bien qu'extrêmement plaisante à vivre dans les premières années d'un couple, n'est pas forcément le *nec plus ultra* des rapports amoureux, tant elle se révèle souvent synonyme de fusion, donc de perte d'identité. Pourtant, utilisée à bon escient, elle permet de redonner de l'élan à un amour que le temps aura trop souvent assagi. Revivre une période passionnelle, même de quelques jours, c'est oublier le raisonnable un instant pour se replonger dans un moment de folie pleinement consenti. Donc sacrifions à ce plaisir. Il est aussi possible de vivre une passion sexuelle et de l'installer sur le long terme, afin de continuer à avoir des rapports aussi fougueux qu'aux premiers jours [1]. Bref, rallumer la flamme alors que la bougie du couple s'est éteinte avec le temps, rien n'est moins inatteignable. Qu'on en juge

1. Voir « Une vraie passion sexuelle ».

Les codes secrets et rituels de rapprochement

Au gré de votre union, vous allez développer une culture de couple qui vous sera propre. Cette convergence des passions et centres d'intérêt facilitera votre complicité. C'est ce jardin secret qu'il faut développer puis entretenir avec soin au fil des années. Pourquoi ne pas vous inventer des petits codes secrets (expressions, gestes, regards), connus de vous seuls, qui vous permettront de vous sentir vraiment complices ?

Claire et Marc, la quarantaine tous les deux, ont ainsi imaginé d'utiliser des noms d'oiseaux, non pour se les envoyer à la tête sous forme d'insultes, mais pour exprimer leur désir de manière imagée et personnelle. Si Marc a envie de signaler à Claire qu'il a très envie d'elle lorsqu'ils sont invités chez des amis, il lui parle donc d'oiseaux... Plus le volatile décrit est imposant, plus son désir pour elle s'avère pressant. « *Je viens de voir une mésange à la fenêtre* » signifie qu'il aimerait la câliner tranquillement, alors que « *j'ai vu un énorme cygne décoller sur une rivière en venant* » indique qu'il attend qu'ils se retrouvent seuls pour lui exprimer la passion qu'elle lui inspire.

Cet exemple vous étonne ? Le sociologue William Doherty a mis en évidence l'importance des rituels de rapprochement dans le bien-être d'une famille. Mettez donc en place progressivement ces petits moments qui ne seront qu'à vous :

– Promenade main dans la main le vendredi soir, avant dîner, pour décompresser de la semaine de travail ;

– Gros câlin le samedi matin, pour fêter le retour de celui des deux parents qui aura emmené le(s) petit(s) à l'école ;

– Apéritif le dimanche midi avant d'entamer le déjeuner dominical, qu'il y ait ou non des invités ;

– Séance restau-ciné, un soir par mois, en faisant appel à une baby-sitter ;

– Séance massage au retour du sport ou après une journée de travail difficile...

La lettre érotique et divers messages d'affection

Nombreux sont ceux et celles qui croient que faire l'amour doit être un acte impulsif, dicté uniquement par le désir, et qu'il vaut mieux ne pas le préméditer. Or le plaisir sexuel n'est jamais aussi intense que lorsqu'on laisse d'abord la séduction opérer, puis que l'on aborde les choses avec patience, avant les grandes retrouvailles corporelles. L'attente qui précède la libération des sens représente souvent le meilleur des aphrodisiaques. Voici une histoire vraie pour vous en convaincre :

> Un matin, dans le métro parisien, je me suis retrouvé debout dans le couloir alors qu'à côté de moi, sur un strapontin, était assise une jeune femme. Brune, jolie, style BCBG, la trentaine, elle pianotait sur le clavier de son téléphone mobile. Une petite sonnerie lui annonça l'arrivée d'un nouveau message. Curieux, je me penchai un peu au-dessus d'elle pour en savoir plus. Je découvris alors le SMS suivant : « *Écoute j'ai tellement aimé que je n'ai pas envie d'annuler ton gage, à moins que tu le veuilles. Chris.* » Je vis bien que la jeune femme était prise d'une grande excitation : la chaleur lui monta en effet aux joues et elle plaqua son mobile sur sa poitrine, à la fois pour en cacher l'écran et pour le rapprocher de son cœur. Elle sembla hésiter quelques secondes puis saisit cette réponse avec un fin sourire sur ses lèvres pulpeuses : « *Moi aussi Chris ! On verra la prochaine fois si tu veux l'annuler ou... si tu préfères le remplacer par un autre. Sab.* »

Je ne saurai jamais en quoi consistait le fameux gage, mais je ne doute pas de son caractère hautement érotique.Voici quelques idées pour réveiller la passion par l'écriture :

– Envoyez-lui un SMS lui demandant de vous rappeler

parce que vous avez une nouvelle de la plus haute importance à lui communiquer. Quand il/elle téléphonera, dites juste : *« Je t'aime et c'est pour moi la chose la plus importante au monde »* ;

– Envoyez-lui une lettre d'amour enflammée où vous décrirez tous les moments merveilleux déjà vécus ensemble, mais aussi ceux que vous imaginez vivre durant votre prochain week-end en amoureux. Un texte érotique vous mettant tous deux en scène, avec un soupçon de poésie, sans vulgarité, mais en jouant à fond la carte de l'imagination, sera sans nul doute un puissant aphrodisiaque ;

– Créez un compte e-mail gratuit avec un pseudo accrocheur et énigmatique propre à enflammer l'imaginaire romantique de votre aimé(e). Puis, envoyez-lui des messages anonymes passionnés avant de lui révéler dans le dernier courrier qu'il s'agit de vous.

Les sorties surprises et autres escapades romantiques

La sexualité gagne à être mise en scène. Savoir cultiver l'attente, être soi-même et avoir confiance en l'autre, voilà ce qui nous comble souvent le plus, précise la scientifique et écrivain Maïté Sauvet. Prendre le temps de se faire beau pour celui/celle que l'on aime en espérant voir briller le désir dans ses yeux... n'est-ce pas le plus tendre geste d'amour qui soit ? Préparez-vous chacun de votre côté comme deux futurs mariés, puis retrouvez-vous dans la voiture qui vous conduira au restaurant, au cinéma ou toute autre soirée culturelle. Autre possibilité, réservez en secret une journée de rêve, appelez la baby-sitter puis, le jour J, laissez à votre conjoint le soin d'aller ouvrir la porte et quand il/elle se retournera vers vous pour vous demander ce que la baby-sitter fait là ce matin, tendez-lui les deux réservations en prononçant la seule expression de circonstance : *« Je t'aime ! »* Sachez, par exemple, que le château de Versailles organise des visites privées avec déjeuner et ballade en calèche au cœur même du parc.

Le top pour renouer avec la passion demeure le week-end romantique. Pas besoin de prévoir des folies pour autant. Vous pouvez, par exemple, demander à l'hôtel qui vous accueille de préparer une énorme coupe de fruits, avec des toasts et de grandes bouteilles d'eau, puis passer trente-six heures sans quitter la chambre. Pour les moins fougueux, il reste la possibilité de réserver un gîte en pleine forêt ou au bord de la mer, et de faire des activités « nature » pour se détendre et partager des moments ensemble. Car c'est là le plus important · être juste vous deux, loin des soucis, portables coupés, radio et télévision éteintes et sans journal. Pour les « gros fainéants », il y a même le week-end thalasso où l'on vous chouchoutera durant deux jours.

24

Savoir réveiller le désir féminin

Par rapport à d'autres chapitres de cet ouvrage, comme nous sommes dans la partie liée au couple et à son évolution au fil des années, il s'agit bien ici du réveil souhaité d'un désir défaillant et non de son éveil. Je ne traiterai donc pas des causes qui peuvent amener une femme qui n'a jamais connu de plaisir, ou qui n'a jamais été très portée sur la chose, à s'interroger sur son désir, mais plutôt aux libidos s'amenuisant à cause du temps. De même, j'ai choisi de m'intéresser plutôt à la libido féminine, étant entendu qu'elle représente la majorité des consultations médicales pour baisse de désir au sein d'un couple. D'ailleurs, il est à noter que cette diminution est plus souvent évoquée par le conjoint que par la femme elle-même, qui, si elle reconnaît volontiers le fait – une femme sur cinq serait sujette à des troubles de désir sexuel hypoactif[1] –, en souffre rarement. En conséquence de quoi, il sera difficile pour le médecin d'aider efficacement sa patiente sur un point – qui n'est en outre pas une pathologie – dont bon nombre de femmes s'accommodent !

1. American Medical Association, 1999.

Mais nous allons voir qu'au-delà de causes psychologiques ou physiologiques, certains événements ou changements d'habitudes de vie peuvent avoir un impact certain. En outre, en plus d'une remise en question trop souvent systématique du relationnel au sein du couple, il est possible d'adapter sa sexualité à une différence notable de libido entre les conjoints [1] comme de réveiller un désir qui le plus souvent ne demande qu'à être re-sollicité après avoir connu l'érosion logique de quelques années de vie commune.

Les mystères de la libido

La libido (« désir » en latin) renvoie à une recherche instinctive du plaisir, plus particulièrement charnel, et donc à son évocation appelée aussi désir sexuel. Ce mot a donné naissance à des termes comme libidineux, qui se rapporte au vice et à la recherche constante de satisfactions sexuelles.

La libido masculine est influencée par des stimuli extérieurs, essentiellement liés à la vue (images érotiques, voyeurisme, etc.), des fantasmes d'ordre sexuel, des pulsions, des stimuli corporels (échanges de caresses, toucher d'un corps féminin, phéromones), mais aussi par des stimulations hormonales (testostérone). En fait, peu d'hommes se plaignent d'une baisse de leur libido. Il peut arriver que l'un ressente momentanément moins de désir pour la personne avec laquelle il vit parce qu'elle a changé de façon d'être à son égard (disputes conjugales, humiliations répétées pouvant aboutir à une castration psychologique...), qu'elle lui plaît moins physiquement (prise de poids, passage de la ménopause, laisser-aller lors d'une phase de dépression, maladie invalidante...) ou qu'elle

1. Voir « Équilibrer son niveau de libido avec celui de son conjoint ».

change de statut au sein du couple (grossesse, changement de situation professionnelle, chômage...). Mais, la plupart du temps, ses hormones se rappellent vite à son bon souvenir. De plus, s'il connaît des baisses de désir pour sa femme, il peut le voir remonter très vite pour une maîtresse. Seuls de graves problèmes psychologiques (dépression, névrose, mélancolie...) ou d'ordre physique, surtout s'ils provoquent en lui des pannes érectiles [1], peuvent amener un homme à renoncer à la sexualité.

Chez la femme, c'est... un peu plus compliqué, tant, pour nombre d'entre elles, les notions de désir, d'excitation et de plaisir sont indissociables. L'envie de complicité et de partage d'émotions supplante souvent le désir sexuel. Toutefois, il faut souligner que les hormones ne sont pas produites par le corps féminin de façon continue, mais plutôt à intervalles réguliers liés au cycle menstruel. Sa libido est maximale à l'œstrus – ou période d'ovulation –, qui provient quatorze jours après le début des règles. C'est à cette phase de milieu de cycle que le corps secrète un maximum d'œstrogènes. Il est d'ailleurs amusant de noter, comme le souligne Lucy Vincent, neurobiologiste et auteur de *Petits arrangements avec l'amour*, que c'est pendant leur pic d'ovulation que *« les femmes sont davantage attirées par les hommes volages, possédant une certaine assurance. Pendant le reste du cycle, elles préfèrent les hommes doux. La raison ? Les machos et les voyous possèdent des gènes de survie dont elles souhaitent doter leur progéniture »*. La progestérone générée lors de la seconde moitié du cycle menstruel a un effet anti-androgénique. Ce qui signifie qu'elle diminue la testostérone, d'où la baisse éventuelle de désir de la femme qui n'est, en outre, plus fécondable à cette période de son cycle.

1. Voir « Ne pas renoncer trop vite au coït ».

> **À savoir** : bien que la testostérone soit synonyme de virilité masculine, cette hormone appartient aux deux sexes, même si on en trouve dix à vingt fois plus chez les hommes que les femmes. Des patchs à la testostérone peuvent être utiles pour améliorer le désir, les sécrétions naturelles comme l'humeur des femmes ménopausées. Après un orgasme, la prolactine provoque une baisse de vitalité (testostérone), d'envie (action antidopaminergique), chez l'homme, mais beaucoup moins chez la femme. Ce qui pourrait expliquer pourquoi, parfois, une femme peut s'étonner de voir son amant voilà peu fougueux devenir doux comme un agneau après avoir éjaculé, alors qu'elle-même peut se transformer en brute sexuelle au paroxysme du désir.

Parfois, la libido d'une femme se met à baisser brusquement sans que soit décelable l'élément ayant conduit à ce changement. Diverses modifications de ses habitudes de vie peuvent expliquer cet état :

– **Début de la vie en commun :** la surprise attise le désir. Quand on se voit de temps en temps sans planifier les rendez-vous, l'attente du moment privilégié où l'on retrouvera l'autre, la vision torride que l'on s'en fait par avance favorisent l'excitation sexuelle. Lorsqu'on commence à vivre ensemble, l'effet de surprise disparaît. Certaines femmes profitent du fait qu'elles sont sûres de retrouver leur partenaire plusieurs soirs de suite pour dynamiser leur sexualité et avoir la possibilité d'approfondir sur la durée certaines pratiques, voire mettre en place des ambiances et scenarii propices aux fantasmes. D'autres, au contraire, ne perçoivent que la contrainte de devoir paraître belles ou en forme chaque jour, alors que les tracas du quotidien perturbent la vision idyllique et passionnelle qu'elles avaient du couple.

– **Grossesse :** alors qu'on constate souvent qu'une femme désirant ardemment un enfant voit sa libido augmenter, une fois enceinte tout est remis en question. Soit la libido de la future mère diminue nettement, soit elle se trouve surboostée. Ceux qui ont vu *Neuf Mois* de Patrick Braoudé se souviennent certainement que l'acteur-réalisateur a mis en scène, dans son film, une femme que la grossesse bloque sexuellement, alors que son ami, dont l'épouse attend aussi un enfant, découvre que la sienne s'est transformée en amante survoltée. En fait, le corps féminin réagit plutôt favorablement à la grossesse. Le taux d'œstrogènes augmente (jusqu'à 100 fois le taux habituel), tandis que l'ensemble des organes génitaux est mieux irrigué, ce qui accroît les sensations agréables (comme lorsque le clitoris se gonfle de sang durant une excitation sexuelle). Par ailleurs, le taux de progestérone grimpe aussi pendant la grossesse. Cette hormone, qui aide à l'implantation de l'embryon, stimule le développement des glandes mammaires en vue de l'allaitement du nouveau-né et semble jouer un rôle lors de l'accouchement, comme l'ocytocine qui va déclencher les contractions utérines. Globalement, on peut diviser la grossesse en trois phases :

1) Durant le premier trimestre (1er au 3e mois) : les petits problèmes liés au début de grossesse (nausées, fatigue...) entraînent généralement une diminution de la libido. À cela s'ajoute le fait que la future maman doit se faire à l'idée qu'un petit être se développe dans son ventre, que, bientôt, la famille s'agrandira, donc que son rôle va évoluer d'amante/épouse à mère. Autant de bouleversements, aussi bien physiques que psychologiques, qui mettent parfois la libido au second plan ;

2) Pendant le deuxième trimestre (4e au 6e mois) : la libido est souvent ressentie comme étant la plus forte. La femme s'est habituée aux changements du début de grossesse et son système hormonal fonctionne à plein régime. Son corps a subi des transformations qui augmentent les

sensations agréables lors des rapports amoureux : irrigation supérieure de la vulve et du clitoris, gonflement des seins...

3) Au cours du troisième trimestre (7e au 9e mois) : le ventre devient plus lourd et gène les mouvements, l'orgasme déclenche parfois des contractions utérines intempestives, la vulve reste congestionnée après le rapport par un excès de flux sanguin, le taux de prolactine se trouve jusqu'à 10 fois plus élevé qu'au début... voilà nombre de raisons qui conduisent la libido à marquer le pas. De plus, l'approche de l'accouchement peut entraîner quelques questions et doutes : on a peur de faire mal au bébé lors d'une pénétration profonde, on ne sait plus quelle position adopter, on angoisse à l'idée d'un accouchement prématuré...

– **Arrivée du premier enfant :** la prolactine est une hormone qui favorise la lactation et dont la production est accélérée par la succion du bébé. Générée aussi au moment de l'orgasme, elle est la cause, chez l'homme, de la période réfractaire. Chez la femme, son augmentation entraîne une baisse de la libido en fin de grossesse et pendant les semaines qui suivent l'accouchement. La prolactine éloigne aussi le retour de l'ovulation. Raison pour laquelle l'allaitement a, de tout temps, été utilisé comme moyen contraceptif.

D'autre part, il faut savoir que l'arrivée du premier enfant marque pour la femme le passage de fille à mère. Il lui faudra généralement plusieurs mois avant que son corps ne retrouve son état d'avant la grossesse, qu'elle n'apprécie des sensations corporelles oubliées durant neuf mois, que son esprit n'arrive à se détacher de la nouvelle responsabilité qui lui incombe et l'incite à se consacrer à des jeux amoureux a priori plus futiles, et moins « utiles » maintenant qu'elle est mère. À noter, pourtant, le fait que la femme allaitante découvre souvent, par la succion de ses tétons un plaisir jusqu'alors inconnu [1]. Ce nouveau bonheur corporel

1. Voir « Les cinq orgasmes de la femme ».

procuré par son enfant, même s'il n'est pas de nature sexuelle, renforce le lien avec le bébé grâce aux sensations jouissives et à la décharge d'ocytocine (hormone de l'attachement), mais peut aussi avoir pour effet d'éloigner momentanément le père de ses pensées.

– **Adoption ou changement de pilule contraceptive :** lorsqu'une femme adopte une contraception hormonale, à partir de la deuxième semaine de son cycle menstruel elle fait croire à son corps que l'ovulation a déjà eu lieu. La maturation des follicules ovariens, dont un seul aurait donné un ovocyte, se voit stoppée une semaine plus tôt que prévu et supprime donc l'ovulation. La pilule contraceptive empêche les ovaires de produire leurs propres hormones, dont le cycle menstruel dépend.

Les changements d'humeur sont moins fréquents, mais la libido, si elle s'avère plus constante, n'enregistre plus de pic de milieu de cycle d'une amplitude comparable à celle d'une femme sans contraception. Ainsi, d'après une étude de l'université de Boston [1], prendre la pilule pourrait induire une perte de la libido. En fait, la pilule contraceptive accroît le taux de globuline de fixation de l'hormone sexuelle (SHBG pour *Sex Hormone Binding Globuline*), une enzyme qui transforme une partie de la testostérone (hormone mâle) en œstradiol (hormone femelle). L'augmentation de son activité (aromatase) entraînerait une baisse du taux de testostérone libre, non transformée. Ce qui expliquerait le gonflement des seins souvent observé sous pilule, mais aussi les plaintes de nombreuses femmes qui ont la sensation de subir une baisse du désir. Les avantages de l'utilisation d'une pilule contraceptive riche en œstrogènes (réduction de l'acné et des poils faciaux, prévention de l'ostéoporose)

1. Résultats publiés dans le *Journal of Sexual Medicine* (http://www.psychomedia.qc.ca/pn/modules.php?name=News&file=print&sid=3651).

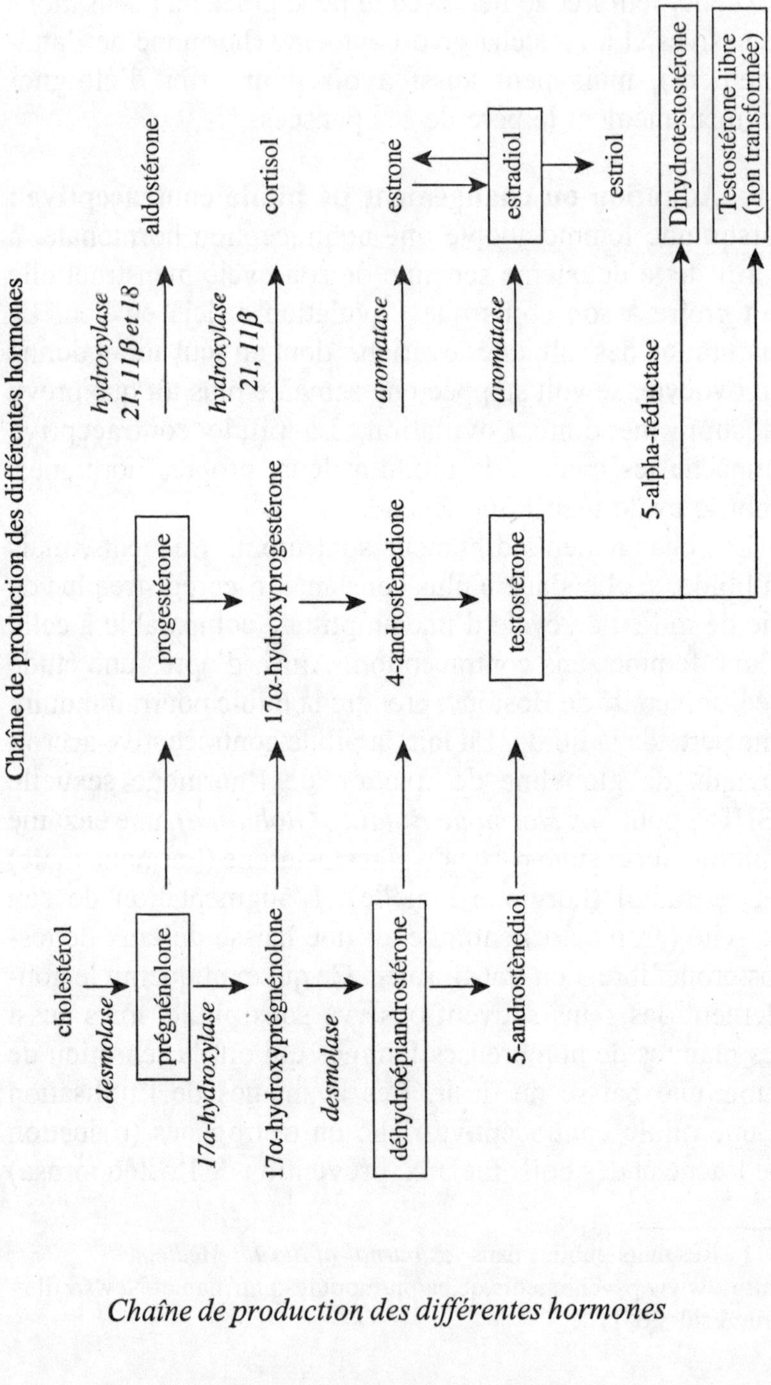

Chaîne de production des différentes hormones

et les inconvénients (diminution de la libido) pourraient même persister pendant une période plus longue qu'on ne le croyait après l'interruption de sa prise. De fait, le taux de SHBG est, en moyenne, sept fois plus élevé chez les femmes prenant un contraceptif oral que chez celles n'en prenant pas, et, pour celles l'ayant arrêté, trois à quatre fois plus fort que pour les femmes ne l'ayant jamais pris.
La déhydroépiandrostérone n'est autre que la fameuse DHEA.

Les pilules progestatives, donc plus dosées en progestérone, peuvent aussi avoir un impact défavorable sur la libido, dans la mesure où elles placent le corps de la femme dans un état qui favorise la nidification de l'ovule, même si ce dernier ne sera pas fécondé. Par ailleurs, progestérone et testostérone sont toutes deux issues de la transformation du cholestérol en prégnénolone. Quand le corps de la femme reçoit davantage de progestérone, la production de testostérone est bloquée au niveau des ovaires. Or, la testostérone est l'un des facteurs clés du développement de la libido féminine, au même titre que chez l'homme. D'autre part, les règles se voient souvent stoppées par la prise de ce type de pilule, avant de réapparaître à l'arrêt de la prescription, ce qui peut conduire une femme à, inconsciemment, se croire enceinte, ou tout du moins non fécondable, donc moins encline à rechercher une fécondation et des relations sexuelles.

À savoir : les premières pilules contraceptives supprimaient complètement les règles et étaient prises en continu. Mais comme la plupart des femmes voyaient d'un mauvais œil cette modification perceptible du fonctionnement de leur corps, elles préféraient avoir une menstruation normale, laquelle, dans leur esprit, était synonyme de « purge » de l'utérus et de purification du sang. C'est pourquoi les pilules contraceptives actuelles ne sont pas prises en continu. Pour autant, l'absence de règles chez les femmes porteuses d'un implant hormonal – qui absorbent leur pilule en continu (entamer une nouvelle plaquette immédiatement après la prise des 21 comprimés actifs) ou utilisent une pilule progestative – n'a aucune incidence sur la santé, pas plus qu'elle n'est dangereuse pour les femmes enceintes. Il est aussi intéressant de noter que, compte tenu du nombre moindre d'enfants, des périodes plus courtes d'allaitement et de l'allongement de la période de fertilité, les femmes d'aujourd'hui auraient leurs règles trois fois plus souvent que celles qui vivaient avant 1900.

– **Préménopause et ménopause :** une femme qui a eu des règles à partir de sa puberté peut se trouver surprise de voir son cycle menstruel devenir irrégulier à l'approche de la ménopause. Parfois, les règles disparaissent même quelques mois, ce qui peut l'amener à se croire ménopausée à tort et à arrêter prématurément la prise d'une pilule contraceptive. Si elle arrête sa contraception, elle se remet à saigner, saignements qui ne sont pas des règles naturelles, mais une « hémorragie de privation ». Privées d'hormones, les cellules qui tapissent l'intérieur de l'utérus se détachent et sont évacuées par le vagin, d'où les règles.

La production moindre d'œstrogènes et de progestérone, au gré du vieillissement, est souvent accompagnée d'une baisse de la libido. Et la disparition définitive des règles, synonyme de ménopause donc d'arrêt de la fécondité, souvent perçue comme une fin de la féminité, donc associée à une diminution de l'envie de plaire et du désir sexuel. Quant aux modifications progressives et définitives du corps que subit la femme ménopausée, elles la plongent souvent dans le désarroi : l'affaissement des seins, la prise de poids, la mauvaise irrigation des organes sexuels, la sécheresse vaginale, l'atrophie des ovaires et de l'utérus, la tonicité moindre de la peau dépriment... Ce qui n'arrange pas la libido.

D'après une étude de l'université de Chicago consacrée à la vie sexuelle de 3 000 personnes âgées de 57 à 85 ans[1], 27,7 % des hommes disent manquer d'intérêt pour le sexe. Contre 43,3 % des femmes de la même tranche d'âge ! 23 % d'entre elles n'y trouvent même plus de plaisir. *« Les difficultés sexuelles des femmes relèvent en fait assez peu de l'âge. Elles dépendent plus des problèmes de santé (surpoids, diabète), de stress ou d'état de la relation »*, précise ainsi l'auteur de l'étude. Près de 68 % des hommes âgés sont actifs sexuellement alors que seulement 43 % de femmes l'admettent, qui plus est essentiellement celles qui se trouvent sans partenaire (70 % des femmes de 70 ans n'ont pas de partenaires, contre 35 % des hommes du même âge).

Heureusement la prise de certains compléments alimentaires permet de limiter les effets de la ménopause et d'améliorer la vie sexuelle féminine. La prise conjointe d'avoine *(avena sativa)*, de ginkgo biloba, d'arginine et de damiana *(turnera diffusa*[2]) diminuerait la sécheresse vaginale, permettrait un meilleur engorgement sanguin des organes génitaux, augmenterait le désir, les sensations sexuelles et la qualité globale des rapports sexuels.

Déterminer les causes de la baisse de désir

Commençons par les causes les plus simples à diagnostiquer, celles physiques. Même si elles ne sont pas toujours les plus aisées à supprimer, elles présentent l'avantage d'être les plus facilement réversibles. **Les causes physiques** d'une inhibition du désir sexuel (IDS) peuvent être :

– **Un déséquilibre hormonal** qui entraîne une sérieuse baisse du désir, notamment quand il y a un manque d'androgènes. La décroissance des hormones masculines est

1. *Journal of Sexual Medicine*, août 2006.
2. « Pour une sexualité plus épanouie », *Nutra News*, juillet 2008.

caractérisée par une diminution du bien-être ou des troubles de l'humeur, une fatigue persistante et inexpliquée, une dysfonction sexuelle avec libido et plaisir en baisse. Chez la femme, elle est directement liée à la chute de testostérone totale, de testostérone libre et de sulfate de DHEA [1]. Pour le savoir, il convient de demander une analyse de sang comprenant un dosage d'œstradiol (normal entre 20 et 145 pg/ml, il varie selon la période du cycle où la prise de sang a été effectuée), de testostérone libre, de sulfate de DHEA (SDHA), de globuline de fixation de l'hormone sexuelle (SHBG), de dihydrotestostérone (DHT) et de prolactine.

Taux hormonaux F (non ménopausée)	À surveiller	Normaux	Excellents
SDHA (ng/ml) taux indicatif à 35-44 ans	609	1 200-2 000	3 370
SHBG (mg/l)	10,2	7,6-5	2,4
SHBG (nmol/l)	110	82-54	26
Testo. libre (pg/ml)	0,5	1,4-2,3	3,2
Testo. libre (pmol/l)	1,7	4-8	11,1
Dihydrotesto. (ng/ml)	0,43		0,06
Dihydrotesto. (nmol/l)	1,48		0,20
Prolactine (ng/l)	30	22-14	6

1. « Guay AT, Decreased free testosterone and dehydroepiandrosterone-sulfate levels in women with decreased libido », *Sex Marital*, 2002.

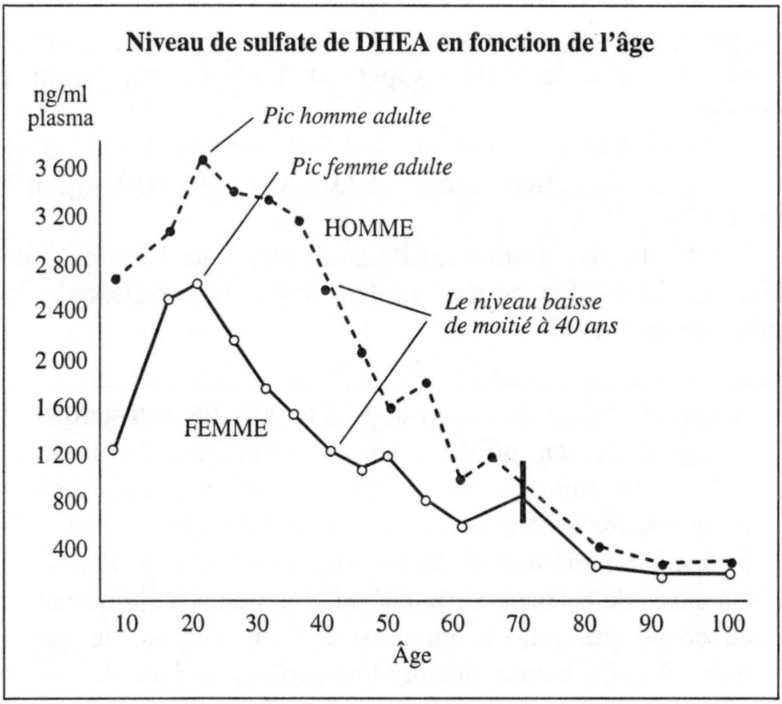

*D'après l'étude « DHEAge » du Pr Baulieu (*Nutra News, *juin 2000).*

Pour rétablir un fonctionnement hormonal propice au désir sexuel, les spécialistes recommandent :

1/ Augmenter votre taux de testostérone libre :

– soit en contrant un taux de SHBG trop important par la prise des inhibiteurs naturels de la transformation (aromatase) de la testostérone en œstradiol, telle la chrysine associée à la pipérine, extraite du poivre, noir ou le tongkat ali,

– soit en favorisant la production de sulfate de DHEA (SDHA), donc sa transformation en testostérone puis en sa version libre, en avalant des suppléments de DHEA et de tongkat ali qui augmentent naturellement cette dernière[1].

1. Voir « Ne pas renoncer trop vite au coït ».

Le professeur Antoine Lorcy [1] préconise de garder en vieillissant un taux de SDHA supérieur à 3/4 du maximum à 40 ans :

– pour les femmes : SDHA > 2 500 ng/ml (= 3 370 * 3/4)

– pour les hommes : SDHA > 3 200 ng/ml (= 4 270 * 3/4).

Il est toutefois important de souligner que d'autres spécialistes et études contestent les vertus bénéfiques de la prise de DHEA.

> **À savoir** : les produits qui dopent le taux de testostérone sont généralement utilisés pour contrer la féminisation du corps de l'homme vieillissant. Ils peuvent être utilisés chez la femme mais uniquement à doses réduites et sous suivi médical, comme le sont les gels et patchs à la testostérone. Un excès de testostérone aurait un effet de masculinisation du corps féminin, ce qui n'est évidemment pas le but recherché. De même, prendre une surdose de DHEA peut donner des effets secondaires : peau huileuse, acné, pilosité faciale... Stephen Cherniske [2], biochimiste, confirme bien qu'*« une femme qui prend trop de DHEA peut expérimenter des effets secondaires de la conversion de la DHEA en testostérone. Le premier signe est une peau huileuse. Si elle l'ignore et ne réduit pas sa dose, elle peut développer une acné liée à la testostérone. Si elle ignore l'acné et continue à se surdoser, elle peut commencer à voir apparaître des poils au-dessus de ses lèvres. Il est important de savoir que ces effets secondaires sont réversibles et ne mettent pas la vie en danger* [3] *»*. Une étude [4] prétend que les effets

1. Auteur de *Rester jeune grâce aux progrès de la médecine anti-âge*, Fayard, 2005.

2. Auteur de *La Percée de la DHEA (The DHEA Breakthrough,Random House)* sorti en 1996, qui a été un best-seller international et a aidé à lancer le mouvement anti-âge.

3. *Nutra News*, mai 1994.

4. « DHEA et dysfonctionnements sexuels » par le Dr J.-M. Brideron, mai 2002 (http://www.gyneweb.fr/Sources/sexo/nl0205.htm).

secondaires de la DHEA seraient nombreux et loin d'être négligeables : augmentation de la pilosité faciale (11 %), prise de poids (7 %), acné (5 %), tension mammaire (1 %), pertes de cheveux (1 %). Des ennuis essentiellement dus à une conversion excessive de la testostérone en dihydrotestostérone (pilosité, acné, perte de cheveux) ou en œstradiol (tension mammaire, prise de poids). Heureusement, la prise de compléments alimentaires, comme l'avoine *(avena sativa)* ou la racine d'ortie blanche *(urtica dioica)*, permettrait de les contrer[1].

2/ Régulez votre taux d'œstrogènes :

Tous les stéroïdes dérivent du cholestérol et de la prégnénolone, lesquels sont transformés en androstènedione et testostérone, précurseurs directs des œstrogènes. Ces derniers se décomposent en œstriol, œstrone et œstradiol. Et c'est cette troisième forme qui se voit le plus souvent mesurée lors des examens sanguins. Lorsqu'elle est en excès dans le sang, certains troubles sont susceptibles d'apparaître, tels que céphalées, tension mammaire, irritabilité, saignements intermenstruels, etc. On admet qu'une supplémentation en œstrogène de manière prolongée, notamment pour traiter les symptômes de la ménopause, augmente le risque de cancer de l'endomètre (tissu de l'utérus où s'effectue la nidification), mais ne la change pas lorsqu'un progestatif naturel lui est associé.

Les légumes crucifères peuvent réguler l'action des « mauvais » œstrogènes, responsables des cancers hormono-dépendants (sein et col de l'utérus). Brocolis, choux, choux-fleurs, choux de Bruxelles... seraient la source de puissants phyto-nutriments dont le plus intéressant d'entre eux s'appelle di-indolylméthane (DIM).

Les phyto-œstrogènes ou isoflavones sont des composants de plantes présents dans de nombreux aliments

1. Voir « Augmentation de la testostérone libre et réduction de la SHBG ».

tels que soja, pois chiches, lentilles et dans un grand nombre de fruits et légumes, noix, graines et baies. Elles ont la particularité de pouvoir s'attacher aux récepteurs des œstrogènes et de diminuer leur effet. À l'inverse, en période de préménopause, lorsque la sécrétion d'œstrogènes chute brusquement avec les désagréments que l'on connaît (bouffées de chaleurs, irritabilité, prise de poids, sécheresse vaginale, appauvrissement osseux, etc.), les isoflavones de soja aident à passer cette période de changements hormonaux plus en douceur.

À savoir : certaines plantes seraient particulièrement utiles au moment de la ménopause pour limiter les symptômes désagréables et réguler les hormones féminines :
– **Maca** : plante des hauts plateaux du Pérou surnommée « ginseng péruvien », elle stimulerait le système immunitaire, traiterait l'anémie et la fatigue chronique, boosterait les hormones et la libido des femmes ;
– ***Tribulus terrestris*** : une étude[1] menée sur un groupe de femmes en double aveugle, a montré que le placebo n'allégeait aucun symptôme chez aucune femme, alors que le *tribulus* apportait des améliorations pour 98 % d'entre elles, incluant une diminution des bouffées de chaleur, des suées, de la dépression, de l'insomnie et de l'anxiété. D'autres études seraient en cours ;
– **Dong quai** : cette plante, aussi appelée « ginseng féminin », est un tonique qui permettrait de réguler le cycle menstruel et de soulager les symptômes de la ménopause ;
– **Gattilier** : il exercerait une action bénéfique sur la régulation des hormones et, en particulier, de la progestérone ;
– ***Cimicifuga racemosa*** : il s'avérerait particulièrement efficace pour traiter les bouffées de chaleur et l'atrophie vaginale des femmes ménopausées.

1. Chemical Pharmaceutical Research Institute, Sofia, 1983.

Les autres causes physiques courantes d'une diminution de la libido au fil des années sont :

– **La fatigue**, l'insomnie, la souffrance physique, un épuisement physique ou nerveux pouvant provenir d'un contexte familial et/ou professionnel dégradé, d'une maladie chronique qui empêche la femme de laisser son corps s'exprimer et son esprit se libérer (dans « maladie », il y a « mal à dire » disait Jacques Lacan), et même certaines pathologies comme l'hypothyroïdie ou l'anorexie mentale, contribuent à augmenter le taux de prolactine et donc abaissent le désir.

– **La prise régulière de certaines substances** inhibe le désir sexuel, le plus souvent par une action antagoniste à la dopamine. On le voit avec certains médicaments comme les psychotropes, les hypotenseurs, les neuroleptiques... Concernant les drogues, il est à noter que l'ecstasy n'est pas un aphrodisiaque. S'il stimule le besoin de contact humain, l'envie d'être pris dans les bras, câliné... il a plutôt tendance à provoquer une régression infantile bien loin de la hausse du désir attendue. De même, si tous les produits qui dopent artificiellement la dopamine (alcool, cocaïne...) amènent dans un premier temps des sensations de plaisir, de désinhibition, de laisser-aller propices au développement du désir sexuel, revers de la médaille, le cerveau, ensuite, ne crée plus cette substance lui-même. Il faut donc consommer de plus en plus de ces produits pour retrouver les mêmes sensations. À fortes doses, on obtient un effet d'accoutumance et finalement le résultat opposé à ce qui était escompté : anorgasmie et réduction du désir sexuel. Enfin, la consommation d'alcool augmenterait les œstrogènes et il existe une corrélation inverse entre la consommation de caféine et le taux de testostérone libre. La prise de plus de deux tasses de café par jour suffit à activer l'aromatase et donc faire monter le taux d'œstradiol [1].

---

1. « La testostérone, ses précurseurs et ses promoteurs naturels », *Nutra News*, juillet 2000.

– **Le tabac** et l'absence d'activité physique ont une action défavorable sur la circulation sanguine et, par voie de conséquence, l'irrigation des organes génitaux. Le ressenti lors d'une stimulation sexuelle directe en souffre donc. L'âge est un facteur de baisse de la libido pour les mêmes raisons.

– **La dyspareunie,** autrement dit la douleur ressentie par la femme durant le coït, atteint aussi la libido. Il faut noter que, suite à un accouchement, beaucoup de femmes se plaignent de douleurs cicatricielles – dans les cas où elles ont subi un déchirement vaginal ou une épisiotomie – ou d'un relâchement des muscles vaginaux. Dès lors, cela diminue les sensations agréables et les incite à espacer les rapports vaginaux. De même pour les femmes qui soufrent d'hémorroïdes, de fistules ou de fissures du rectum pour les rapports anaux.

À savoir : si on n'a pas encore trouvé l'équivalent pour les femmes de la fameuse petite pilule bleue qui ravit tant d'hommes à l'érection défaillante, selon certains chercheurs un espoir semble venir de la flibansérine, une molécule prévue initialement contre certains troubles de la dépression et mise au point par Boehringer Ingelheim. Contrairement au Viagra, qui empêche le sang de ressortir de la verge, *« la flibansérine amène le désir à un niveau normal en stimulant les endroits du cerveau associés aux émotions et au plaisir »* explique Le Dr Charles De Wet, expert au sein de cette firme allemande. Zestra, une huile à appliquer directement sur la vulve, serait actuellement le seul produit à avoir provoqué de fortes hausses de l'excitation et du plaisir féminin lors d'essais cliniques.

Les causes psychologiques sont multiples et nécessitent plus souvent l'aide d'un psychothérapeute ou d'un conseiller conjugal que d'un sexologue. Parmi elles, on peut évoquer :

– **Les problèmes conjugaux** qui, s'ils ne mènent pas toujours à la séparation des conjoints, les éloignent sexuellement l'un de l'autre[1] ;

– **La dépression** et la plupart des troubles psychologiques où l'image de soi est défaillante. À l'inverse, il n'est pas rare de constater qu'une femme peut se désintéresser sexuellement d'un homme, si l'image qu'il donne de lui-même ne correspond plus à celle de l'amant idéal qu'elle s'était faite : immaturité, bouleversements de la personnalité après une psychothérapie, changements corporels importants (perte ou gain de poids, traumatismes...), excès de jeunisme ou de machisme, etc. ;

– **Une image dévalorisée de la sexualité,** du fait d'une éducation trop stricte où la notion de plaisir a été mise en retrait par rapport à la fonction reproductive. Ou encore lorsqu'une femme qui ne ressent pas le plaisir escompté via une pénétration vaginale se voit reprocher de se réfugier dans une sexualité d'adolescente si elle préfère une stimulation clitoridienne ;

– **La peur de ne pas être à la hauteur** de la libido de son conjoint. Dans ce cas, la femme peut alors voir la verge dressée de son amant comme une demande abusive de pénétration, une sorte d'agression, même si ce dernier exprime son désir sans omettre de la câliner et de la caresser avant d'en venir au coït. Un bon amant ne doit pas craindre de manifester son désir à sa partenaire, en lui disant explicitement qu'il a envie d'elle, ni de prendre physiquement les devants, mais il doit proposer et ne jamais imposer. La femme doit toujours être libre de refuser les avances de son homme, à condition évidemment qu'elle exprime son refus sans colère ni reproches[2] ;

1. Voir « Se donner les moyens de résoudre tous les conflits du couple ».

2. Voir « Si le chemin de l'amour est inaccessible ! ».

– **L'anxiété de devoir « réussir » à trouver du plaisir** pour satisfaire son partenaire. Il serait erroné de croire qu'un bon amant parvient toujours à faire jouir une femme et que ne pas jouir avec lui serait, d'une certaine façon, un moyen de reprocher à son partenaire de ne pas avoir su lui donner du plaisir. Un homme ne doit pas rechercher à tout prix le plaisir de la femme, au risque de lui mettre une pression telle qu'elle puisse craindre d'être « obligée » d'avoir systématiquement un orgasme Car, comme nous l'avons vu, le corps d'une femme n'est pas enclin à jouir à chaque rapport, loin de là même [1] ;

– **Une absence de motivation** due à un ressenti physique et/ou émotionnel peu intense. Si la femme « se force » pour faire plaisir à son amant alors que ce dernier ne l'a pas mise en situation d'apprécier pleinement l'acte sexuel, elle n'y trouvera aucun intérêt et sera de moins en moins motivée par l'idée de faire l'amour avec lui. Tout homme devrait s'interroger sur les motivations de sa femme envers ce qu'il lui offre. Trop souvent il lui apporte le plaisir qu'il aimerait recevoir d'elle, c'est-à-dire essentiellement sexuel, sans se demander si elle n'aurait pas plus envie de satisfaction d'ordre émotionnel, affectif ou relationnel, dont l'acte sexuel serait le bonheur final et non le but initial.

Cultiver l'imprévu et souligner l'altérité

Si l'amour s'appuie sur la sérénité, le désir s'épanouit dans la surprise, l'inattendu, l'incertitude. Ne vous enfermez donc jamais dans des contraintes, des schémas amoureux ou des préjugés. Ce n'est pas parce que votre partenaire était friand(e) de certaines caresses ou certaines pratiques au début de votre relation ou qu'il/elle y était réticent(e), qu'il/elle n'a pas changé depuis. Gardez votre esprit ouvert à la

1. Voir « La nature nous a joué un mauvais tour ».

rêverie érotique et votre sex-appeal en alerte. Beaucoup de personnes voient leur regard sur leur conjoint évoluer. Elles pensent qu'on ne peut vivre un amour passionnel qu'en étant amants et que, devenus mari et femme, il faut avant tout songer à se faire une situation, à assurer son niveau de vie, à accueillir ses enfants, puis une fois ces derniers mis au monde, à s'investir à 100 % dans le rôle de parents. Mais où, dans ce schéma, est passé(e) l'amant/la maîtresse des débuts ? Prenez donc le temps de vous (re)découvrir, de vous voir autrement, de sortir du quotidien. Improvisez des occasions de vous voir, de vous étreindre, de vous aimer avec fougue et passion... comme avant ! Faites de votre femme votre maîtresse, de votre mari votre amant. Dites-vous que tout est possible, n'importe où, n'importe quand... mais pas n'importe comment, tant chacun des partenaires doit y trouver son compte.

« Patrick m'avait plusieurs fois, par le passé, suggéré de ne pas porter de culotte sous ma jupe quand nous sortions ensemble, mais je n'avais jamais osé. Pour être franche, après une dizaine d'années de bonheur partagé, ses demandes me paraissaient même un peu puériles. En vérité, je n'imaginais pas alors combien il est parfois utile, en matière de sexualité, de garder un esprit joueur...

Un samedi matin où nous avions prévu de recevoir des amis à déjeuner, nous avons pris une douche ensemble pour, de mon point de vue, nous préparer plus vite. Mais mon mari eut l'air surtout intéressé par le ruissellement du gel douche sur mon corps dénudé. Comme nous étions en retard, pas question de se câliner sous le jet d'eau chaude. Je l'ai donc prié de sortir s'habiller le temps que je finisse mon shampoing. Quand je l'ai rejoint, il avait revêtu un ensemble décontracté chic qui lui donnait un charme fou. J'enfilais mon soutien-gorge et je m'apprêtais à faire de même avec la culotte assortie, quand il me fut impossible de remettre la main dessus. Je passais ma robe en faisant le tour de la chambre du regard. Et là, je vis Patrick m'adresser un sourire très coquin. "*C'est ça que tu cherches ?*" dit-il d'un ton narquois, ma culotte à la main. Pas le temps de lui sauter dessus pour reprendre mon bien que déjà la sonnerie retentit. Patrick disparut dans un éclat de rire. Je me résolus donc à descendre ouvrir... nue sous ma jupe.

Patrick me rejoignit pour servir l'apéritif autour du bar qui sépare la salle à manger de notre cuisine américaine. Prétextant qu'il avait besoin de moi de son côté afin d'ouvrir des sachets d'amuse-gueules, il passa une main sous ma jupe alors que je me tenais à ses côtés, notre couple d'amis de l'autre côté du bar. Le contact de sa main me fit sursauter. Mais j'avais si peur que nos invités s'aperçoivent de quoi que ce soit que je ne bougeais plus, malgré le contact de ses doigts aventureux. Il me caressa discrètement quelques secondes avant que je m'esquive.

Cet instant lui parut sûrement très court, mais il fit naître une douce sensation au creux de mes cuisses. J'ai pensé à son geste pendant tout le repas. À peine me levais-je pour aller préparer le plateau de fromages, que mon mari me félicitait de l'excellent repas d'un baiser ardent avant de se lever pour aller aux toilettes.

Du moins, le supposais-je, car en fait je le retrouvai caché dans la cuisine, accroupi derrière le bar. Il avait mis son doigt sur sa bouche pour me signifier de ne poser aucune question. J'entrepris donc de préparer le plateau sans me soucier de lui... qui se glissa sans bruit à mes pieds, s'assit entre mes jambes, passa sa tête sous ma jupe et entrepris de me donner un baiser de félicitations autrement plus intime que le précédent !

Voir mes amis rester à table et ne se doutant pas de la sublime caresse que me prodiguait mon amant me fit monter le feu aux joues et le plaisir au corps. Je jouis debout en me cramponnant au bar, étouffant un gémissement entre mes lèvres serrées, tout en baissant la tête. Fromage et dessert furent vite expédiés.

Le reste de la journée, et même la nuit, fut torride. Le lendemain matin, tandis que je proposais d'aller prendre l'air en forêt à mon homme, j'ai pris soin de me pencher bien en avant pour lasser mes chaussures de marche, histoire qu'il ait tout le temps de voir que j'avais oublié volontairement quelque chose sous ma jupe. » Julia, 43 ans.

Le désir est une tension psychologique, et parfois physique dans le cas d'addiction, issue d'un sentiment de manque. Par principe, on ne peut désirer que ce dont on manque. Comme le souligne Michel Reynaud, psychiatre et spécialiste des addictions, *« la tendresse et les plaisirs du quotidien finissent généralement par remplacer la passion dans un couple. Mais le couple dure d'autant mieux, s'il persiste quand même un peu de manque de temps en temps. Toute relation est faite de plaisir et de manque. S'il n'y avait pas de manque, on ne se rendrait même pas compte qu'il y a du plaisir*[1] *!* » Toutefois, on pourrait penser, à tort, qu'en espaçant les rapports, on fait renaître automatiquement le désir. S'il est vrai que le désir sexuel croît après quelques jours sans sexualité, il décroît aussi sûrement lorsque la situation s'éternise, jusqu'à parfois s'éteindre complètement. Pour éviter de tomber dans la monotonie et se lasser de la sexualité, il est souvent utile, non de diminuer ses rapports sexuels, mais d'en modifier de façon significative le contenu (pratiques) et les circonstances (mise en condition, lieu, heure). Si le lit reste votre lieu de prédilection pour les câlins amoureux, il n'est pas interdit d'essayer d'autres endroits de la maison : la table de la salle à manger, le fauteuil du salon, le rebord de l'évier, la douche ou la baignoire. De même, si en général l'heure du coucher semble propice au rapprochement des corps, tentez de surprendre votre partenaire en cours de journée : venir derrière sa compagne la câliner alors qu'elle cuisine (attention à ne pas tout abandonner séance tenante au risque de manger de la nourriture carbonisée), s'intéresser à la tuyauterie personnelle de son mari tandis qu'il fait de la plomberie, venir sécher son amour alors qu'il/elle sort du bain... l'essentiel est de s'extraire de la routine !

---

1. « La passion fait perdre tout contrôle raisonnable » (http:// www.linternaute.com/femmes/psychologie/0503passion/2interview.shtml).

Admettre l'altérité, c'est reconnaître l'autre dans ses différences. Si je suis ton complément, prends de moi ce qu'il te manque, donne-moi ce dont j'ai besoin. Lors d'une relation sexuelle, il est donc important de marquer les rôles, de jouer sur les caractéristiques de chacun :

– **La femme doit se montrer avenante,** c'est-à-dire indiquer à son amant qu'elle attend sa venue avec bienveillance. Généralement, la compagne sexy et enthousiaste est celle qui excite le plus le désir de l'homme. N'oubliez pas, mesdames, que la libido masculine est essentiellement influencée par des stimuli visuels ; alors sachez susciter son désir en dévoilant vos charmes [1]. Attention, il ne suffit pas d'être féminine dans son look, il faut aussi l'être dans ses comportements. Une femme doit clairement faire comprendre à son amant qu'elle a envie de prendre du plaisir à travers les caresses qu'il lui prodigue. Les hommes n'aimant pas trop non plus les femmes « prise de tête », soyez naturelle, bien dans votre peau, sûre de vos atouts... sans oublier de vous montrer aguicheuse et charmeuse ;

– **L'homme doit se montrer viril...** mais sans devenir macho. Mais ça signifie quoi au juste ? Un homme qui sait cultiver sa virilité est sûr de lui mais pas frimeur, attentionné mais pas collant, indépendant mais pas indifférent, confiant mais pas arrogant, ambitieux mais compréhensif, sensible mais pas fragile, drôle mais pas grossier, protecteur mais pas bagarreur, dur au mal mais pas insensible à la douleur des autres, soigné mais sans avoir peur de se salir, galant mais pas intéressé, amoureux mais pas doucereux, romantique mais pas platonique, capable de lâcher prise sans devenir irresponsable, jeune d'esprit mais jamais immature... Un homme qui sache en imposer sans s'imposer en somme !

Il doit aussi être capable d'aimer, de le dire et de se laisser aimer pour ce qu'il est, un être bien dans sa masculinité en un mot.

---

1. Voir « La sexualité, une question de bon... ».

Voici les contours du type qui plaît généralement aux femmes. La barre est certes haute, mais on n'est pas obligé de la passer du premier coup. Et on peut choisir de changer progressivement tout en gardant les qualités qui nous sont propres.

Quel que soit le sexe, l'important est en fait d'être toujours sincère, conforme à ses convictions et de ne pas jouer la comédie à la personne que l'on aime. Il faut apprendre à s'affirmer sans colère, sans peur, sans culpabilité, sans frustration... Si votre conjoint vous a choisi, c'est que vous aviez à ses yeux d'indéniables qualités qui n'ont pas disparu du jour au lendemain. Gardez confiance en vous, en l'amour que vous vous portez. Ne plus avoir envie physiquement de l'autre, ne plus éprouver de désir pour lui, reflète souvent les questions que l'on se pose sur l'avenir de son couple et traduit le rejet d'un type de relation, non d'une personne.

La peur de perdre ce que l'autre nous apporte, ravive parfois le désir. Nombreuses sont les personnes qui se sentent particulièrement attirées par leur conjoint quand elles sont en position de le perdre. Certains pensent même que l'infidélité peut raviver le désir au sein du couple. Sans en arriver à faire ce choix, pas exempt de conséquences sur la complicité et la confiance installées au sein d'un couple fidèle, il est tout à fait possible de faire croire à son conjoint que l'on est courtisé et que s'il/elle ne se réveille pas, vous risquez de ne plus pouvoir faire autrement que de céder à la tentation.

Marie, 41 ans, et Paul, 40 ans, sont apparemment très heureux ensemble. Elle aime sincèrement son mari et lui semble épanoui à ses côtés. Mais elle trouve qu'il ne se donne pas beaucoup de mal pour continuer à la séduire. Elle qui espérait un dîner aux chandelles dans un bon restaurant à la Saint-Valentin, voilà qu'il lui propose une dînette à la maison.

Outrée de ce manque de romantisme, elle décide de lui donner une petite leçon.
Marie commande un superbe bouquet sur Internet et demande une livraison le soir du 14 février à son domicile. Elle le fait accompagner d'un mot contenant une déclaration enflammée qu'un inconnu aurait pu lui écrire.
Le jour J, elle laisse son mari aller ouvrir la porte au livreur. Paul, très surpris, crie de l'entrée qu'un beau bouquet lui est adressé, mais a l'honnêteté d'ajouter que ce n'est pas lui qui l'a fait livrer. Au passage, il remarque l'existence d'un petit mot d'accompagnement. Pas menteur, mais tout de même curieux, il décide de l'ouvrir discrètement et d'en lire le contenu, avant de le glisser, cramoisi, dans sa poche et de tendre le bouquet à sa femme.
Marie se montre surprise de recevoir un tel bouquet et se demande qui a pu le lui envoyer, puisqu'il n'y a pas de mot...
Savez-vous ce qui arriva par la suite ? Le mari fut aux petits soins pour sa femme toute la soirée, lui fit l'amour comme au premier jour une bonne partie de la nuit et vint la retrouver à la sortie de son travail, une rose rouge à la main, dès le lendemain. La jalousie peut parfois être, comme la peur (ici celle de perdre l'élue de son cœur), bonne conseillère.

Scénariser le manque et renouer avec l'émotionnel

Il y a deux choses que connaissent les couples à un moment ou un autre de leur vie sexuelle : la baisse de désir de la femme[1], comme on en a parlé, et les pannes sexuelles de l'homme[2]. Très souvent, la personne touchée se sent si dévalorisée qu'elle évite de se retrouver dans une situation qui serait pour elle susceptible d'échec. Il peut alors arriver qu'elle fuie tout contact physique par rejet ou peur. Pour ne pas la faire culpabiliser, ni lui mettre une pression qui amplifierait ses problèmes, il convient de déporter l'amour

1. Voir « Déterminer les causes de la baisse ».
2. Voir « Ne pas renoncer trop vite au coït ».

sur un autre plan que le sexe. On peut alors jouer en parallèle sur deux tableaux :

1/ Renoncer aux contacts par jeu et non par contrainte

Plutôt que de se dire qu'il vaut mieux faire chambre à part ou, pis, se séparer momentanément, parce que celui qui a la libido la plus forte ne supporte plus de voir l'objet de son désir allongé à ses côtés sans lui sauter dessus et que l'autre en a assez d'être sollicité, il est plus judicieux de ne plus se toucher... par jeu. Je m'explique. Dites à votre conjoint que, pendant quelques jours, disons une semaine, vous allez jouer à ne plus vous toucher du tout. Plus de jeux sexuels, pas non plus de caresses, massages, câlins et autres bisous. Celui qui touche l'autre, par mégarde ou envie non réprimée, aura un point de pénalité. À la fin de la semaine, celui ou celle qui accumule le plus de pénalités devra offrir un petit cadeau à l'autre. Mise en scène sous cette forme, la « séparation des corps » sera mieux vécue qu'une interdiction totale des relations sexuelles, souvent préconisée par les sexologues pour que le manque réveille le désir.

2/ Reconnecter vos cœurs autour d'émotions fortes

Si l'amour physique, et donc la libido, peut traverser une crise, cela ne veut pas dire que l'amour est en train de s'éteindre entre les deux amants. Pensez dès lors à vivre ensemble des émotions fortes sur un autre plan que la sexualité afin de renforcer cet amour autre. Des exemples ? Allez voir au cinéma un film émouvant. Offrez à votre conjoint un petit album photo qu'il/elle pourra regarder sur son lieu de travail et que vous aurez pris soin de remplir ensemble avec des photos de vos moments de bonheur. Découvrez un lieu que vous ne connaissiez pas. Racontez-vous mutuellement des souvenirs heureux communs. Regardez, assis l'un à côté de l'autre, des photos ou vidéos de votre mariage ou de vos vacances. Achetez un livre sur votre passion commune (les voyages, la gastronomie, la voile...) et feuilletez-le assis l'un contre l'autre. Partagez une activité loisir ; faites du sport ensemble, etc.

Gardons à l'esprit qu'un homme peut choisir de faire l'amour pour se détendre, alors qu'une femme envisagera plutôt de ne faire l'amour qu'une fois détendue. Pour susciter son désir, il est donc primordial de l'entourer d'affection, de tendresse, d'attentions, voire de romantisme [1], tout autant que de sensualité. Il est fréquent qu'une femme constate une baisse de son désir, quand elle a le sentiment de ne plus avoir le temps de se consacrer convenablement à elle ou à son foyer. Même si les relations sexuelles lui apportent du plaisir, elle considérera qu'il s'agit de satisfactions secondaires en comparaison de celles ressenties à la joie de l'accomplissement de son « devoir » de maîtresse de maison ou de mère. Il faudra donc que son homme lui donne alors le temps et les moyens de se consacrer à son jardin privé, en lui accordant un espace de liberté où elle prendra soin d'elle... Ce qui lui permettra de trouver la sérénité propice à la rêverie et à l'élaboration de fantasmes. Notons qu'il faut qu'une personne se sente désirable pour désirer à son tour et que l'on n'est jamais aussi désirable que lorsqu'on se sent aimé. Faut-il en conclure que l'amour est la source du désir ?

1. Voir « Rallumer la flamme de la passion ».

25

S'aimer jusqu'au dernier jour

Hormones et désir

Pour Philippe Brenot, psychiatre et sexologue, « *la ménopause ne signifie plus l'arrêt de la vie sexuelle, et lorsque des individus se retrouvent seuls aux alentours de 70 ans, ils se sentent autorisés à engager une relation sans craindre le ridicule*[1] ». En 2050, un Français sur trois sera âgé de 60 ans ou plus, contre un sur cinq en 2005[2]. Avec l'allongement de la durée de vie, l'entrée dans le troisième âge n'est plus synonyme d'abandon des relations sexuelles. Mieux, les habitudes changent, puisqu'on note aussi une nette augmentation des rapports chez les femmes de plus de 50 ans. En 2006, celles entre 50 et 69 ans ont eu en moyenne 7,3 rapports par mois[3] (10 pour la moyenne

1. http://www.psychologies.com/article.cfm/article/3337/Notre-vie-sexuelle-a-t-elle-vraiment-change-en-cinquante-ans.htm.

2. Projections de population 2005-2050, pour la France métropolitaine, INSEE, juillet 2006.

3. Sondage réalisé par l'INSERM sur la sexualité des Français en 1992 et remis à jour en 2006.

globale des Français [1]) alors que ce nombre atteignait seulement 5,3 en 1992. De nos jours, le désir est donc présent chez la plupart des sujets âgés de plus de 60 ans, et il n'est plus tabou d'en parler. Certes, on fait moins souvent l'amour après cet âge, mais plus pour des raisons physiques que par rapport à une éventuelle absence de libido. Finalement, s'il n'y a pas d'âge pour éprouver de l'amour, avec le désir c'est la même chose.

Pour profiter d'une sexualité satisfaisante malgré le poids des années, il faut veiller à préserver son capital santé, et notamment vérifier régulièrement son taux de testostérone. Cette hormone mâle est à l'origine chez les hommes de leur force, de leur tonus, de leur vivacité... en un mot de leur vitalité. Chez la femme, la ménopause déclenche un certain nombre de modifications corporelles, dues à la baisse des œstrogènes mais aussi, dans une moindre mesure, des androgènes (hormones masculines) et de la progestérone. Ce déséquilibre hormonal va modifier son approche de la sexualité. Car certaines femmes vivent ces altérations de leur image corporelle comme une atteinte à leur féminité. La disparition des règles, et donc de la capacité d'enfanter, se trouve parfois ressentie par la ménopausée comme une frustration éteignant sa libido. Mais, chez d'autres, comme une libération susceptible de relancer leur désir.

De son côté, bien que l'homme ne connaisse pas un chamboulement au niveau hormonal comparable à la ménopause, son taux de testostérone décroît dès le passage à la quarantaine. C'est à ce moment que peuvent survenir les premières « vraies pannes ». Près d'un tiers des hommes de plus de 40 ans souffre de problèmes érectiles. Pour dédramatiser la situation, rappelons que, loin d'être un phénomène volontaire, l'érection dépend de quatre données :

---

1. « *Sexual Wellbeing global Survey* », *op.cit.* (http://www.durexworld.com/fr-BE/SexualWellbeingSurvey/).

– un bon niveau hormonal, essentiellement de testostérone libre, pour que naisse le désir dans le cerveau ;
– un niveau adapté de certains neurotransmetteurs au sein du cerveau, notamment la dopamine, afin qu'ils répercutent le désir sexuel au reste du corps et provoquent sa mise en action ;
– un état du système nerveux propice au bon acheminement des ordres du cerveau jusqu'au pénis, pour ne point subir un excès d'adrénaline, l'hormone du stress ;
– un bon fonctionnement du système cardio-vasculaire, des vaisseaux de la verge et des corps caverneux et spongieux. Sachez, par ailleurs, que l'hypercholestérolémie (excès en cholestérol LDL, le mauvais) entraîne une diminution de la production d'oxyde nitrique (NO) nécessaire à l'érection.

Les secrets de l'érection

Les nerfs innervant la verge font partie du système nerveux autonome (automatique) appartenant aux systèmes nerveux sympathique et parasympathique. Ces deux systèmes contrôlent l'érection qui survient :
– soit quand le système sympathique, qui accélère notre métabolisme pour répondre à une agression ou entreprendre une action, est inhibé par une excitation sexuelle. Le sang va pouvoir gonfler le pénis et l'érection avoir lieu à condition que l'anxiété ne vienne pas la perturber. En effet, l'adrénaline, sécrétée en cas de stress, recontracte les vaisseaux sanguins de la verge. La yohimbine est, par exemple, considérée comme un aphrodisiaque, car elle se fixe sur les récepteurs adrénergiques alpha-2 des cellules de l'organisme, stimulant la production de noradrénaline (hormone de l'éveil) et augmentant la pression artérielle, d'où son effet sur l'érection ;
– soit quand le système parasympathique, qui ralentit notre métabolisme et apaise notre cœur, se met en route,

notamment la nuit (d'où les érections nocturnes), pour permettre au corps de récupérer des efforts fournis et refaire son stock d'énergie. L'érection se produit pendant chacune des 4 à 5 phases de sommeil paradoxal (environ 100 minutes, soit 20 % de la durée totale du sommeil) que l'on connaît chaque nuit. Elle est aussi facilitée par un profond état de détente et de bonheur. C'est la voie suivie par les adeptes du tantra indien.

Donc pour qu'un homme ait une érection, il faut qu'il y ait stimulation de son système nerveux autonome et qu'aucun stress ne vienne l'inciter à produire trop d'adrénaline. Cette stimulation nerveuse, issue principalement de la dopamine, active une enzyme, la *nitrous oxide synthase* (NOS) qui agit sur l'arginine présente dans le sang pour libérer de l'oxyde nitrique (NO), aussi appelé monoxyde d'azote. Le NO permet au sang de remplir deux sortes d'éponges situées dans le pénis : le corps caverneux et le corps spongieux. Parallèlement, la Guanosine MonoPhosphate cyclique (GMPc) provoque le relâchement des vaisseaux sanguins et des fibres des corps caverneux situés sur le dessus de la verge pour permettre au sexe de s'allonger et grossir lors de l'afflux sanguin. Une fois pleinement gonflés, les corps caverneux viennent appuyer sur la veine dorsale profonde, située sur la verge côté ventre, et ainsi diminuer le retour veineux. Le sang rentre dans la verge mais n'en sort plus que fort difficilement. L'érection est alors à son maximum.

Des pulsations du pénis dressé, de fréquence plus basse que le rythme cardiaque, sont parfois perceptibles. Elles correspondent à des variations d'ouverture de la valve de sortie des veines péniennes, permettant le renouvellement partiel du sang dans les corps caverneux. Sans ce renouvellement se produirait un phénomène douloureux appelé priapisme, qui se traduit par une érection, involontaire et au-delà du plaisir, d'une durée excessive.

En temps normal, le relâchement des corps caverneux est inhibé par la phosphodiestérase de type 5 (PDE-5). Tant qu'il y a plus de GMPc que de PDE-5, les corps caverneux restent gonflés de sang et l'érection se maintient.

En fait, les hommes qui ont du mal à avoir une érection compatible avec le coït (hors problèmes d'ordre veineux ou cardio-vasculaire) :

– soit n'atteignent pas une érection complète, car ils ne produisent pas assez de GMPc. Or la dopamine (hormone du désir), l'ocytocine (hormone de l'attachement) et l'arginine stimulent la production de GMPc. Au contraire, un excès de sérotonine (hormone du bien-être) diminue le désir sexuel. Car on ne cherche pas, dans ce cas, à obtenir via l'orgasme le bien-être que l'on éprouve par ailleurs. Il faut donc que l'équilibre dopamine-sérotonine soit optimal pour que le désir de faire l'amour naisse dans un état apaisé. L'adrénaline (stress) et la prolactine (satisfaction sexuelle) inhibent le désir sexuel ;

– soit perdent leur érection une fois que celle-ci s'est développée, parce qu'ils produisent trop de PDE-5 et trop tôt. Les principaux produits vendus sur ordonnance pour maintenir l'érection sont, en fait, des inhibiteurs de la PDE-5. Mais sans excitation sexuelle, pas de GMPc, et donc pas d'érection possible. On comprend pourquoi les inhibiteurs de la PDE-5, comme le célèbre Viagra, ne fonctionnent pas en absence de désir, donc principalement lorsqu'il y a déficit de dopamine ou de testostérone libre.

Ne pas renoncer trop vite au coït

Le terme de dysfonctions érectiles a remplacé, de nos jours, celui d'impuissance, mot jugé par la majorité des médecins et des hommes concernés comme trop négatif. La dysfonction érectile correspond à une difficulté, voire une impossibilité totale, d'avoir ou de maintenir une érection suffisante permettant d'obtenir des rapports sexuels satisfaisants et de pénétrer durablement sa partenaire. Un homme qui en souffre se sent le plus souvent dévalorisé, cherche à résoudre au plus vite le problème et va malheureusement se focaliser sur son sexe. Or, plus on se met à surveiller l'état de son érection, plus il devient difficile de l'obtenir, tant le stress accroît la défaillance. Le Dr Claude Dalle, auteur de *Anti-âge : le guide*, explique[1] : *« Une fois la libido enclenchée, elle se traduit par une phase d'excitation sexuelle, qui elle est encore plus corrélée à la biologie que la libido. On a découvert les changements fascinants qui se produisent pendant ces minutes : un accroissement net d'épinéphrine (adrénaline), de norépinéphrine (noradrénaline), de testostérone et de prolactine. Au fur et à mesure que ces hormones augmentent, la sensation de plaisir augmente aussi. Ceci crée l'effet de tension de la phase d'excitation et remarquez que toutes sont des hormones du stress, sauf la testostérone. C'est ici un très bon stress ! »* Ainsi, un faible niveau d'adrénaline engendre une meilleure érection par augmentation de la pression artérielle et une accélération des battements cardiaques due à l'excitation. Mais si l'adrénaline continue à monter, la circulation sanguine se recentre alors sur le cœur, le cerveau et les muscles (pour permettre le combat ou la fuite en cas d'agression) et, en conséquence, se détourne du système digestif et des organes sexuels. Donc, imaginez que vous ayez envie de faire l'amour mais que vous subissiez déjà un mauvais stress dû à un environnement perturbant ou à la peur de la panne sexuelle, eh bien votre bon stress ne pourra pas monter au niveau voulu. La noradrénaline (hormone de l'éveil), qui excitait jusqu'alors favorablement votre cerveau, commandera la vasoconstriction de vos

1. Article de février 2008 sur le site de l'Association française anti-aging (http://www.fsaam.com/article.php3?id_article=42).

vaisseaux sanguins et il en sera fini de votre érection. D'où l'importance d'envisager l'acte sexuel dans un climat d'apaisement et sans douter de ses propres capacités.

À savoir : les dysfonctions érectiles sont fréquentes, concernent quasiment tous les hommes à un moment ou un autre de leur vie, et augmentent avec l'âge. Elles touchent plus de 50 % des hommes entre 40 et 70 ans et environ 70 % de ceux âgés de 70 ans [1]. À mesure que l'homme avance en âge, les érections spontanées sont moins fréquentes, la verge met plus de temps à se remplir de sang et sa rigidité se révèle de moins bonne qualité. La période réfractaire (temps nécessaire entre deux érections) est également allongée. 25 % des hommes concernés par des problèmes d'érections consultent un médecin alors que 60 % le souhaiteraient. 80 % de ces troubles sont provoqués par une anomalie médicale et 20 % d'origine psychologique (l'anxiété, le stress, un nouveau partenaire sexuel, une nouvelle situation érotique, la dépression, etc.). Cette forme de dysfonction érectile est beaucoup plus répandue chez les hommes de 20 à 40 ans. Parfois, un premier épisode mal vécu peut mener à une certaine « anxiété anticipatoire » faisant qu'un problème ponctuel peut devenir récurrent.

Pour remédier à des problèmes d'érection, six choses sont à envisager :

1/ Vérifier qu'au niveau anatomique, tout fonctionne bien. Si vous avez des érections réflexes la nuit ou au réveil, si vous arrivez à vous masturber jusqu'au plaisir, votre souci est vraisemblablement plus d'ordre psychologique que physiologique. Sinon, consultez votre médecin traitant

1. *Santé Médecine* (http://sante-medecine.commentcamarche.net/faq/sujet-137-mon-mari-a-des-troubles-de-l-erection).

qui fera mesurer par une prise de sang votre taux de testostérone (T totale et libre), de sulfate de DHEA (SDHA), de dihydrotestostérone (DHT), de SHBG *(Sex Hormone Binding Globuline)* et de prolactine afin de savoir si vos problèmes d'érection sont liés à une baisse du désir. Au besoin, il vous orientera vers un urologue ou un endocrinologue compétent. Au cas où vous ne pouvez maintenir une érection satisfaisante, faites vous prescrire un bilan veineux (doppler pénien, cavernographie) qui permettra de vérifier si le problème vient d'un manque d'excitation, d'un excès de stress ou d'un ennui vraiment physique (anomalie de la vascularisation, insuffisance artérielle, fuite veineuse).

Taux hormonaux H	À surveiller	Normaux	Excellents
SDHA (ng/ml) taux indicatif à 35-44 ans	889	2 400-3 400	4 270
SHBG (ng/ml)	4,5	3,4-2,4	1,3
SHBG (nmol/l)	48	37-25	14
Testostérone (ng/ml)	2,8	4,5-6,3	8
Testostérone (nmol/l)	7	12-22	28
Testostérone libre (pg/ml)	12	21-31	40
Testostérone libre (pmol/l)	41,6	74-106	138,6
Dihydrotesto. (ng/ml)	1,06		0,30
Dihydrotesto. (nmol/l)	3,65		1,03
Prolactine (ng/l)	25	18-12	5

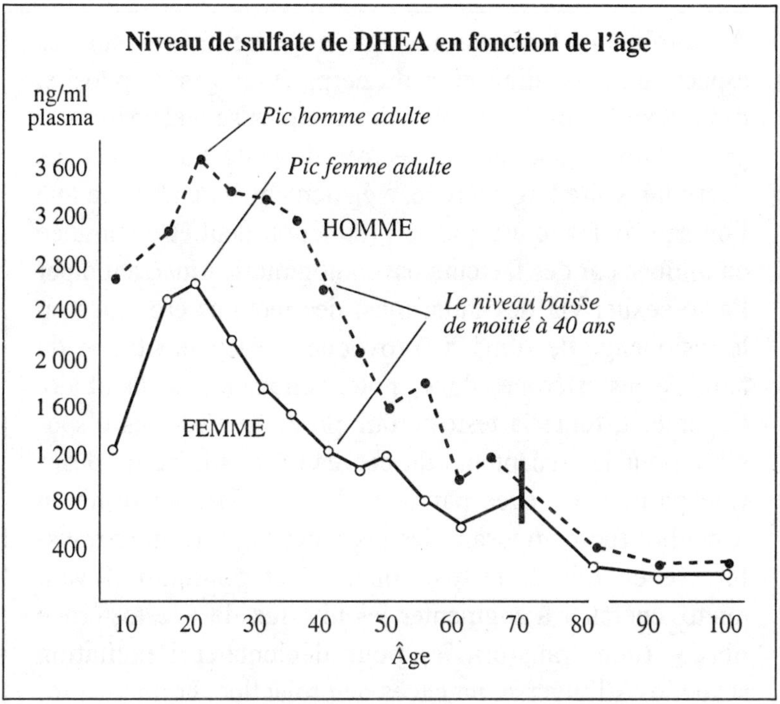

D'après l'étude « DHEAge » du Pr Baulieu
*(*Nutra News, *juin 2000)*

Remarque : l'inversion des intervalles de valeurs concernant la prolactine (indicateur de la satiété sexuelle) et la dihydrotestostérone (DHT) ne tient pas à une erreur de mise en page. En fait, cette dernière, partie transformée de la testostérone totale, est indispensable à l'homme au niveau de sa libido, mais aussi pour assurer le développement et le bon fonctionnement de ses organes sexuels. Cependant, la DHT est aussi la « mauvaise testostérone » qui provoque acné, calvitie, problèmes de prostate... On peut être atteint d'un problème de prostate sans que son taux de DHT soit excessif, mais il y a toutes les chances qu'un taux proche du maximum engendre un problème de ce genre. Chez la femme, le rôle de la DHT n'est pas clairement identifié.

À savoir : la testostérone agit essentiellement sur les aspects de masculinisation du corps (voix grave, pilosité, désir sexuel, développement des organes sexuels externes, production de sperme...). Le rôle de cette hormone dans l'activité, voire l'agressivité, a également été établi. Ce que l'on sait moins, c'est que sa production peut être stimulée ou inhibée par des facteurs psychologiques. Ainsi, anticiper l'acte sexuel via des fantasmes, des lectures érotiques ou le visionnage de films X, provoque une augmentation du taux de testostérone, donc, potentiellement, de la libido. Cependant, toute la testostérone produite n'est pas disponible pour les récepteurs du cerveau à la source du désir. Une partie est piégée par la SHBG qui la transforme en œstradiol (un composant des œstrogènes), une autre transformée en dihydrotestostérone. C'est pourquoi il vaut mieux chercher à augmenter les niveaux de « testostérone libre » (non transformée) pour déclencher l'excitation sexuelle. À l'inverse, un excès de prolactine, hormone produite par l'hypophyse au moment de l'orgasme, diminue notablement le désir sexuel. C'est la raison pour laquelle un homme – mais aussi la majorité des femmes – n'a pas aussitôt envie de refaire l'amour après avoir bénéficié d'un orgasme. En fait, la dopamine crée l'envie de passer à l'acte tandis que la prolactine l'éteint. Il est donc judicieux, en cas de troubles érectiles, de toujours faire un dosage sanguin de testostérone libre et de prolactine.

2/ Faire l'amour quand on se sent le plus disponible mentalement et physiquement, comme par exemple le matin au réveil, une fois reposé et le taux de testostérone au top. L'asthénie, c'est-à-dire la « fatigue », réelle ou ressentie, représente l'une des causes les plus fréquentes des dysfonctionnements sexuels. La moitié des hommes qui consultent leur médecin après l'âge de 40 ans pour des symptômes d'asthénie mentionnent une absence de désir sexuel ou une incapacité à maintenir l'érection. Pour que le corps réagisse favorablement au bon stress généré par l'afflux hormonal que déclenche l'excitation, il doit être dans un état d'apaisement complet procuré par une ambiance détendue, calme, relaxante... Sachez aussi que, bien souvent, l'érection s'amplifie une fois le coït entamé. Même en semi-érection, il est tout à fait possible de tenter une pénétration, en s'aidant de la main ;

3/ Développer ses muscles pubo-coccygiens (PC) pour éviter le reflux sanguin une fois en érection [1]. Vous pouvez aussi appuyer directement sur votre périnée avec les doigts et de l'autre main bloquer la veine profonde en appuyant du pouce en bas de la verge, sur le dessus, donc côté ventre. Pour augmenter l'érection, pompez le sang en contractant vos muscles PC et en relâchant la pression de votre pouce sur le bas de la verge, puis comprimez avec votre pouce tout en décontractant vos muscles PC, et recommencez plusieurs fois de suite. Une fois l'érection complète, la veine profonde est écrasée par les corps caverneux et il n'est normalement plus nécessaire de jouer du pouce. Si le sang a tendance à s'échapper et donc fait baisser votre érection, sans qu'il y ait diminution de votre excitation, il est possible d'utiliser un anneau de contention, dit « cockring », que l'on trouve facilement en sex-shop et qui permet de maintenir artificiellement l'érection en enserrant le bas de la verge. Attention toutefois à ne pas laisser cet anneau en place plus de 30 minutes car le sang bloqué dans la verge n'y est plus oxygéné ;

4/ Accroître son niveau de désir et d'apaisement par le tantrisme. La sexualité ne peut s'épanouir que dans un environnement apaisé. Une qualité de vie moindre, des relations tendues ou un stress durable affectent généralement le comportement sexuel (baisse de libido, diffi-

---

1. Voir « Faites durer et amplifiez votre plaisir », en annexe.

cultés érectiles, problèmes d'irritation ou de lubrification vaginale), à cause d'une sécrétion excessive de cortisone. Pour retrouver la sérénité, rien ne vaut la relaxation.

Le tantrisme joue sur ce tableau afin d'accroître la disponibilité et la sensibilité des amants. Voici deux exemples d'exercices particulièrement excitants à pratiquer sur un homme allongé sur le dos, un coussin sous les fesses et sa femme à genoux entre ses cuisses :

– Madame pose sa main sur le périnée de Jules pour, tout d'abord, lui masser doucement, puis lui enserrer les testicules en passant son pouce d'un côté et son majeur de l'autre jusqu'à les faire se rejoindre en bas de la verge. De l'autre main, enduite d'huile de massage, il convient d'effectuer un mouvement englobant de frottement, comme si on voulait lustrer une boule d'escalier. Madame peut aussi masser les testicules de son amant lorsqu'elle pratique une fellation ou en passant sa main entre ses jambes alors qu'il la pénètre selon la technique de la levrette ;

– Madame, face à son amant, croise ses mains et prend le sexe de monsieur entre elles. Avec ses pouces bien lubrifiés, elle caresse alternativement le dessous du gland, de part et d'autre du frein.

5/ Doper sa sexualité par la prise de compléments alimentaires. Beaucoup ne jurent que par eux, d'autres se montrent prudents, toujours est-il qu'il convient d'en parler : des compléments alimentaires, d'après certaines études, bénéfiques à la santé en général et à la sexualité en particulier, sont en vente libre. Vous pourrez les trouver très facilement en parapharmacie ou en herboristerie. Toutefois, ils ne doivent pas être pris sans avis médical, notamment pour les personnes qui souffrent d'hypertension, de maladies de cœur ou de diabète, sont atteintes de cancer, d'infections virales graves (sida) ou de maladies chroniques. Ces produits ne doivent pas non plus être considérés comme des aphrodisiaques, mais représentent une réponse naturelle à des problèmes d'ordres physiologiques bénins. Le médecin ou le naturopathe prescripteur vous indiquera les doses adaptées à votre cas.

Accroissement de la production de dopamine :

Lorsqu'un événement est plus heureux qu'espéré, la dopamine émet un signal de bonheur dont les effets euphorisants poussent à répéter l'expérience. Ce neurotransmetteur intervient donc autant dans le désir que dans sa recherche, qui nous pousse alors à agir par envie.

– **Phényléthylamine (PEA) :** cet acide aminé contribue à la sensibilité, au ressenti du plaisir et donc de l'orgasme par accroissement de l'action de la dopamine. Il rend tous les amoureux un peu euphoriques. Notre organisme convertit la phénylalanine en tyrosine et en PEA. Cette dernière, produite en quantité chez les sportifs et que l'on trouve dans l'aspartam ou le chocolat, malgré un effet antidépresseur attesté, rend nerveux à forte dose. Symptômes que l'on retrouve chez les amoureux transis : mains moites, sueurs froides, palpitations... L'amour à forte dose, ça secoue ! L'ubiquinol, forme réduite du coenzyme Q10, est un précurseur de la phénylalanine.

– **Tyrosine :** cet acide aminé est transformé par la thyroïde en une hormone essentielle à l'organisme, la thyroxine. Les personnes qui souffrent d'hypothyroïdie manquent cruellement de cette hormone, ce qui se traduit par une grande fatigue, une baisse de libido, une prise de poids, etc. La tyrosine est précurseur de deux neurotransmetteurs, la dopamine et la noradrénaline, qui favorisent la vivacité d'esprit, la rêverie érotique et l'excitation sexuelle.

– **Pois mascates** *(mucuna pruriens)* : ils contiennent de la L-dopa, précurseurs de la dopamine, et sont préconisés pour traiter les troubles érectiles liés au stress (manque de confiance en soi, doutes des capacités...).

– ***Rhodiola rosea* :** cette plante que l'on trouve en Sibérie est, comme le ginseng ou l'ashwagandha, un adaptogène. C'est-à-dire qu'elle permet une meilleure adaptation à l'effort, réduit le stress et la fatigue nerveuse. Elle intervient, comme le chrome, le ginkgo biloba, la vitamine B3 (niacine/NADH), la vitamine B6 (pyridoxine) et la vitamine B9 (acide folique), dans la synthèse de la dopamine [1].

En résumé, la chaîne de transformation totale est la suivante :

Phénylalanine → tyrosine → L-dopa → dopamine → noradrénaline.

À savoir : si la dopamine pousse à l'action, elle est aussi malheureusement le neurotransmetteur du frein au changement, de l'entêtement, de l'incapacité d'adaptation, caractéristique masculine souvent décriée par les femmes. Un excès en dopamine peut conduire à adopter des comportements agressifs de domination ne tolérant aucune opposition. Le cerveau féminin, au contraire, a une activité de la sérotonine plus élevée, ce qui rend une femme plus calme, attentive aux réactions d'autrui. Sans rapport avec la gent féminine, notons que, pour apprivoiser un animal sauvage, il faut modifier sa relation au monde afin que son cerveau augmente sa production de sérotonine et baisse celle de dopamine. À l'inverse, on cherche parfois à faire sortir les dépressifs d'un état de renoncement, de passivité, en leur administrant des activateurs de dopamine.

Apaisement du stress et réduction de la fatigue :

– ***Erythroxylum catuaba*** **:** ce petit arbre du Brésil aurait pour ses défenseurs des vertus vasorelaxantes, augmenterait le désir sexuel et favoriserait la détente psychologique. D'après le Dr Meira Penna, le seul effet secondaire notable

1. *Un cerveau à 100 %*, par le Dr Eric Braverman.

du *catuaba* serait une recrudescence notable des rêves érotiques !

– ***Epimedium grandiflora*** (*horny goat weed* en anglais, soit « herbe de la chèvre en chaleur », *sic* !) : cette plante a pour effet de diminuer le cortisol, hormone du stress, et peut rétablir un taux de testostérone déficient. Elle améliore aussi la production d'oxyde nitrique (NO) et donc l'érection.

– **Ginseng rouge coréen** (panax ginseng) : de longue date, cette racine est utilisée pour combattre la fatigue, réveiller l'imagination ou stimuler la mémoire par l'action de l'acétylcholine (neurotransmetteur de la pensée créative). Mais elle a aussi une action sur l'oxygénation sanguine et, semble-t-il, l'érection.

– ***Muira puama*** : ce « bois de puissance sexuelle » que l'on trouve au Brésil permettrait de réduire le stress et la fatigue tout en favorisant l'érection. Ce dernier ne doit pas être confondu avec son homologue antillais, le marbri *(richeria grandis)* ou « bois bandé », puissant vasodilatateur.

– ***Rhodiola rosea***, **vitamine B1** (Chiamine), **zinc, alcium, magnésium** et **chrysine** sont aussi utilisées pour retrouver le moral et une sexualité apaisée.

Augmentation de la testostérone libre et réduction de la SHBG :

À partir de 40 ans, la SHBG augmente, entraînant une transformation (aromatase) excessive de testostérone en œstradiol. La diminution de la testostérone libre, non transformée, est l'une des principales responsables des dysfonctionnements érectiles dus au vieillissement.

– **Tongkat ali *(eurycoma longifolia)* :** surnommé le « ginseng malaisien », il est utilisé pour favoriser le bien-être, augmenter la force et la libido. Il augmenterait le taux de testostérone libre en favorisant la production de déhydroépiandrostérone (DHEA), et par voie de conséquence de testostérone, tout en abaissant la SHBG qui la piège. De plus, il semblerait avoir une action comparable au Viagra en augmentant le niveau de GMP cyclique nécessaire à l'érection[1].

– **Chrysine :** extraite de la passiflore, elle diminue l'anxiété en agissant sur le GABA (neurotransmetteur de la stabilité) sans perturber l'activité motrice, contrairement à la plupart des anxiolytiques. Lorsqu'elle est associée à la pipérine, elle-même extraite du poivre noir, la chrysine augmente la testostérone libre par réduction de l'aromatase.

– **Avoine *(avena sativa)* :** elle contient un alcaloïde qui est un clone de la testostérone par son aspect chimique. Grâce à sa structure similaire, elle se lie à la SHBG, améliore la libido par augmentation de la testostérone libre et la qualité des érections par production d'arginine. Elle est aussi préconisée pour limiter l'anxiété, calmer les hyperémotifs et soigner la prostate par réduction de la dihydrotestostérone.

– **Ortie blanche *(urtica dioica)* :** elle exerce une action inhibitrice sur la conversion (5-alpha-réductase) de testostérone en dihydrotestostérone, mais aussi sur la SHBG qui transforme de manière irréversible la testostérone en œstradiol. Il en résulte que davantage de testostérone devient de ce fait disponible (on dit « libre ») pour la libido qui s'en trouverait renforcée. De même pour les **pépins de courge** *(curcubita pepo)*, qui sont riches en lignâmes, un groupe spécifique de phyto-œstrogènes.

– ***Tribulus terrestris* :** cette plante possède un principe actif (protodioscine) utilisé en Inde depuis des millénaires pour traiter les problèmes d'impuissance, de frigidité et de stérilité. Son utilisation régulière permettrait d'augmenter le taux de testostérone globale, et donc a priori, de testostérone libre. De plus, elle augmenterait la libération de l'oxyde nitrique (NO) et aurait un effet bénéfique sur l'érection.

---

1. Voir « Les secrets de l'érection ».

En résumé, la chaîne de transformation de la testostérone est la suivante :

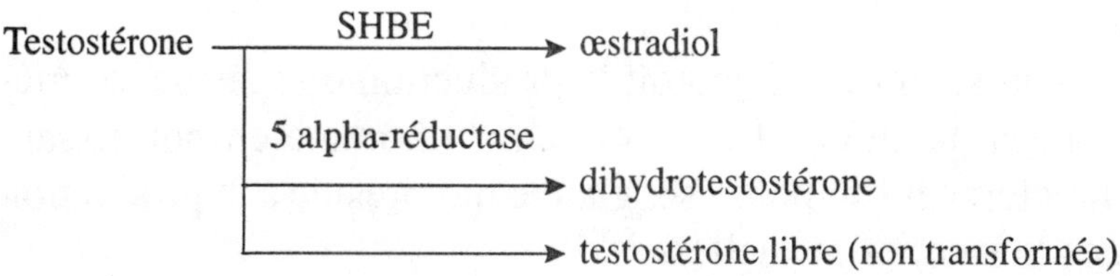

Donc la testostérone peut se transformer en œstradiol ou en dihydrotestostérone. La testostérone non transformée est dite « libre ».

Soin de la prostate et augmentation de l'orgasme :

– Le **zinc** inhibe l'activité de l'enzyme 5-alpha-réductase comme différentes plantes (voir tableau ci-dessus). C'est aussi un inhibiteur de l'aromatase, ce qui bloque la conversion de testostérone en œstradiol. En se supplémentant en zinc, associé à du cuivre, on obtiendrait de meilleurs orgasmes par contractions plus intenses de la prostate, tout en limitant le risque de prostatite (inflammation de la prostate) et d'hyperplasie (augmentation de son volume).

– Le **sélénium** améliorerait la production de sperme et, comme le zinc, le fonctionnement de la prostate.

– La **vitamine B3** (niacine) favoriserait la libération d'histamine qui intervient dans les sensations voluptueuses de l'orgasme. Elle stimulerait aussi la production d'oxyde nitrique et de dopamine via un de ses composants (NADH).

– La **vitamine B6** (pyridoxine) et **la vitamine C** [1] abaissent naturellement le taux de prolactine, hormone qui est sécrétée lors de l'orgasme et provoque la satiété sexuelle. De plus, la vitamine B6 régularise les hormones et a un

1. « Une sexualité qui dure », Association française d'anti-aging (http://www.fsaam.com/article.php3?id_article=42).

effet bénéfique sur la fertilité, tout en allongeant la phase lutéale (période entre l'ovulation et la menstruation) pour permettre l'implantation de l'ovule fécondé dans l'utérus avant l'arrivée des règles.

– la **vitamine E** accroît la production de sperme et améliore la qualité de l'orgasme chez l'homme en nourrissant directement l'hypophyse, glande qui préside à la production des hormones sexuelles.

Meilleure circulation sanguine et production d'oxyde nitrique (NO) :

– **Ginkgo biloba :** ce veinotonique améliorerait la circulation sanguine et donc l'arrivée du sang dans la verge. Il améliorerait le taux de dopamine [1].

– **Picamilone :** cette combinaison de GABA (acide gamma-aminobutyrique) et de niacine (vitamine B3) constituerait un puissant vasodilatateur [2] qui augmente très nettement le flux sanguin. Elle peut être utile quand le stress perturbe la libido et l'érection.

– **Verveine :** elle contient un alcaloïde, la verbénaline [3], qui dilate les artères et faciliterait le gonflement des organes sexuels. Efficace le soir en infusion.

– **Magnésium :** un faible niveau d'oxyde nitrique (NO) est souvent corrélé à une carence en cet élément. De plus, associé à la vitamine B6 (pyridoxine), le magnésium régule la production de dopamine (neurotransmetteur du désir), en générant plus de sérotonine (neurotransmetteur de la sérénité).

– **Arginine** et **yohimbine :** l'association des deux (environ 1 000 fois moins du second par rapport au premier)

1. http://www.ginkgo-biloba.fr.
2. « Le picamilone : un effet bénéfique sur le métabolisme du cerveau », *Nutra News*, mai 2003.
3. « Les plantes de l'amour » par Daniel André, 2001 (http://www.naturosante.com/rubriques/chroniques/daniel_andre/daniel_andre.php?2).

augmenterait le désir sexuel chez les femmes souffrant d'un trouble de l'excitation sexuelle et faciliterait les érections par vasodilatation. À partir de l'arginine, le corps sécrète de l'oxyde nitrique (dilatation des vaisseaux sanguins) et de la créatine (développement musculaire).

– **Norvaline :** elle inhiberait l'action de l'arginase qui transforme l'arginine en ornithine et urée (élimination par le corps de l'azote en excès) et tend donc à augmenter la NO Synthase (NOS) qui génère NO et citrulline.

Différents extraits de plantes permettraient aussi une production plus grande d'oxyde nitrique (NO) : le **pycnogénol,** extrait du pin maritime ; le **rutaecarpine,** alcaloïde extrait d'un fruit, l'*Evodia Rutaecarpa* ; l'**oleuropéine**, extrait de feuille d'olivier ; l'**epimedium** *(Horny Goat Weed)* ; le **tribulus terrestris**, une plante utilisée depuis 400 ans par les Chinois ; le **resvératrol** qui contient des polyphénols du vin rouge. Voilà ce qui pourrait expliquer pourquoi en France, grand pays du vin, on vit plus longtemps et que l'on a parmi nous les meilleurs amants au monde !

À savoir : l'arginine augmente la virulence du virus de l'herpès simplex.

J'ai exclu volontairement de cette liste le *Spanish Fly* (poudre de cantharide) qui provoque une érection réflexe par irritation de l'urètre, la racine de zallouh *(Ferula harmonis)*, une plante d'altitude contenant de l'acide férulique qui dilate les vaisseaux sanguins, et autres *poppers* (nitrites d'amyle, butyle ou propyle, provoquant euphorie et dilatation des sphincters. Principalement utilisés dans le milieu gay, ces produits sont fortement déconseillés, compte tenu des troubles graves pour la santé qui peuvent alors survenir.

À savoir : le déclin de la libido avec les années n'est pas tant dû à la quantité de testostérone totale produite, qu'à l'augmentation des liaisons de celle-ci avec la SHBG dont le taux augmente avec l'âge. Voilà pourquoi un traitement substitutif de testostérone n'est pas forcément une solution à long terme, car cette testostérone exogène peut se trouver piégée par la SHBG et donc ne pas être disponible (on parle de « testostérone libre » qui représente environ 2 % de la testostérone totale) pour les récepteurs neuronaux où se produit normalement l'effet stimulant le désir sexuel. L'indole-3-carbinol et le di-indolylméthane (DIM), que l'on trouve dans les légumes crucifères (choux, chou-fleur, brocolis...) ou en suppléments, de même que la chrysine, diminueraient l'excès d'œstrogènes et retarderaient la féminisation du corps masculin avec l'âge. D'autre part, l'administration d'arginine, stimulant l'hormone de croissance (HGH), et de taurine, augmentant la production de l'acétylcholine (neurotransmetteur de la créativité), chez l'homme âgé semble améliorer son état général, et par là même sa sexualité.

6/ Utiliser des aides médicales. Parmi les molécules qui favorisent l'érection, on peut citer le sildénafil® (Viagra et son générique le Kamagra), le tadalafil® (Cialis), le vardenafil® (Levitra). Ces trois médicaments maintiennent le flux sanguin dans le pénis en inhibant la production de PDE-5, mais en aucun cas, ils ne peuvent prétendre relancer la libido.

Une nouvelle molécule, la **PT-141**, disponible en spray nasal, agirait directement sur les hormones qui déclenchent le désir sexuel dans le cerveau, et serait aussi efficace pour les hommes que pour les femmes. Dans tous les cas, c'est à un sexologue ou à un urologue de vous prescrire ces médicaments en fonction de votre cas après diagnostic.

L'électrostimulation érotique[1] est l'utilisation de courants électriques de basse fréquence pour stimuler les nerfs et les muscles, en particulier des zones sexuelles. Cette technique est apparue dans les années quatre-vingt. Il est également possible d'utiliser des moyens mécaniques pour stimuler l'irrigation des organes génitaux, comme la pompe à vide ou « vacuum » pour les hommes et la pompe à vulve, appelée aussi *pussy pump* ou *vagina sucker*, pour les femmes. Pour un homme, cela consiste à faire glisser la verge dans un tube avant de la gonfler de sang en créant un phénomène d'aspiration dû au vide. Une fois l'érection correcte, on place un « cockring » (anneau de compression) en bas de la verge pour éviter le reflux sanguin, par compression de la veine dorsale. On peut aussi utiliser un préservatif serré pour obtenir une compression de la peau, et donc de la veine dorsale, contre les corps caverneux.

On trouve aussi des crèmes à appliquer localement, ou des mini-suppositoires à introduire dans le méat, qui favoriseraient l'érection : **Prostaglandine, Papavérine...**
En dernière possibilité, viennent les implants péniens gonflables ou semi-rigides insérés dans le pénis par chirurgie.

Entre plaisir et tendresse

Il n'y a pas que le plaisir physique dans la vie d'un couple, mais on remarque que, souvent, ceux pour qui le sexe a occupé une place de choix dans l'existence conservent la sexualité la plus active en vieillissant. Il arrive un âge où l'on ne fait évidemment plus l'amour comme à vingt ans, mais une vraie relation charnelle peut demeurer, plus orientée vers les caresses tendres que le coït. En fait, il

1. Article « Électrostimulation érotique » sur Wikipedia (http://fr.wikipedia.org/wiki/Electrostimulation_erotique).

n'existe pas une sexualité, mais des sexualités et chacun est libre d'inventer la sienne.

Gardez à l'esprit que pour que chacun des deux partenaires obtienne un orgasme, il n'est nul besoin de rechercher systématiquement :

– **Le coït pour elle :** pensez aux millions de lesbiennes qui se donnent du plaisir sans faire entrer un sexe d'homme dans leurs jeux. *Les Plaisirs de l'amour lesbien*, de Felice Newman, donne plein d'idées pour faire jouir une femme avec ses mains, sa bouche et différents accessoires.

– **L'érection pour lui :** de même que l'on peut avoir un orgasme sans éjaculer, il est tout à fait possible d'avoir un orgasme sans érection. Madame peut très bien prendre le sexe flaccide de son conjoint dans sa bouche et le téter doucement tout en passant sa langue sur le frein. L'homme peut aussi prendre sa verge en main et frotter son frein sur le clitoris de sa compagne jusqu'à ce que tous deux atteignent l'orgasme. Enfin, n'oubliez jamais que l'homme connaît quatre types d'orgasme différents et que votre prostate ou vos tétons sont tout aussi capables que votre pénis de vous faire atteindre le nirvana.

Épilogue

Et voilà ! Je viens de mettre un point après le dernier mot de la dernière ligne de mon premier livre. Enfin... la dernière ligne, pas vraiment, car vous vous doutez bien que je ne l'ai pas écrit d'une traite. L'écriture d'un ouvrage, c'est plein d'aller-retour, de joie, d'exaltation, de colère parfois, de doute beaucoup... Il y a d'abord eu une idée qui a germé dans mon cœur avant même d'apparaître dans mon esprit. Puis, il a fallu que je me persuade que j'étais en train d'écrire un livre et que j'étais capable de mener ce projet à terme. Ensuite, il a fallu convaincre des gens, accepter les critiques, me remettre en cause... Ne pas me décourager quand la page restait désespérément blanche, ne pas me prendre la grosse tête quand mes doigts pianotaient sur le clavier comme Fred Astaire faisant des claquettes... Prendre conscience que je n'arriverais pas à tout raconter et qu'il fallait me limiter à l'essentiel, me persuader que ce qui me passionne n'intéresserait pas forcément un large public, ne pas avoir peur de voir ma tête en photo ensuite dans un journal, ne pas rougir devant les questions des journalistes sur ma vie privée... Ne pas croire que je suis un écrivain alors que j'ai accouché, dans la douleur et sans péridurale, de plus de 300 pages, et surtout ne pas me prendre pour l'homme/le gendre/le mari/l'amant idéal.

Pour vous donner une petite idée de la genèse d'un livre, voici une brève chronologie des événements qui ont précédé la publication du mien :

– **Avril 2007 :** Fabrice Boutain, le PDG d'Anxa, une société en développement personnel, me souligne au cours d'un déjeuner au restaurant je parle souvent de relation de couple, que j'ai l'air de bien vivre le mien et que j'ai sûrement plein de bons conseils à lui donner sur le sujet. J'en discute avec enthousiasme et le ton un peu haut. Peu à peu, les tables voisines participent à notre conversation. Tout le monde y va de sa recette personnelle pour vivre heureux en couple et les langues se délient pour dénoncer les affreux conjoints qui vous font plein de misères, tout en précisant qu'il s'agit d'histoires concernant amis ou collègues... Ben, voyons !

– **Été 2007 :** à force de penser à des choses que je pourrais raconter à Fabrice au prochain déjeuner, j'ai commencé à prendre des notes dans un carnet qui ne quitte plus ma poche. Il a bien fallu, à un moment, prendre la décision de regrouper mes idées, les classer, les sauvegarder. J'ai donc ouvert un fichier Word que je ne cesserai plus de remplir jour après jour. Je l'envoie à Fabrice qui le trouve excellent et, le premier, me suggère de le publier... J'ai le sentiment de dégager mon esprit, de revoir ma vie sous un autre angle, de me poser enfin les bonnes questions sur le bonheur conjugal... Progressivement, une profonde exaltation me prend. J'ai l'impression d'avoir toujours eu le tableau de la vie devant moi, que quelqu'un vient d'allumer la lumière et que je le contemple et le comprend pour la première fois. Je vais vers les gens, leur souris, les interpelle, leur pose des tas de questions... Je suis devenu un vrai boulimique de contacts humains alors que j'étais hyper réservé.

– **Septembre 2007 :** j'ai perdu 3 kilos, sans rien changer à mes habitudes de vie. Bizarre, car j'ai une pêche d'enfer.

Je décide de consulter mon médecin qui soupçonne un dérèglement hormonal. Prise de sang faite, je constate que ma DHEA est montée au plafond et que ma testostérone a suivi. Sûrement l'effet de ma profonde envie d'évoluer dans mes relations aux autres. Cela explique mon état euphorique (le *well being* dû à l'excès de DHEA), ma perte de masse graisseuse et mon surcroît de forme (poussée de testostérone). Ma libido s'emballe aussi, ce qui perturbe sérieusement mes relations intimes avec ma femme. Je me rends compte que, jusque-là, je ne me suis jamais vraiment interrogé sur la nature humaine, que j'ai un peu réussi ma vie de couple par hasard et qu'il est temps de comprendre réellement ce qui nous a amené à notre stade d'épanouissement mutuel après plus de vingt ans de vie commune. Objectif : éviter que les changements qui s'opèrent en moi mettent tout par terre en quelques mois.

– **Fin 2007 :** j'ai dévalisé le rayon psychologie de mon libraire, consulté le Dr Claude Dalle, président de l'Association française d'anti-aging (AFAA) et spécialiste en hormonothérapie, et commencé des séances avec un psy. Je prends vraiment mon destin en main ! Je décortique, analyse, note, expérimente, vérifie, met à jour sans cesse mon fichier Word. J'ouvre enfin les yeux, et surtout le cœur, sur la vraie nature des relations humaines. Je réalise aussi combien nos hormones et neurotransmetteurs agissent sur nos comportements et inversement. J'ai fait la connaissance de Florence Escaravage, une super coach des relations amoureuses. Je découvre une jeune femme charmante, empreinte d'une grande humanité, et dotée d'un naturel désarmant qui me ramène un peu sur terre. En l'écoutant, je prends conscience que l'amour, il n'y a rien de plus évident, à condition de l'aborder par le bon côté, dans la simplicité, l'écoute, le respect.

– **6 février 2008 :** je reçois un mail de Jean-Michel Cohen, le responsable de la collection « Savoir » chez Flammarion. Fabrice lui a parlé de moi et il aimerait que je lui raconte mon projet. Je réalise soudain que je suis peut-être en train de devenir un auteur. Mon manuscrit fait à l'époque tout juste 150 pages, mais j'ai l'impression d'avoir quasiment tout dit en couvrant la globalité de la vie de couple. Mon discours l'intéresse et il me félicite de mon enthousiasme. Mon enthousiasme... C'est dingue... Moi qui étais identifié comme un être un peu taciturne, à la limite mélancolique, réagissant comme un ours mal léché aux invitations, il y a tout juste un an. Tout cela me semble un peu irréel, mais je commence à y croire, et je suis bien décidé à aller jusqu'au bout de l'aventure !

– **18 mars 2008 :** déjeuner avec Thierry Billard, directeur littéraire de Flammarion, et Jean-Michel Cohen. Ils me posent beaucoup de questions sur mon expérience personnelle, lèvent un sourcil quand je leur dis que j'aime ma femme bien plus qu'au premier jour et que je n'ai jamais éprouvé le désir de la tromper, et froncent les deux quand je leur avoue que je suis un grand romantique avec le taux de testostérone d'un macho. Ils me disent en riant (un peu jaune) qu'ils vont s'arranger, quand je passerai dans les couloirs de Flammarion, pour que les femmes soient absentes, et que leurs épouses respectives ne soient pas devant la télé si, un jour, je passe dans une émission à une heure de grande écoute.

– **21 avril 2008 :** Flammarion me sélectionne et m'envoie un contrat. Dès signature, je vais toucher un acompte de... Eh non, ça reste secret ça ! Seul problème, si mon plan les satisfait à quelques ajustements près, ils me demandent de leur livrer un ouvrage d'au moins 300 pages. Gasp, c'est le double de ce que j'ai déjà écrit à ce moment-là !

– **9 juillet 2008 :** Rendez-vous avec Thierry Billard qui m'annonce que Flammarion a envie de sortir mon livre pour la Saint-Valentin 2009. Top ! Je lui propose en conséquence de tout terminer pour la mi-novembre. Il me reste donc 150 pages au minimum à écrire en... quatre mois. Gloups !

Épilogue

– **10 septembre 2008 :** résultats positifs de mon nouvel examen sanguin. Je ne me suis pas avalé tout un magasin de phytothérapie en gélules pour des prunes ! De plus, je deviens, de fait, la preuve vivante que ce que je raconte dans le livre sur les hormones sexuelles et la façon de les contrôler n'est pas vraiment faux.

– **22 septembre 2008 :** livraison de l'introduction et de la première partie du livre. Thierry est tout heureux de m'annoncer que ses commerciaux et lui-même ont fixé la date de publication et que l'ouvrage sortira exactement le 18 février 2009. Lorsque je lui fais remarquer qu'on avait prévu juste avant la Saint-Valentin, il me répond, jovial, que c'est bien le cas puisque la fête des amoureux se déroule chaque année le... 24 février. Quand je m'amuse de son erreur, il se marre. C'est sa compagne qui sera contente d'avoir un cadeau avec dix jours de retard !

– **6 novembre 2008 :** je termine l'écriture après une vingtaine de mois de travail. P..., j'y suis arrivé ! C'est dingue ! Je n'en reviens pas moi-même. Vont suivre plusieurs réunions de travail avec Flammarion pour corriger et améliorer mon manuscrit jusqu'à sa validation totale et sa sortie le 11 février 2009.

Et aujourd'hui, si vous en êtes à cette ligne, c'est sans doute que vous avez fini de le lire. Alors, si vous avez des questions, des remarques ou des suggestions, je suis à votre disposition : couple.epanoui@gmail.com.

Annexes

Faites durer et amplifiez votre plaisir par le Tao sexuel

Chez l'homme et la femme, muscler son périnée, et plus particulièrement les muscles pubo-coccygiens (PC), c'est l'assurance de meilleurs orgasmes. Afin de posséder un périnée musclé, il faut pratiquer les exercices de Kegel, du nom du médecin allemand qui les a mis au point. Pour cela, entraînez-vous à stopper le jet d'urine quand vous êtes aux toilettes pour bien identifier les muscles PC qui entrent en compte. Il s'agit juste dans un premier temps de bien repérer ces muscles, mais n'essayez pas de muscler votre périnée ainsi. Vous risqueriez de prendre l'habitude de mal vider votre vessie et feriez des infections urinaires. Vous pouvez aussi imaginer que l'on cherche à enfoncer une aiguille dans la chair entre votre vagin/vos testicules et votre anus, et que pour éviter d'être piqué(e), vous releviez votre plancher pelvien. Une fois que ces muscles vous seront familiers, vous pourrez passer au vrai renforcement musculaire. Il vous sera facile de faire des petites séances de musculation du périnée en toutes circonstances : assis devant la télé ou au bureau, debout dans les transports en commun, allongée dans son bain... Personne ne s'apercevra de ce que vous faites.

Exercices pour hommes et femmes :

Exercice 1 : contractez puis relâchez vos muscles PC dix fois de suite. Faites cela à raison de dix fois par séance, donc 100 contractions en tout, deux fois par jour.

Exercice 2 : gardez votre muscle PC contracté un certain temps avant de relâcher doucement. Contractez-le d'abord deux secondes, puis allongez peu à peu la durée à cinq, dix, quinze, vingt secondes jusqu'à ce que vous arriviez progressivement à tenir trente secondes. Faites cela vingt fois au début puis plus que cinq fois par séance, quand vous serez arrivée à trente secondes, deux fois par jour.

Exercice 3 : contractez lentement votre muscle PC, en procédant par paliers, à l'image d'un ascenseur qui s'arrête à chaque étage avant de repartir. Marquez deux ou trois paliers. Faites cela dix fois par séance, deux fois par jour.

Uniquement pour les hommes :

Exercice 4 : en érection, posez une serviette sur votre pénis et contractez vos muscles PC pour soulever la serviette. Faites l'exercice 10 fois de suite, sans laisser votre verge descendre plus bas que l'horizontale. Faites cet exercice plutôt le matin au réveil, en mettant à profit une érection matinale

Des techniques pour contracter les muscles de la zone anale existent dans le yoga. Il s'agit de mula bandha mudrâ (mudrâ signifie « gestes ou seaux » et bandha « contractions ») pour l'anus et d'ashvini mudrâ (« le geste de la jument » en sanscrit) pour le rectum, l'un et l'autre étant des lieux de puissance et de fuite énergétique très importants[1].

1. http://www.natha-yoga.com/mudra_et_bandha.htm.

Les bénéfices pour les femmes

Une femme avec un périnée ferme va bien mieux ressentir le volume du sexe de son amant et aura l'impression d'avoir un vagin plus tonique et étroit. Avec un peu d'entraînement, elle pourra quasiment masser le sexe que son partenaire aura introduit en elle par contractions successives des muscles PC qui entourent son vagin (c'est le fameux « casse-noisettes »), et ressentira bien mieux les jets qu'émet son partenaire quand il éjacule. Pratiqués régulièrement, ces exercices de renforcement des muscles PC vous permettront de mieux percevoir vos sensations vaginales et d'obtenir plus facilement des orgasmes lors du coït.

Les bénéfices pour les hommes

Si vous doutez des bienfaits sur l'érection d'un périnée musclé, faites donc l'expérience suivante. Asseyez-vous en érection au bord d'une chaise en plaçant une balle de tennis entre vos testicules et votre anus. Instantanément votre pénis va durcir plus. Un homme avec un périnée puissant pourra stopper la montée de son éjaculation, juste avant le point de non-retour (stade après lequel l'homme ne peut retenir son éjaculation, quoi qu'il fasse), et ainsi faire durer plus facilement le coït et mieux satisfaire sa partenaire. L'orgasme avec éjaculation comporte deux phases. Lors de la phase contractile, la prostate se contracte tandis que les vésicules séminales se remplissent et préparent l'envoi du sperme dans l'urètre. Lors de la phase expulsive qui suit, le sperme est propulsé par l'urètre hors du pénis. Il s'agit donc d'apprendre à ressentir la contraction de la prostate, initiatrice de l'orgasme, et de contracter fortement ses muscles PC à ce moment précis pendant une dizaine de secondes pour éviter la phase d'expulsion qui provoque l'éjaculation. Une fois cette dernière stoppée, vous ressentirez en relâchant la pression les contractions fort agréables de votre prostate. On parle alors d'injaculation. Comme l'éjaculation n'a pas eu lieu, le cerveau n'intègre pas que l'acte de reproduction est achevé et ne va donc pas produire certaines hormones, notamment l'ocytocine responsable des contractions des muscles périnéaux et la prolactine responsable de la période réfractaire (baisse de la testostérone, perte d'érection, fatigue...). De plus, après avoir bloqué l'éjaculation, le pénis perd momentanément de sa sensibilité mais pas de sa rigidité. Il est alors très agréable pour l'homme de pouvoir bouger aussi vite et vigoureusement qu'il le souhaite pour faire jouir vaginalement sa partenaire sans risquer d'éjaculer. Le pénis retrouve ensuite, après quelques minutes, toute sa sensibilité.

Avec un peu de pratique, l'homme sera à même de renouveler cela plusieurs fois pendant le coït et au final d'avoir un orgasme libérateur bien plus fort que s'il était venu à la première montée de son plaisir. Lors de l'éjaculation finale, le jet initial sera plus fort et les jets suivants seront plus nombreux (une éjaculation pourra compter jusqu'à une dizaine de jets pour une quinzaine de contractions orgasmiques contre quatre à sept contractions chez un homme non entraîné), grâce à des contractions orgasmiques plus puissantes et donc un plaisir nettement accru.

C'est un des principes de base du Tao sexuel qui propose à l'homme d'éjaculer le moins possible mais d'absorber l'énergie dégagée lors des orgasmes successifs de sa compagne. L'adepte du Tao sexuel peut non seulement bloquer son éjaculation sans limiter son plaisir, mais aussi rediriger l'énergie sexuelle (« Kundalini ») via le coccyx, le sacrum et la colonne vertébrale vers le cerveau ou un organe en particulier, afin de stimuler son fonctionnement. En dehors de la contraction volontaire des muscles PC conduisant à l'injaculation (non éjaculation qu'elle soit externe ou interne), il existe aussi deux techniques de blocage manuel de l'éjaculation au niveau du périnée :

1/ Une pression sur le périnée proche du scrotum (peau recouvrant les testicules) :

Ce point de pression, appelé aussi point à « un million de dollars », n'empêche malheureusement pas l'éjaculation et la période réfractaire qui suit. En fait, la compression de l'urètre bloque le conduit et provoque une éjaculation rétrograde. Le sperme est alors dirigé vers la vessie. Il y a donc bien perte d'érection, accompagnée d'une chute du désir et d'un sentiment de fatigue. Toutefois, le sperme restant dans l'organisme, les adeptes du Tao sexuel rapportent qu'une partie serait réabsorbée par l'organisme (nutriments, éléments minéraux et protéines du sperme), réduisant le côté durable de la fatigue ;

2/ Une pression sur le périnée proche de l'anus au niveau du point Jen-Mo :

Elle consiste à retenir le contenu de la prostate au moment des contractions de celle-ci, juste avant l'orgasme et pendant toute sa durée. Le contenu de la prostate y demeure donc et est rediffusé au système sanguin, le tout sans perte d'érection. Il s'agit alors d'une véritable injaculation, car le sperme ne sort pas de la prostate.

Découvrez les principes du tantrisme

D'après la méthode de développement personnel *« Mieux faire l'amour »* mise au point par la société ANXA (http://www.francetests.com) :

Dans le tantra, la jouissance n'est pas un but, ce qui compte d'abord ce sont les moyens d'y parvenir. C'est un état d'esprit qui ne correspond pas forcément aux attentes et aux besoins de chacun. Le sexe tantrique est à l'opposé de ce que l'on nomme le petit coup rapide. Il fait appel à des caresses prolongées, à une sensualité très intense et débouche donc sur une connexion physique et mentale particulièrement puissante avec votre partenaire.

Avant de s'initier aux exercices tantriques, respectez ces conseils :

– Commencez lentement : n'arrêtez pas brusquement ce qui vous semble jouissif ;

– Installez-vous confortablement : pratiquez le tantra dans une pièce agréable à vivre ;

– Éliminez les distractions : débranchez le téléphone, éteignez la télé, supprimez la radio ou la musique, fermez la porte ;

– Revenez doucement à la réalité : après l'acte, prenez

le temps de rester aux côtés de votre partenaire. La respiration en harmonie fait partie intégrante du sexe tantrique.

Comme dans le yoga, la respiration permet surtout d'atteindre un état méditatif. D'un point de vue pratique, il faut décomposer son souffle en quatre étapes :

1/ Inspirez lentement en gonflant le ventre ;
2/ Retenez votre respiration quelques secondes ;
3/ Expirez lentement, au besoin par la bouche ;
4/ Restez les poumons vidés quelques secondes.

Exercices de communion des corps :

– Allongez-vous sur le côté gauche, l'un derrière l'autre, dans la même direction. Collez bien le ventre et le torse de l'homme au dos et aux fesses de la femme ;
– Fermez les yeux et détendez-vous. Concentrez-vous sur votre respiration en quatre étapes ;
– Essayez de synchroniser votre respiration avec celle de votre partenaire. Soyez détendus, inspirez et expirez au même moment. Continuez comme cela pendant cinq minutes.

En se prenant dans les bras, en se caressant et en s'embrassant, un homme et une femme peuvent sentir combien ils sont différents et en même temps se complètent. Le yin féminin et le yang masculin, dans la tradition chinoise taoïste, incarnent le concept de l'équilibre parfait.

Les sept principes à respecter pour être en intimité avec l'autre :

1/ Asseyez-vous nus, en tailleur et face à face, sur un matelas ou des coussins, dans une pièce faiblement éclairée. Vous pouvez utiliser des bougies, diffuser des huiles essentielles, mettre de la musique pour créer une ambiance ;
2/ Commencez à regarder l'autre profondément dans les

yeux. Il s'agit de le contempler pour tout ce que vous trouvez de merveilleux en lui ;

3/ En vous regardant ainsi, dites à tour de rôle et à voix haute combien vous chérissez et respectez l'autre, et combien vous aimez vous rapprocher de lui. Par exemple : « *Tu as une grande place dans ma vie* » ou « *J'aime sentir ta présence* » ;

4/ Dans cette position, tenez-vous les mains et commencez à respirer en harmonie ;

5/ Alors que vous respirez ainsi, sentez l'énergie qui flotte entre vous. Les yeux fermés, vous allez chacun poser vos mains en même temps à quelques centimètres au maximum de l'autre et les déplacer autour de son corps. Au bout de quelques minutes, vous sentirez ainsi l'énergie qui se dégage du corps de votre partenaire ;

6/ Ouvrez les yeux, regardez-vous, tenez-vous les mains et continuez à respirer en harmonie. Restez concentrés sur l'énergie qui émane de vos mains, de votre respiration et de vos yeux. Plus vous allez prolonger cet instant et plus vous ressentirez votre connexion à l'autre. Vous pouvez rester ainsi le temps que vous souhaitez, entre une demi-heure et une heure ;

7/ Quand vous en aurez envie, la femme peut commencer à caresser le pénis de façon lente et rythmée. L'homme peut faire de même avec son pouce en massant les petites lèvres puis délicatement le clitoris. Quand l'homme sera en pleine érection, vous pourrez alors vous rapprocher et faire asseoir la femme entre les cuisses de l'homme, ses jambes à elle passant de chaque côté de son buste. Tout en maintenant le pénis en contact avec le sexe de la femme, celle-ci peut onduler du bassin d'avant en arrière pour se frotter sur la verge tendue. Cette caresse peut être effectuée jusqu'à l'orgasme des deux partenaires ou juste servir de préliminaire à la pénétration.

Là où le sexe classique consiste en une suite de va-et-vient du bassin, le sexe tantrique s'épanouit sur la durée et conduit lentement mais sûrement vers l'orgasme. C'est ce que les pratiquants appellent « chevaucher la vague » de l'énergie sexuelle.

Chevaucher la vague en cinq étapes :

1/ L'homme introduit son pénis dans le vagin de quelques centimètres sans effectuer de va-et-vient. Il laisse ainsi son pénis une ou deux minutes ;

2/ Puis il le retire et masse de son gland le clitoris et les lèvres de la femme ;

3/ Après quelques minutes de massage, il s'introduit à nouveau en elle ;

4/ Répétez plusieurs fois ce cycle jusqu'à ce que vous soyez sur le point de jouir ;

5/ Lorsque vous décidez d'atteindre l'orgasme, le pénis doit rester à l'intérieur du vagin, effectuant des va-et-vient réguliers. Ou bien, l'homme peut se servir de son pénis pour masser intérieurement le sexe de sa partenaire et la mener à l'orgasme.

Bibliographie

Sexualité

Dr Andrew Yorke, *Massages plaisir*, Hachette Pratique, 2007.

Bill Brent, *Tout savoir sur le plaisir anal pour lui*, Guide Tabou, 2007.

Tristan Taormino, *Tout savoir sur le plaisir anal pour elle*, Guide Tabou, 2007.

Dr Gérard Leleu, *Le Traité des caresses*, J'ai lu, « Bien-être », 2005.

Sophie Cadalen, *Rêves de femmes : faut-il oser les fantasmes ?*, Leduc Éditions, 2005.

Dr Barbara Keesling, *Comment faire l'amour toute la nuit ?*, J'ai lu, « Bien-être », 2005.

–, *Le Super Orgasme au féminin*, Albin Michel, 2004.

Felice Newman, *Les Plaisirs de l'amour lesbien*, Presses libres, 2004.

John Gray, *Mars et Vénus sous la couette*, J'ai lu, « Bien-être », 2000.

Kenneth Ray Stubbs, Louise-Andrée Saulnier, *Le Guide des amants sensuels*, Guy Saint-Jean Éditeur, 1989.

Masters et Johnson, *Les Réactions sexuelles*, Robert Laffont, 1970.

Corps masculin et féminin

Drs Jean Belaïsch et Anne de Kervasdoué, *Questions d'hommes*, Odile Jacob, 1998.

Dr Anne de Kervasdoué, *Questions de femmes* Odile Jacob, 1998.

Harmonie du couple

Michel Reynaud, *L'Amour est une drogue douce... en général*, Robert Laffont, 2005.

John Gray, *Mars et Vénus ensemble pour toujours*, J'ai lu, « Bien-être », 2003.

John Gottman et Nans Silver, *Les Couples heureux ont leurs secrets*, J.-C. Lattès, 2000.

John Gray, *Les Hommes viennent de Mars, les femmes viennent de Vénus*, J'ai lu, « Bien-être », 1999.

Petite dédicace finale à mon aimée, ma Nat, ma vie :

Quand viendra le jour de rendre les clés,
D'une existence heureuse passée à tes côtés,
J'espère que ma dernière image de cette vie
Sera la tienne, comme un avant-goût de paradis.

Table

TROISIÈME PARTIE

Se bâtir un avenir partagé

Mise en page
PCA
44400 Rezé

Cet ouvrage a été imprimé par

CPI
Firmin Didot
Mesnil-sur-l'Estrée

pour le compte des Éditions Flammarion
en janvier 2009

Imprimé en France

Dépôt légal : février 2009
N° d'édition : L.01ELKN000201.N001 – N° d'impression : 93572